高等职业教育汽车类专业"十三五"规划教材

U0650595

汽车电工电子技术及应用

QICHE DIANGONG DIANZI JISHU JI YINGYONG

赵俊生　李　焱　赫英歧　主　编

罗　霞　涂晓军　副主编

唐义锋　主　审

中国铁道出版社

CHINA RAILWAY PUBLISHING HOUSE

内 容 简 介

本书结合高等职业教育的特点,采用项目式教学体系,以学习任务为主线进行编写,充分体现学生的学习主体位置,注重基本职业素养的培养,内容系统完整,讲解深入浅出。通过本书的学习,学生能更好地掌握汽车电工电子技术的知识和典型应用。

本书分为7个项目,分别为汽车电路基础的认知、汽车常用仪表的使用、汽车交直流电路分析、汽车点火系统和电动机与变压器电路分析、晶体管在汽车电路中的应用、数字电路在汽车电路中的应用、汽车电子控制基础的认知与应用。在7个项目中共安排了18个操作性较强的任务。

本书适合作为高等职业院校汽车类相关专业的教材,也可作为汽车维修工程技术人员的参考用书。

图书在版编目(CIP)数据

汽车电工电子技术及应用/赵俊生,李焱,赫英歧主编. —北京:中国
铁道出版社,2017.8
高等职业教育汽车类专业"十三五"规划教材
ISBN 978-7-113-23251-1

Ⅰ.①汽… Ⅱ.①赵… ②李… ③赫… Ⅲ.①汽车-电工技术-高等
职业教育-教材②汽车-电子技术-高等职业教育-教材 Ⅳ.①U463.6

中国版本图书馆 CIP 数据核字(2017)第 206051 号

书　　名:汽车电工电子技术及应用
作　　者:赵俊生　李　焱　赫英歧　主编

策划编辑:何红艳　　　　　　　　　　　读者热线:(010)63550836
责任编辑:何红艳
编辑助理:绳　超
封面制作:刘　颖
责任校对:张玉华
责任印制:郭向伟

出版发行:中国铁道出版社(100054,北京市西城区右安门西街8号)
网　　址:http://www.tdpress.com/51eds/
印　　刷:北京铭成印刷有限公司
版　　次:2017年8月第1版　　2017年8月第1次印刷
开　　本:787 mm×1 092 mm　1/16　印张:13.25　字数:337千
印　　数:1~3 000册
书　　号:ISBN 978-7-113-23251-1
定　　价:32.00元

前言

PREFACE

汽车电工电子技术，在汽车维修中具有极其重要的作用与地位。在传统教学模式中，强调学科的系统化，教学内容多而难，严重脱离实际，不适应学生的学习与发展。在新的形势下，编者根据教育部职业教育教改的精神，以汽车运用与维修专业教学改革新教学标准与课程标准为依据，强调以就业为导向，以能力为本位，以岗位需要和职业标准为依据，编写了本书。

本书主要内容包括汽车电路基础的认知、汽车常用仪表的使用、汽车交直流电路分析、汽车点火系统和电动机与变压器电路分析、晶体管在汽车电路中的应用、数字电路在汽车电路中的应用、汽车电子控制基础的认知与应用。本书在编写时紧密与汽车电路联系，突出专业知识的实用性，有利于激发学生学习兴趣，全书在7个项目中共安排了18个操作性较强的任务，同时每个项目后配有测试与练习。

本书结合高等职业教育的特点，采用项目式教学体系，以学习任务为主线进行授课内容的衔接，针对教学内容、学习目标、应用能力的培养等进行了系统的筹划。知识内容随着项目学习任务的需要而展开，学习内容精而不繁。整个学习过程中以项目导入的形式进行知识整合，将理论和实践合二为一，加深学生对学习内容的理解。充分体现学生是学习的主体，注重基本职业素养的培养，内容系统完整，讲解深入浅出。同时还为本书的每个任务实施编写了教学组织、职责分工、6S要求、评价与反馈等环节，作为学生学习、分析、自测、评价的辅助内容。

本书由江苏财经职业技术学院赵俊生、炎黄职业技术学院李焱、江苏财经职业技术学院赫英歧任主编，炎黄职业技术学院罗霞、淮安市高级职业技术学校涂晓军任副主编，全书由江苏财经职业技术学院唐义锋主审。具体分工如下：项目1由李焱编写；项目2由罗霞编写；项目3由涂晓军编写；项目4由赫英歧编写；项目5、项目6、项目7由赵俊生编写。全书由赵俊生统稿、定稿。

本书在编写过程中得到了江苏财经职业技术学院、炎黄职业技术学院、淮安市高级职业技术学校等领导的支持，在此表示感谢。在编写过程中，编者参阅了一些汽车专业的同类书籍，在此向相关作者表示衷心感谢。

由于编者水平有限，书中难免存在疏漏之处，敬请广大读者批评指正。

编　者
2017 年 4 月

目 录

项目1　汽车电路基础的认知………… 1
　　相关知识…………………………… 1
　　　一、电路组成与基本概念………… 1
　　　二、电阻、电容与电感…………… 9
　　　三、串并联电路………………… 17
　　　四、电路的基本定律…………… 20
　　　五、汽车电路的导线及插接器… 22
　　项目实施………………………… 27
　　　任务1-1　简单电路的连接……… 27
　　　任务1-2　电路电压、电流的测量… 28
　　　任务1-3　基尔霍夫电流、电压定律
　　　　　　　　的验证………………… 31
　　测试与练习……………………… 32

项目2　汽车常用仪表的使用……… 34
　　相关知识………………………… 34
　　　一、指针式万用表………………… 34
　　　二、数字万用表…………………… 38
　　　三、汽车专用万用表……………… 40
　　　四、汽车专用示波器……………… 44
　　项目实施………………………… 48
　　　任务　使用万用表检测元件和示波器
　　　　　　的使用……………………… 48
　　测试与练习……………………… 51

项目3　汽车交直流电路分析……… 52
　　相关知识………………………… 52
　　　一、正弦交流电路分析…………… 52
　　　二、交流发电机认识……………… 57
　　　三、安全用电常识………………… 63
　　项目实施………………………… 68
　　　任务3-1　三相交流电路和汽车电源
　　　　　　　　电路认识与测量……… 68

　　　任务3-2　交流发电机的拆卸、安装
　　　　　　　　与解体检测…………… 71
　　测试与练习……………………… 73

**项目4　汽车点火系统和电动机与
　　　　　变压器电路分析**………… 74
　　相关知识………………………… 74
　　　一、磁场及电磁感应……………… 74
　　　二、变压器………………………… 82
　　　三、汽车点火线圈………………… 87
　　　四、汽车用电动机………………… 92
　　　五、电气控制……………………… 99
　　　六、汽车喇叭电路的连接……… 111
　　项目实施……………………… 113
　　　任务4-1　点火线圈的检测……… 113
　　　任务4-2　汽车继电器的检测… 114
　　　任务4-3　变压器的连接与测试… 116
　　　任务4-4　电动机控制电路的
　　　　　　　　安装………………… 118
　　测试与练习…………………… 121

**项目5　晶体管在汽车电路中的
　　　　　应用**…………………… 122
　　相关知识……………………… 122
　　　一、半导体二极管和三极管…… 122
　　　二、基本放大电路……………… 131
　　　三、集成运算放大电路的应用… 139
　　项目实施……………………… 148
　　　任务5-1　常用电子器件的识别
　　　　　　　　与检测……………… 148
　　　任务5-2　整流二极管检测和整流
　　　　　　　　电路的检测………… 149
　　　任务5-3　集成运放应用电路… 152

测试与练习 ……………………… 154

项目6 数字电路在汽车电路中的
　　　应用 ……………………… 156

相关知识 ……………………… 156

　一、常用基本门电路 ……………… 156

　二、组合逻辑电路及其在汽车电路
　　　中的应用 ………………… 161

　三、时序逻辑电路 ……………… 169

　四、555 定时器在汽车电路中的
　　　应用 ……………………… 172

项目实施 ……………………… 176

　任务 6-1　触发器的测试 ……… 176

　任务 6-2　汽车照明顶灯调光器
　　　　　　电路的连接与调试 …… 180

　任务 6-3　汽车转向灯闪光器电
　　　　　　路的连接与调试 ……… 181

测试与练习 ……………………… 183

项目7 汽车电子控制基础的认知
　　　与应用 ……………………… 185

相关知识 ……………………… 185

　一、汽车电子控制系统概述 ……… 185

　二、汽车电子控制系统的组成及
　　　原理 ……………………… 189

　三、汽车 ECU 故障诊断仪 ……… 196

项目实施 ……………………… 199

　任务 7-1　用 X-431 解码器读取
　　　　　　故障码 ……………… 199

　任务 7-2　电喷发动机电控单元的
　　　　　　检测 ……………… 201

测试与练习 ……………………… 204

参考文献 ……………………… 205

项目 1　汽车电路基础的认知

项目背景

　　汽车上普遍采用低压(12 V)直流电源为整车供电,要掌握汽车电气系统的检修方法,就必须理解电的基础知识及电路的工作原理。本项目主要介绍电的基础知识,直流电路的基础知识,基本电路的组成和工作原理,电路的相关参量及测量方法,为后续课程打下坚实的基础。

知识目标

　　(1)掌握电路的基本组成及电路的 3 种工作状态。

　　(2)理解电流、电压、电动势、电位、电功、电功率等基本概念。

　　(3)掌握电阻串联、并联及混联的连接方式;了解电阻与温度的关系。

　　(4)了解电容、电感的特性。

　　(5)掌握欧姆定律、基尔霍夫定律。

　　(6)了解汽车电路导线的特点。

技能目标

　　(1)能正确计算串联、并联及混联电路的电阻、电压和电流。

　　(2)能识别汽车上常用的导线及电气设备。

　　(3)能动手操作验证基尔霍夫定律。

　　(4)能根据电路图连接汽车基本电路。

相关知识

一、电路组成与基本概念

(一)电路的组成

　　电路是一种环形路线,是电流的通路,它是由一些电气设备和元器件按照一定方式连接而成的闭合回路。一般来说,把电源(供能元件)、用电器(负载或耗能元件)、控制和保护装置等用导线连接起来可以组成电路,如图 1-1 所示。在汽车上,起动系统就是最常见也是最基本的电路。

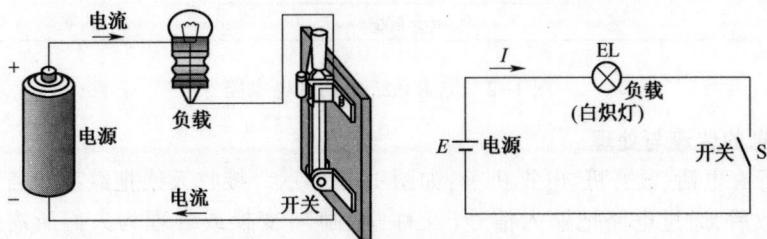

图 1-1　电路的组成

1. 电源

电源是为电路提供能量的设备和器件。它能把其他形式的能转换成电能。常见的电源有干电池、蓄电池、发电机等。汽车上的电源有两个,一个是发电机,另一个是蓄电池。发动机不启动时由蓄电池供电,发动机启动后轻负荷下由发电机供电,大负荷下由蓄电池和发电机联合供电。

2. 用电器(负载)

用电器(负载)是使用(消耗)电能的设备和器件的总称,其作用是把电能转换成其他形式的能,如灯泡、电阻、电动机等用电器;汽车上的所有灯光,控制车窗升降、刮水器或中控锁的电动机,喷油器,油泵,喇叭,所有的电控单元(ECU)等都是负载。

3. 控制和保护装置

控制和保护装置是用来控制电路的通断,保护电路的安全,使电路能够正常工作的装置,如开关、熔断器、继电器等。汽车上不同参数的熔丝、熔断器、灯光开关、刮水器开关、车窗开关、中控锁开关、点火开关、巡航开关、防盗继电器、启动继电器、油泵继电器、刮水器继电器等,这些都属于控制和保护装置。

4. 连接导线

连接导线是将电源和负载按一定方式连接构成闭合回路,输送和分配电能,如各种铜线、铝线等。

(二)电路的作用

实际电路种类繁多,但就其功能来说可概括为以下4方面。

1. 进行能量的传输、分配与转换

典型的例子是电力系统中的输电电路,如图1-2所示。发电厂的发电机组将其他形式的能量(热能、水能、风能、原子能等)转换成电能,通过变压器、输电线等输送给用户,用户把电能转换成机械能(如负载是电动机)、光能(如负载是灯泡)、热能(如负载是电炉等),为人们生产、生活所利用。

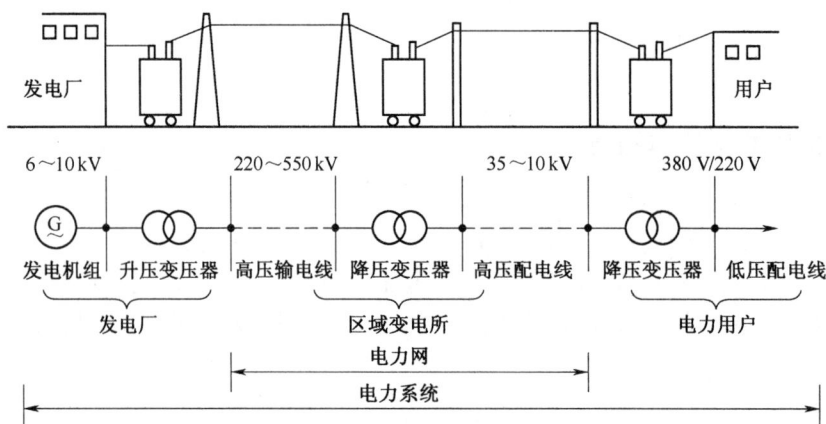

图1-2 电力系统中的输电电路

2. 实现信息的传递与处理

典型的例子有电话、收音机、电视机等,如图1-3所示。接收天线把载有语言、音乐、图像信息的电磁波接收后,通过电路把输入信号(又称"激励")变换或处理为人们所需要的输出信号(又称"响应"),送到扬声器或显像管,再还原为语言、音乐或图像。

3. 实现电量的测量

如万用表(数字式、机械式)在测量电阻时,万用表和电阻即连接成完整的测量电路。

图1-3　信号处理电路

4. 存储电路

所有的存储芯片内部都是由电路构成的。

实际电路多种多样,具体的功能也各不相同,但它们有其共性,正是在这种共性的基础上,形成电路理论这一学科。

（三）电路的状态

电路有3种基本状态,即通路、开路和短路。

（1）通路（闭路）:电源与负载接通构成闭合回路,电路中有电流通过,电气设备或元器件获得一定的电压和电功率,进行能量转换。

（2）开路（断路）:电路断开,电路中没有电流通过,又称空载状态。

（3）短路（捷路）:电源未经负载而直接由导体构成闭合回路。因为电源内阻很小,电流就会很大,输出电流过大对电源来说属于严重过载,如没有保护措施,电源或电器会被烧毁或发生火灾,所以通常要在电路或电气设备中安装熔断器、熔丝等保护装置,以避免发生短路时出现不良后果。

（四）电路图

由理想元件构成的电路称为实际电路的电路模型,又称实际电路的电路原理图,简称电路图,如图1-4所示。

图1-4所示电路如用实物连接,绘制起来比较麻烦,为了表示方便,可用电路图表示实际电路,图中的设备或元件采用国家统一规定的图形符号表示。表1-1所示是电路图中几种常见的标准电路元件图形符号。

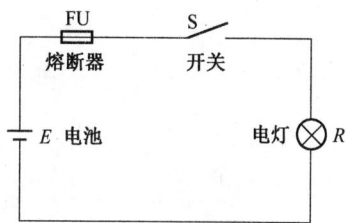

图1-4　简单电路图

表1-1　几种常见的标准电路元件图形符号

名　称	图形符号	名　称	图形符号
电阻		电压表	Ⓥ
电池		接地	或
电灯	⊗	熔断器	
开关		电容	
电流表	Ⓐ	电感	

理想元件:电路是由电特性相当复杂的元器件组成的,为了便于用数学方法对电路进行分析,可将电路实体中的各种电气设备和元器件用一些能够表征它们主要电磁特性的理想元件（模型）来代替,而对实际上的结构、材料、形状等非电磁特性不予考虑。

在实际电路中使用着各种电气元件（统称为“电路部件”），如电阻器（简称“电阻”）、电容器（简称“电容”）、电感器（简称“电感”）、灯泡、电池、晶体管、变压器等。实际的电路部件虽然种类繁多，但在电磁现象方面却有许多共同的地方。譬如电阻器、灯泡、电炉等，它们主要是消耗电能的，这样可用一个理想电阻来反映消耗电能的特征，即电阻特性。当电流通过它时，在它内部进行着把电能转换为其他形式能的过程。理想电阻元件模型如图 1-5（a）所示。类似地，各种实际电容器主要是储存电能的，可用一个理想的二端电容器来反映储存电能的特征，即电容特性，理想电容元件模型如图 1-5（b）所示。用一个理想二端电感器来反映储存磁能的特征，即电感特性，理想电感元件模型如图 1-5（c）所示。

汽车电路图是将各电气部件的图形符号通过线条连接在一起的关系图。其主要用于表达各电气系统的工作原理及电气部件之间的连接关系，同时还可表示各种电气部件、线束等在车上的具体位置。汽车电气设备电路图可分为电气线路图、电路原理图、电路定位图 3 种类型，如图 1-6 所示。

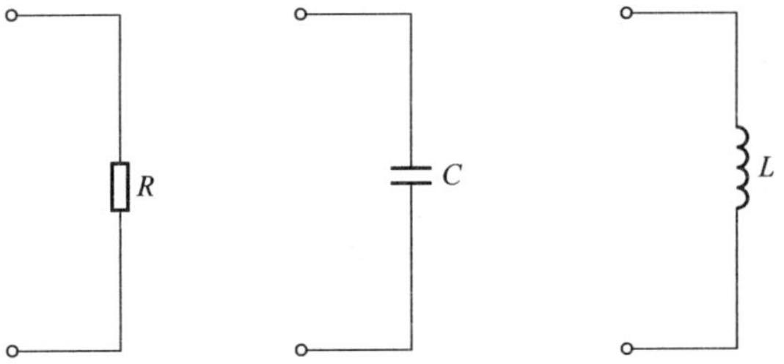

（a）　（b）　（c）

图 1-5　理想电阻、电容、电感元件模型

汽车电气设备电路图
- 电气线路图
  - 汽车连接图
  - 线路分布图
  - 电路接线图
- 电路原理图
  - 全车线路原理图
  - 分系统局部电路原理图
  - 电器内部电路原理图
  - 电路原理框图
- 电路定位图
  - 元器件定位图
  - 线束图
  - 汽车接线盒（含熔丝盒、继电器盒）平面布置图

图 1-6　汽车电气设备电路图

电路原理图将各个电器、线路的布置等都简化成最简单、最清晰的方式，因此应用最为广泛，电路原理图又分为整车电路原理图和局部电路原理图。图 1-7 所示为北京现代伊兰特轿车的喇叭控制电路原理图。

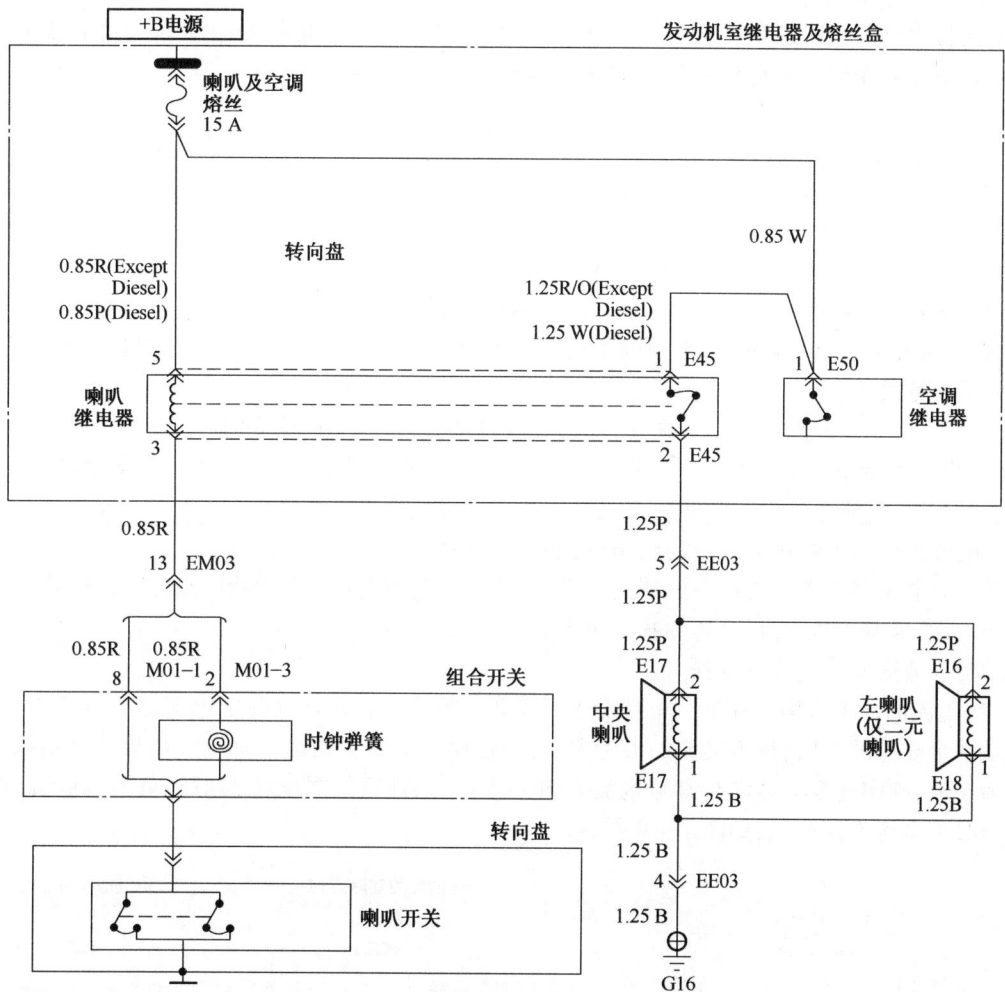

图 1-7 北京现代伊兰特轿车的喇叭控制电路原理图

(五)电路中的基本物理量

在电路分析中,常用到的物理量有电流、电压、电位和电功率等。在分析电路之前,作为常识,首先要深刻理解这些基本物理量的概念、符号和单位等。

1. 电流

电路中,带电粒子在电源作用下做有规则的定向移动形成电流。电流既可以是负电荷,也可以是正电荷或者两者兼有的定向运动的结果。如金属导体中的带电粒子是自由电子,电解液中的带电粒子是正、负离子。因此,习惯上规定以正电荷定向移动的方向作为电流的方向,自由电子、负离子移动的方向与电流的方向相反,如图 1-8 所示。

将单位时间内通过导体横截面的电荷量定义为电流强度,用以衡量电流的大小。电流强度简称

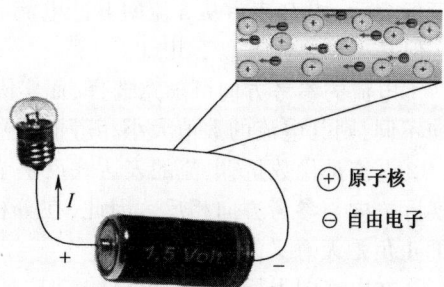

⊕ 原子核
⊖ 自由电子

图 1-8 自由电子移动方向

电流,用符号 I 表示。

电流强度用每秒通过导线某一截面的电荷量的多少来衡量。用符号 Q 表示通过导线某一截面的电荷量,t 表示通过电荷量 Q 所用的时间,则

$$I = \frac{Q}{t}$$

式中,电流 I 的单位是安[培],用符号 A 表示;电荷量 Q 的单位是库[仑],用符号 C 表示;时间 t 的单位是秒,用 s 表示。

$$1 \text{安(A)} = 1 \text{库(C)}/1 \text{秒(s)}$$

即当每秒有 1 库的电荷量通过导线的某一截面,这时的电流就为 1 安。当电流较小时也可用毫安(mA)或微安(μA)等单位,常用的电流单位有毫安(mA)、微安(μA)、千安(kA)等,电流单位之间的换算关系:

$$1 \text{安(A)} = 10^3 \text{毫安(mA)} = 10^6 \text{微安(μA)} = 10^{-3} \text{千安(kA)}$$

(1)电流的测量。电流的大小使用电流表(安培表)进行测量。电流测量时注意事项如下:

①对交流、直流电流应分别使用交流电流表和直流电流表进行测量。

②电流表必须串联在被测量的电路中,如图 1-9 所示。

③直流电流表表壳接线柱上标明的"+""−"记号,应和电路的极性相一致,不能接错;否则,指针反转,既影响正常测量,又容易损坏电流表。

④要合理选择电流表的量程。

(2)电流的参考方向。在进行电路分析计算时,当某段电路难以确定电流的实际方向时,可先假设一个电流的方向,称为电流的参考方向,并在相关电路中用箭头标出。如果计算结果电流的值为正值,则实际电流方向与参考电流方向一致;如果计算结果电流的值为负值,则实际电流方向与参考电流方向相反,如图 1-10 所示。

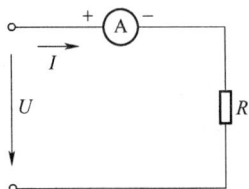

图 1-9 电流表串联
在被测量的电路中

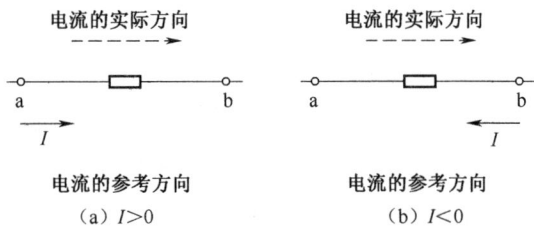

图 1-10 电流的参考方向与实际方向

电流的参考方向标注方法有两种:一是在电路中,画一个实线箭头,并标出电流名称;二是用双下标表示,如 I_{ab} 表示从 a 流向 b 的电流。

但是一定要注意以下几点:

①电流的参考方向可随意选择,而实际电流方向是客观存在的。当同一个电流,选择的参考方向不同,则其电流的数值大小相等而符号相反。例如 $I_{ab} = -I_{ba}$。

②电流是代数量,电流的表达式反映了大小和方向。例如当 $I = -2$ A,表明电流大小为 2 A,其实际方向与参考方向相反。因此,在分析电路电流时,应先选择好电流的参考方向,而谈论电流的正负是无意义的。

③在电路图上标注的是电流的参考方向而不是实际方向。在某些直流电路中若可直接判断出电流的实际方向,一般为方便起见,选择其参考方向与实际方向一致。

电流的大小和方向都不随时间改变的电流称为直流电流(DC),用大写字母 I 表示;电流的大小和方向都随时间改变的电流称为交流电流(AC),用小写字母 i 表示。

2. 电压

电压又称电位差,如图 1-11 所示,在电场中,若电场力将点电荷 Q 从 A 点移到 B 点,所做的功为 W_{AB},则功与电荷 Q 的比值就称为这两点之间的电压。数学表达式为 $U_{AB} = W_{AB}/Q$。

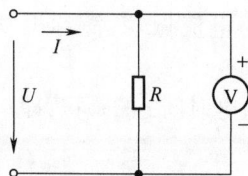

图 1-11 电场力与电压

U_{AB} 表示 A 点和 B 点之间的电压,单位为伏[特],用符号 V 表示。

W_{AB} 表示电场力把正电荷从 A 点移动到 B 点所做的功,单位为焦[耳],用符号 J 表示。

Q 表示电荷,单位为库,用符号 C 表示。

电压很小时,其单位常用毫伏(mV)或微伏(μV)表示;电压很大时,其单位常用千伏(kV)表示。电压单位之间的换算关系是:

$$1 \text{ kV} = 10^3 \text{ V} = 10^6 \text{ mV} = 10^9 \text{ μV}$$

(1)电压的测量。使用电压表(伏特表)进行测量,如图 1-12 所示,电压测量时的注意事项如下。

①对交流、直流电压应分别使用交流电压表和直流电压表进行测量。

②电压表必须并联在被测量电路的两端。

③直流电压表表壳接线柱上标明的"+""-"记号,应和被测两点的电位相一致,即"+"端接高电位,"-"端接低电位,不能接错;否则,指针反转,既影响正常测量,又容易损坏电压表。

④要合理选择电压表的量程。

(2)电压的方向。当电压的实际方向难以确定时,可参考电流方向的确定方法予以确定。电压的方向在电路图中有两种表示方法:图 1-13(a)所示为用箭头表示,图 1-13(b)所示为极性符号表示。

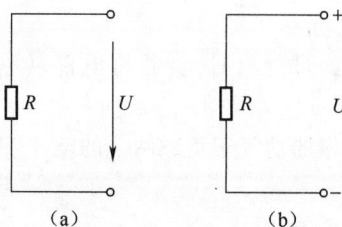

图 1-12 电压的测量

图 1-13 电压的方向

3. 电位和电位差

电位是指电路中某点与参考点之间的电压,符号用带下标的字母 U 表示,单位也是 V。通常把参考点的电位规定为零,又称零电位。一般选大地为参考点,即视大地为零电位。在电子仪器和设备中又常把金属外壳或电路的公共接点的电位规定为零。

需要注意,参考点的选择是任意的。在电场中,当选择不同的参考点时,各点的电位是不同的,但任意两点之间的电压不会因参考点的不同而发生变化。

由图 1-14 和表 1-2 可以看出,电位具有相对性,即电路中某点的电位值随参考点位置的改变而改变;而电位差具有绝对性,即任意两点之间的电位差值与电路中参考点的位置选取无关。此外,电位有正负之分,当某点的电位大于参考点(零电位)电位时,称为正电位;反之,称为负电位。

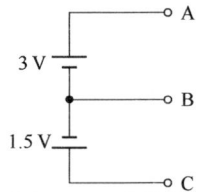

图 1-14   电位与
电位差

表 1-2   电位与电位差示例

电位与电位差 参考点	U_A	U_B	U_C	U_{AB}	U_{AC}
A 点	0 V	-3 V	-1.5 V	3 V	1.5 V
B 点	3 V	0 V	1.5 V	3 V	1.5 V
C 点	1.5 V	-1.5 V	0 V	3 V	1.5 V

【例 1-1】   已知 $U_A = 10$ V,$U_B = -10$ V,$U_C = 5$ V,求 U_{AB} 和 U_{BC} 各为多少?

解
$$U_{AB} = U_A - U_B = [10-(-10)] \text{ V} = 20 \text{ V}$$
$$U_{BC} = U_B - U_C = (-10-5) \text{ V} = -15 \text{ V}$$

4. 电动势

电源内部有一种能推动电荷移动的作用力,称为电源力。电源力将单位正电荷从电源负极移到正极所做的功称为电源的电动势,用符号 E 表示,其数学表达式为

$$E = \frac{W}{Q}$$

电动势的单位与电压相同,也是 V。电动势的方向规定:在电源内部由负极指向正极。

5. 电动势和端电压

端电压是指电路两个端的电压。对于一个电源,既有电动势,又有端电压。电动势存在于电源内部,而端电压则是电源加在外电路两端的电压。在电源中,电动势的方向与电压的方向是相反的。一般情况下,电源的端电压总是低于电源内部的电动势,只有当电源开路时,电源的端电压才与电源的电动势相等。

6. 电功

电流经过负载时,负载将电能转换成其他形式的能,称为电流做功,简称电功,用字母 W 表示。

电流做的功等于负载两端的电压 U、流过负载的电流 I 和通电时间 t 的乘积,即

$$W = IUt$$

式中:W——电功,J;

$\quad U$——加在负载两端的电压,V;

$\quad I$——流过负载的电流,A;

$\quad t$——通电时间,s。

电流做功的过程就是能量转换的过程。如有电流通过时,电灯会发光,电动机会转动等。在

实际应用中,常以千瓦·时(kW·h)(俗称"度")作为电能的单位。

$$1 \text{ 度} = 1 kW \cdot h = 3.6 \times 10^6 \text{ J}$$

7. 电功率

电功率表示电流在单位时间内所做的功。其数学表达式为 $P = W/t = IU$,基本电位是瓦[特](W)。例如,某灯泡标示"12 V 10 W",则表示该灯泡工作在 12 V 额定电压下消耗的功率为 10 W。电功率常用的单位还有千瓦(kW)、毫瓦(mW),它们的换算关系为

$$1 \text{ kW} = 10^3 \text{ W} = 10^6 \text{ mW}$$

二、电阻、电容与电感

(一)电阻

1. 电阻定义

金属导体中有大量自由电子,因而具有导电能力。但这些自由电子在受电场力作用做定向移动时,不仅要克服原子核的束缚,还会相互碰撞或与原子碰撞,这些碰撞与束缚阻碍了自由电子的定向运动,即表现为导体对电流的阻碍作用,称为电阻,用字母 R 表示。

在国际单位制中,电阻的单位是欧[姆],通常用希腊字母 Ω 表示。常用的电阻单位还有千欧(kΩ)和兆欧(MΩ)。它们之间的换算关系为千进位。

$$1 \text{ } \Omega = 1 \text{ V}/1 \text{ A} \qquad 1 \text{ } M\Omega = 10^3 \text{ } k\Omega = 10^6 \text{ } \Omega$$

2. 电阻定律

导体电阻是由它本身的物理条件决定的。金属导体的电阻由它的长短、粗细、材料的性质和温度决定。

在保持温度不变的条件下,实验结果表明:导体的电阻跟导体的长度成正比,跟导体的横截面积成反比,并与导体的材料性质有关。

$$R = \rho \frac{l}{S}$$

式中:ρ 为导体的电阻率 $\Omega \cdot m$(欧·米),它与导体的几何形状无关,而与导体材料的性质和导体所处的条件有关(如温度);l 为导体长度,m;S 为导体横截面积,m^2;R 为导体的电阻,Ω。

3. 电阻与温度的关系

(1)温度对导体电阻的影响:

①温度升高,自由电子移动受到的阻碍增加。

②温度升高,使物质中带电质点数目增多,更易导电。随着温度的升高,导体的电阻是增大还是减小,要看哪一种因素的作用占主导地位。

一般金属导体,温度升高,其电阻增大。温度每升高 1 ℃,一般金属导体电阻的增加量为 3‰~6‰。所以,当温度变化较小时,金属导体电阻可以认为基本不变。当温度变化较大时,金属导体电阻的变化就不能忽视了。例如,40 W 白炽灯的灯丝电阻在不发光时约为 100 Ω;正常发光时,灯丝的温度高达 2 000 ℃以上,这时灯丝的阻值超过 1 kΩ。

少数合金电阻,几乎不受温度影响,常用于制造标准电阻元件。

(2)超导现象:在极低温(接近于热力学零度)状态下,有些金属(一些合金和金属的化合物)电阻突然变为零,这种现象称为超导现象。

人们开始把处于超导状态的导体称为"超导体"。超导材料最诱人的应用是发电、输电和储能。由于超导材料在超导状态下具有零电阻和完全的抗磁性,因此只需消耗极少的电能,就可以

获得 10^5 Gs(高斯)以上的稳态强磁场。而用常规导体做磁体,要产生这么大的磁场,需要消耗 $3.5×10^6$ W 的电能及大量的冷却水,投资巨大。超导材料还可以用于制作超导导线和超导变压器,从而把电力几乎无损耗地输送给用户。据统计,目前的铜或铝导线输电,约有 15% 的电能损耗在输电线路上,光是在中国,每年的电力损失即达 1 000 多亿 kW·h。若改为超导输电,节省的电能相当于新建数十个大型发电厂。

4. 电阻器及其标注方法

电阻器就是对电流有阻碍作用的导体,通常电阻器简称电阻。图 1-15 所示为各种电阻器的外形。

图 1-15   各种电阻器的外形

电阻器的种类有很多,通常分为三大类:固定电阻器,可调电阻器,新型电阻器(敏感电阻器)。在电子产品中,以固定电阻器应用最多,而固定电阻器以其制造材料又可分为许多种类,常用、常见的有 RT 型碳膜电阻器、RJ 型金属膜电阻器、RX 型线绕电阻器、片状电阻器等。电阻通常有以下几种标注方法:

(1)直标法:将电阻器的主要参数直接标注在电阻器的外壳上,如图 1-16 所示。

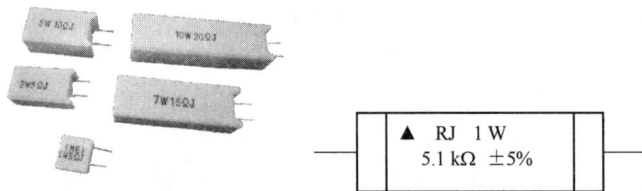

图 1-16   电阻的直标法

其中:▲表示电阻器的商标;

RJ 中的"R"代表电阻器,"J"表示电阻器由金属材料制作而成;

1W 表示电阻器的额定功率为 1 W;

5.1 kΩ 表示电阻器的电阻值为 5.1 kΩ;

±5% 表示电阻值的允许偏差为±5%。

（2）数标法：用3位或4位阿拉伯数字来标注电阻器的阻值。不管用3位还是4位，最后1位一定表示阻值的倍率，其余表示阻值的有效数字。如图1-17所示，数标法主要用于贴片等小体积的元件。

图1-17 电阻的数标法

例如：472表示$47×10^2$ Ω（即4.7 kΩ）；104表示$10×10^4$ Ω（即100 kΩ）。

4501表示$450×10^1=4.5$ kΩ；1123表示$112×10^3=112$ kΩ。

（3）色标法：用不同颜色的色环或色点表示电阻器的阻值和允许误差，是使用最多的标注方法。常见的有4色环电阻器和5色环电阻器（精密电阻器），其末位代表允许偏差（阻值误差），倒数第2位代表倍率，前面的2位或3位是有效数字，如图1-18所示。

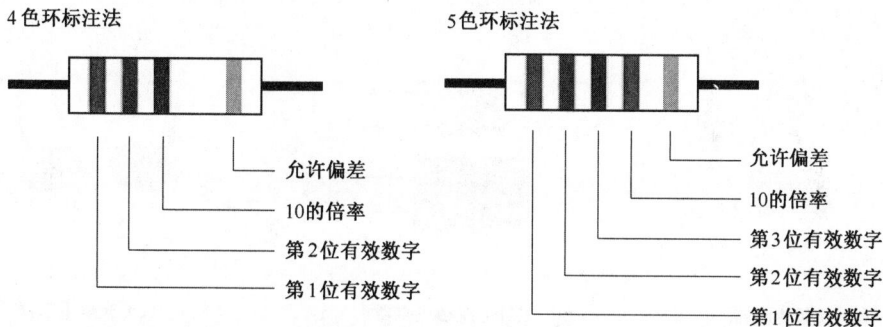

图1-18 电阻的色标法

色环颜色所代表的数字或意义如图1-19所示。

5. 新型电阻器

新型电阻器又称敏感电阻器，是指器件特性对温度、电压、湿度、光照、气体、磁场、压力等作用敏感的电阻器。敏感电阻器的符号是在普通电阻器的符号中加一斜线，并在旁边标注敏感电阻器的类型，新型电阻器主要有以下几种类型：

（1）压敏电阻器。主要有碳化硅和氧化锌压敏电阻器，氧化锌压敏电阻具有更多的优良特性。压敏电阻外形如图1-20（a）所示。

（2）湿敏电阻器。由感湿层、电极、绝缘体组成，湿敏电阻器主要包括氯化锂湿敏电阻器、碳湿敏电阻器、氧化物湿敏电阻器。氯化锂湿敏电阻器随湿度上升而电阻减小，缺点为测试范围小，特性重复性不好，受温度影响大；碳湿敏电阻器缺点为低温灵敏度低，阻值受温度影响大，有老化特性，较少使用；氧化物湿敏电阻器性能较优越，可长期使用，受温度影响小，阻值与湿度变化成线性关系，有氧化锡，镍铁酸盐等材料。湿敏电阻外形如图1-20（b）所示。

数值的读取方法

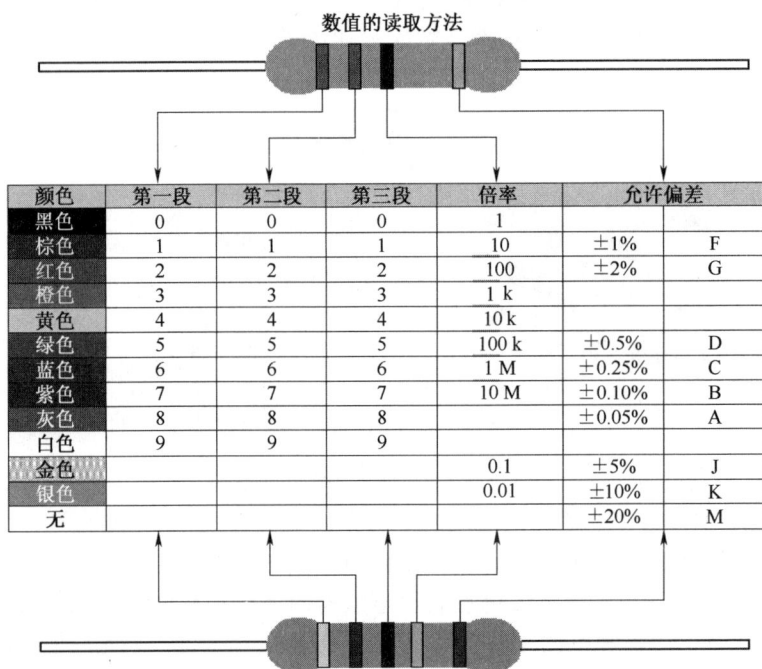

颜色	第一段	第二段	第三段	倍率	允许偏差	
黑色	0	0	0	1		
棕色	1	1	1	10	±1%	F
红色	2	2	2	100	±2%	G
橙色	3	3	3	1 k		
黄色	4	4	4	10 k		
绿色	5	5	5	100 k	±0.5%	D
蓝色	6	6	6	1 M	±0.25%	C
紫色	7	7	7	10 M	±0.10%	B
灰色	8	8	8		±0.05%	A
白色	9	9	9			
金色				0.1	±5%	J
银色				0.01	±10%	K
无					±20%	M

图 1-19 色环电阻器色环颜色所代表的数字或意义

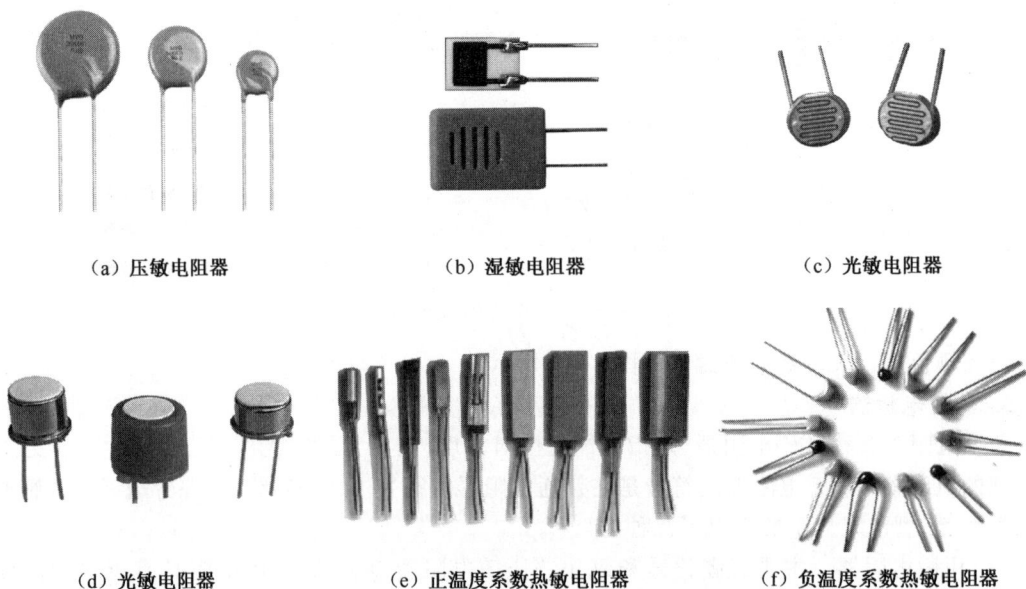

（a）压敏电阻器　　　　（b）湿敏电阻器　　　　（c）光敏电阻器

（d）光敏电阻器　　　（e）正温度系数热敏电阻器　　　（f）负温度系数热敏电阻器

图 1-20 新型电阻器外形

（3）光敏电阻器。光敏电阻器是利用半导体的光电效应制成的一种电阻值随入射光的强弱而改变的电阻器。入射光强,电阻减小;入射光弱,电阻增大。光敏电阻器一般用于光的测量、光的控制和光电转换(将光的变化转换为电的变化)。光敏电阻外形如图1-20(c)所示。

（4)气敏电阻器。气敏电阻利用某些半导体吸收某种气体后发生氧化还原反应制成,主要成分是金属氧化物。主要品种有:金属氧化物气敏电阻器、复合氧化物气敏电阻器、陶瓷气敏电阻器等。气敏电阻外形如图1-20(d)所示。

(5)力敏电阻器。力敏电阻器是一种阻值随压力变化而变化的电阻器,国外称为压电电阻器。所谓压力电阻效应,即半导体材料的电阻率随机械应力的变化而变化的效应。可制成各种力矩计,半导体传声器,压力传感器等。主要品种有硅力敏电阻器,硒碲合金力敏电阻器,相对而言,合金力敏电阻器具有更高灵敏度。

(6)热敏电阻器。热敏电阻器是敏感元件的一类,其电阻值会随着热敏电阻器本体温度的变化呈现出阶跃性的变化,具有半导体特性。热敏电阻外形如图1-20(e)、(f)所示。

热敏电阻器按照温度系数的不同分为:正温度系数热敏电阻器(简称"PTC热敏电阻器");负温度系数热敏电阻器(简称"NTC热敏电阻器")。

(二)电容

1. 电容器的结构原理

任何两个彼此绝缘且相隔很近的导体(包括导线)间都构成一个电容器。组成电容器的两个导体称为极板,中间的绝缘材料称为电介质,常用的介质如空气、云母、纸、油等。电容器的结构如图1-21所示。

把电容器两极板分别与直流电源的正负极相接后,与电源正极相接的极板上的电子被电源正极吸引使极板带正电荷,另一个极板会从电源负极获得等量的负电荷,从而使电容器存储了电荷。这种使电容器存储电荷的过程称为充电。充电后,电容器两极板总是带等量异种电荷,两极板之间形成电场,具有电场能。常用的电容器的外形如图1-22所示。

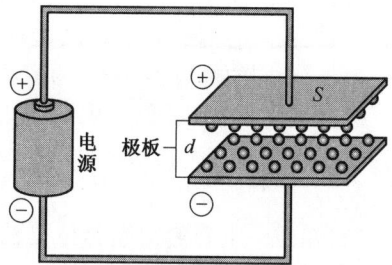

图1-21 电容器的结构

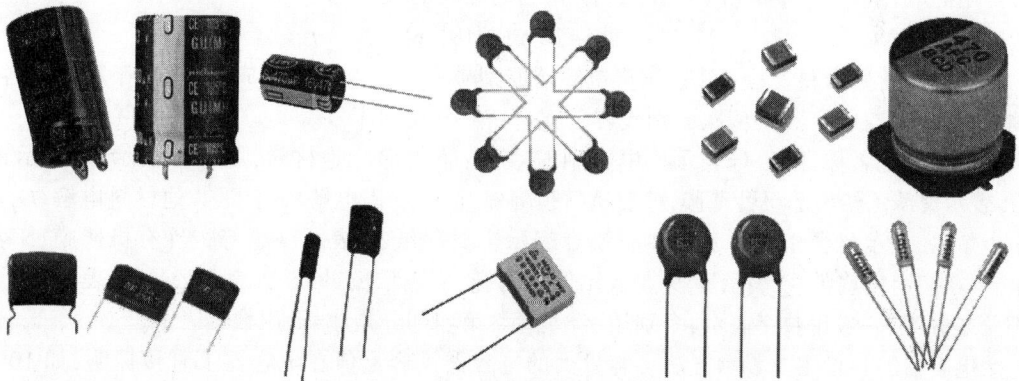

图1-22 常用的电容器的外形

2. 电容器的作用

电容器是储存和容纳电荷的装置,也是储存电场能的装置。电容器每个极板上所储存电荷的量称为电容器的电荷量。电容器是电子设备中大量使用的电子元件之一,广泛应用于隔直、耦合、旁路、滤波、调谐回路、能量转换、控制电路等方面。

3. 电容器的分类

(1)按结构分类:固定电容器、可调电容器和微调电容器。

（2）按电解质分类：有机介质电容器、无机介质电容器、电解电容器和空气介质电容器等。

（3）按用途分类：高频旁路电容器、低频旁路电容器、滤波电容器、调谐电容器、高频耦合电容器、低频耦合电容器、小型电容器。

（4）按制造材料分类：瓷介电容器、涤纶电容器、电解电容器、钽电容器、铝电容器，还有先进的聚丙烯电容器等等。

4. 电容

（1）电容 C。电容器所带电荷量与两极板间电压之比，称为电容器的电容。

$$C = \frac{Q}{U}$$

式中：C——电容量；

　　Q——电荷量；

　　U——两极板间的电压。

如图 1-23 所示，当电容器两极板上所带的电量 Q 增加或减少时，两极板间的电压 U 也随之增加或减少，但 Q 与 U 的比值是一个恒量，不同的电容器，Q/U 的值不同。

电容反映了电容器储存电荷能力的大小，它只与电容器本身的性质有关，与电容器所带的电荷量及电容器两极板间的电压无关。

（2）单位。电容的国际单位是法［拉］（F）。一个电容器，如果带 1C 的电荷量，两极板间的电压是 1 V，则这个电容器的电容就是 1F。

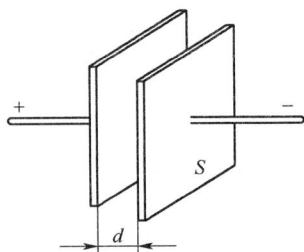

图 1-23　平行板电容器

$$1 \text{ F} = 1 \text{ C}/1 \text{ V}$$

常用的电容单位有微法（μF）、皮法（pF），它们之间的关系为

$$1 \text{ F} = 10^6 \text{μF} = 10^{12} \text{ pF}$$

①电容器的型号和表示方法。国产电容器的型号一般由 4 部分组成（不适用于压敏电容器、可调电容器、真空电容器），依次分别代表名称、材料、分类和序号。

第一部分是名称，用字母表示。电容用 C 表示；第二部分是材料，用字母表示，A 表示钽电解、B 表示聚苯乙烯等非极性薄膜、C 表示高频陶瓷、D 表示铝电解、E 表示其他材料电解、G 表示合金电解、H 表示复合介质、I 表示玻璃釉、J 表示金属化纸、L 表示涤纶等极性有机薄膜、N 表示铌电解、O 表示玻璃膜、Q 表示漆膜、T 表示低频陶瓷、V 表示云母纸、Y 表示云母、Z 表示纸介；第三部分是分类，一般用数字表示，个别用字母表示；第四部分是序号，用数字表示。

②电容器的容量主要表示方法。容量大的电容器其容量值在电容器上直接标明，如 10 μF/16 V，容量小的电容器其容量值在电容器上用字母或数字表示。

a. 直标法：用数字和单位符号直接标出。

b. 文字符号法：1 m 代表 1 000 μF，1P2 代表 1.2 pF，1n 代表 1 000 pF。

c. 数标法：3 位数字的表示法又称电容量的数码表示法。3 位数字的前 2 位数字为标称容量的有效数字，第 3 位数字表示有效数字后面零的个数，它们的单位都是 pF。

例如，102 表示标称容量为 1 000 pF；221 表示标称容量为 220 pF；224 表示标称容量为 22×10^4 pF。

③电容器的基本性质。电容器有两个重要的特性：阻隔直流电通过而允许交流电通过的特

性;充电和放电的特性。

电容器的充电:从电容器的充电过程中的特性曲线可以得出两个概念,其一,电容器通电瞬间,充电电流很大,电容器相当于短路。当电路达到稳定状态时,充电电流近似等于零,电容器相当于开路。其二,电容器上充电电压不会突变。充电需要进行一段时间后,电容器上的电压才能达到稳定值。

电容器的放电:从电容器的放电过程中的特性曲线可以得出两个概念,其一,电容器放电开始时,放电电流很大,电容器相当于短路。当放电结束时,放电电流等于零,电容器相当于开路。其二,电容器在放电过程中放出的能量就是它在充电过程中储存的全部能量。当电容器中的介质(绝缘体)的电导率接近于零时,电容器基本不消耗能量。

(3)电容器主要特性参数:

① 标称电容量和允许偏差。标称电容量是标志在电容器上的电容量。电容器实际电容量与标称电容量的偏差称为允许偏差,允许的偏差范围称为精度。

精度等级与允许偏差对应关系:00(01)对应±1%,0(02)对应±2%,Ⅰ对应±5%,Ⅱ对应±10%,Ⅲ对应±20%,Ⅳ对应(-10% ~ +20%),Ⅴ对应(-20% ~ +50%),Ⅵ对应(-30% ~ +50%)

② 额定电压(耐压)。在最低环境温度和额定环境温度下可连续加在电容器两端的最高直流电压有效值称为额定电压,一般直接标注在电容器外壳上。如果工作电压超过电容器的耐压,电容器击穿,造成不可修复的永久损坏。一般电解电容器的耐压分挡为6.3 V、10 V、16 V、25 V、50 V等。

(4)电容器的串联和并联。在实际工作中,一个电容器往往不能满足工作需要,这时就需要将几个电容器接成串联或并联的形式,以满足需求。

①电容器的串联。将几个电容器依次相接,其中没有分路的连接方式称为串联,如图1-24(a)所示。

电容器串联时,各电容器上的电荷量相等,串联电路中总电压等于该电路中各段电压之和,即 $U = U_1 + U_2$。

串联电路中的总电容为 $C = C_1 \times C_2/(C_1 + C_2)$,电容器串联后,等效电容减小了,比原来的 C_1 或者 C_2 中的任何一个都要小。

②电容器的并联。若单独使用一个电容器其耐压不能满足需要,则可以将几个电容器并联,以形成较大的等效电容,如图1-24(b)所示。

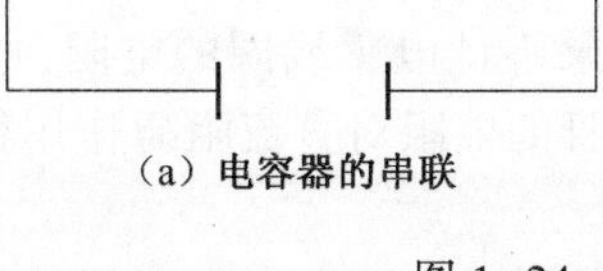

(a) 电容器的串联 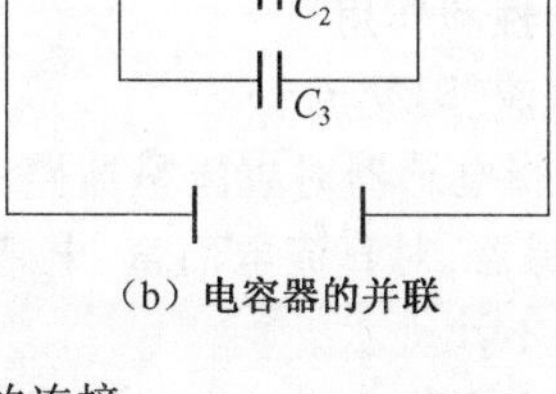　　　　　(b) 电容器的并联

图1-24　电容器的连接

将几个电容器并排连接,即把它们各自的其中一个端子连接在一起为一个连接点,另一个端子也连接在一起为另一个连接点,然后把这两个连接点接到电路上,这种连接方式称为并联。

电容器并联时,电路中的总电容等于该电路中的各并联电容器的电容之和,即

$$C = C_1 + C_2$$

电容器并联后,等效电容增大了,电容器并联的数目越多,其等效电容就越大。但是,当电容器并联时,外加电压是直接加在每个电容器上的,所以每个电容器的耐压值必须均大于外加电压值。有 n 个电容器并联时,并联后各电容器两端的电压相同。

(5)电容器在汽车电路中的典型应用。电容器作为基本电子元件在汽车电路中应用广泛,作为单体元件应用的典型例子就是在传统点火系统中分电器上的电容器。在点火过程中,与分电器触点并联的电容器具有重要的作用,有了电容器之后,可减少触点火花,延长触点寿命,并且增大点火线圈的二次电压。

(三)电感

1. 电感元件

电感是衡量线圈产生电磁感应能力的物理量。给一个线圈通入电流,线圈周围就会产生磁场,线圈就有磁通量通过。通入线圈的电流越大,磁场就越强,通过线圈的磁通量就越大。实验证明,通过线圈的磁通量和通入线圈的电流是成正比的 $L = N\Phi_i$,L 称为自感系数,简称"电感"。

2. 电感的单位

如果通过线圈的磁通量用 Φ 表示,线圈导线中的电流用 I 表示,电感用 L 表示,那么 $L = \Phi/I$,单位是亨[利](H)。电感单位也常用毫亨(mH)或微亨(μH),其换算关系为

$$1\ H = 10^3\ mH = 10^6\ \mu H$$

电感器(电感线圈)是用绝缘导线(如漆包线、纱包线等)在绝缘骨架或磁芯、铁芯上绕制而成的电磁感应元件,是电子电路中常用的元件之一。电感器外形如图1-25所示。

图1-25　电感器外形

3. 电感器的特性和作用

(1)特性:通直流、阻交流。

通直流特性是指电感器对直流呈通路状态,如果不计电感线圈的电阻,那么直流电可以"畅通无阻"地通过电感器,对直流电而言,电感线圈本身的电阻对直流阻碍作用很小,所以在电路分析中往往可以忽略不计。

阻交流特性是当交流电通过电感线圈时,电感线圈对交流电存在着阻碍作用,阻碍交流电的是电感线圈的感抗。

(2)作用。电感器有滤波和储能两个作用。滤波作用是指在电感器电源电路中作为滤波电感器,阻止交流成分通过,让直流成分通过。储能作用是指电感器利用电磁转换原理来储存电能。

三、串并联电路

(一)电阻器串联电路

1. 电阻器串联的概念

把两个或两个以上的电阻器依次连接,组成一条无分支电路,这样的连接方式称为电阻器的串联,如图1-26所示。

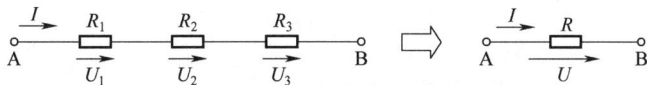

图 1-26 电阻器的串联

2. 串联电路的特点

(1)电路中的电流相等,即 $I = I_1 = I_2 = I_3 = \cdots = I_n$。

(2)电路两端的总电压等于各部分的电压之和,即 $U = U_1 + U_2 + U_3 + \cdots + U_n$。

(3)串联电路的总电阻等于各电阻之和,即 $R = R_1 + R_2 + R_3 + \cdots + R_n$。

(4)串联电路的分压公式为

$$U_k = R_k I = \frac{U R_k}{R}$$

式中,U_k、R_k 为串联电路中各元件的电压、电阻;R 为总电阻。

例如,当两个电阻器串联时,各支路的电压计算方法如下:

$$U_1 = \frac{R_1}{R_1 + R_2} U , \quad U_2 = \frac{R_2}{R_1 + R_2} U$$

(二)电阻器并联电路

1. 电阻器并联的概念

把两个或两个以上的电阻器接在电路中相同的两点之间,承受同一电压,这样的连接方式称为电阻器的并联,如图1-27所示。

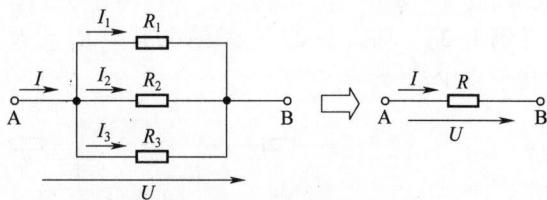

2. 电阻器并联电路的特点

(1)电路中的各电阻器两端的电压相等,即 $U_1 = U_2 = U_3 = \cdots = U_n$。

图 1-27 电阻器的并联

(2)电路中的总电流等于流过各电阻器的电流之和,即 $I = I_1 + I_2 + I_3 + \cdots + I_n$。

(3)并联电路的总电阻的倒数等于各电阻倒数之和,即 $\dfrac{1}{R} = \dfrac{1}{R_1} + \dfrac{1}{R_2} + \dfrac{1}{R_3} + \cdots + \dfrac{1}{R_n}$。

(4)并联电路的分流公式为

$$I_k = \frac{U}{R_k} = \frac{IR}{R_k}$$

式中,I_k、R_k 为并联电路中各元件的电流、电阻;R 为并联电路总电阻。

例如,当两个电阻器并联时,各支路的电流计算方法如下:

$$I_1 = \frac{U_1}{R_1} = \frac{IR}{R_1} = \frac{R_1 + R_2}{R_1} I \qquad I_2 = \frac{U_2}{R_2} = \frac{IR}{R_2} = \frac{R_1 + R_2}{R_2} I$$

3. 电阻器并联的应用

(1)凡是额定工作电压相同的负载都采用并联的工作方式。

(2)获得较小的电阻。

(3)扩大电流表的量程。

【例1-2】 如图1-28所示的并联电路中,求等效电阻 R_{AB}、总电流、各负载电阻上的电压、各负载电阻中的电流。

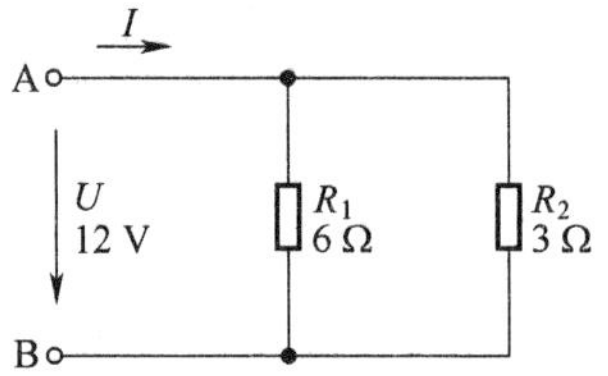

解 等效电阻 $R_{AB} = \dfrac{R_1 R_2}{R_1 + R_2} = \dfrac{6 \times 3}{6 + 3}\Omega = 2\ \Omega$

总电流 $I = U/R_{AB} = (12/2)A = 6\ A$

各负载上的电压 $U_1 = U_2 = U = 12\ V$

各负载的电流 $I_1 = U_1/R_1 = (12/6)A = 2\ A$;

$I_2 = U_2/R_2 = (12/3)A = 4\ A$

图1-28 电阻器的并联电路

(三)电阻器的混联

在实际电路中,既有电阻器串联又有电阻器并联的电路称为电阻器混联电路。分析电路混联的一般步骤如下:

(1)先将混联电路分解为若干个串联和并联电路,然后分别计算出串联和并联电路的等效电阻;

(2)求出的各分电路的等效电阻替代原电阻电路,重新得到一个等效的混联电路;

(3)重复步骤(1)(2),得出最简单的无分支等效电路;

(4)根据欧姆定律求出等效电路的电压、电流等。

分析电阻串并联电路的关键是先判断哪些电阻器是串联,哪些电阻器是并联。串联的各电阻器中间必须没有其他分支,并联的各电阻器必须连接到两个公共节点上。当电阻器串并联的关系不易看出时,可以在不改变电阻器间连接关系的条件下将无阻导线缩成一点,且尽量避免相互交叉。

【例1-3】 如图1-29所示电路,其中 $R_1 = R_2 = R_3 = R_4 = R_5 = 1\ \Omega$,求A、B间等效电阻 R_{AB} 等于多少?

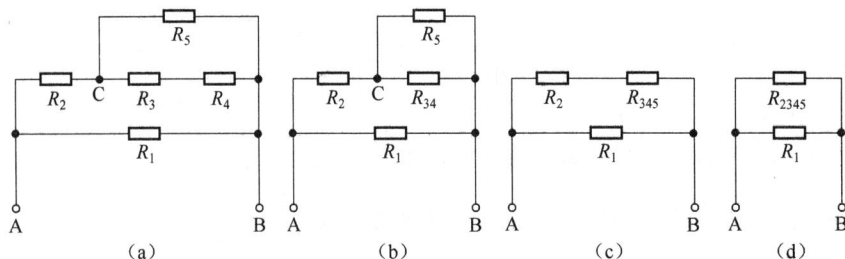

图1-29 等效电路

解 图1-29(a)等效于图1-29(b),等效于图1-29(c),等效于图1-29(d),则 $R_{34} = R_3 + R_4 = 2\ \Omega$;

$$R_{345} = \dfrac{R_{34} R_5}{R_{34} + R_5} = \dfrac{2 \times 1}{2 + 1}\Omega = \dfrac{2}{3}\Omega\ ;\quad R_{2345} = R_2 + R_{345} = \left(1 + \dfrac{2}{3}\right)\Omega = \dfrac{5}{3}\ \Omega$$

$$R_{AB} = \frac{R_{2345}R_1}{R_{2345} + R_1} = \frac{5}{8}\,\Omega$$

【例1-4】 如图 1-30 所示的混联电路，$R_1 = 10\,\Omega$，$R_2 = 5\,\Omega$，$R_3 = 2\,\Omega$，$R_4 = 3\,\Omega$，电源电压 $U = 125\,V$，求电流 I、I_1、I_2。

解 （1）R_3 和 R_4 可等效成一个电阻 R_{34}，即 $R_{34} = R_3 + R_4 = (2 + 3)\,\Omega = 5\,\Omega$。

（2）R_2 和 R_{34} 可等效成一个电阻 R_{AB}，即 $R_{AB} = \frac{R_2 R_{34}}{R_2 + R_{34}} = \frac{5 \times 5}{5 + 5}\,\Omega = 2.5\,\Omega$。

图 1-30　混联电路

（3）R_1 和 R_{AB} 可等效成一个电阻 R，即 $R = R_1 + R_{AB} = (10 + 2.5)\,\Omega = 12.5\,\Omega$。

（4）根据欧姆定律　　　$I = \dfrac{U}{R} = \dfrac{125}{12.5}\,A = 10\,A$

（5）根据分流公式

$$I_1 = \frac{R_{34}}{R_2 + R_{34}}I = \frac{5}{5 + 5} \times 10\,A = 5\,A$$

$$I_2 = \frac{R_2}{R_2 + R_{34}}I = \frac{5}{5 + 5} \times 10\,A = 5\,A$$

混联电路的形式有很多，如果经过串联和并联简化后，可以用一个等效电阻来代替时，则称为简单电路；若不能简化成一个等效电阻时，则称为复杂电路。

（四）汽车电路组成特点

1. 汽车电路的基本组成

汽车电路的基本组成包括电源（蓄电池）、负载、导线、保护装置、控制装置等，如图 1-31 所示。

2. 汽车电路的特点

（1）低压直流供电（12 V、24 V）。汽车电气系统的额定电压主要有 12 V 和 24 V 两种。汽油发动机普遍采用 12 V 电源，柴油发动机多采用 24 V 电源。现代汽车发动机是靠电力起动机启动的，起动机由蓄电池供电，而向蓄电池充电又必须采用直流电源，所以汽车电气系统为直流系统。

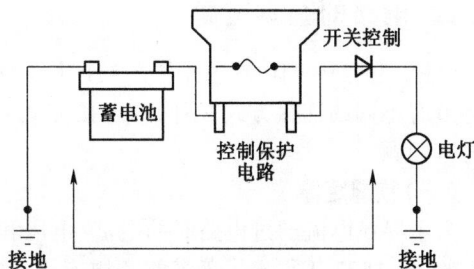

图 1-31　汽车电路的基本组成

（2）单线制。单线连接是汽车电路的特殊性，它是指汽车上所有电气设备的正极均采用导线相互连接；而所有负极则直接或间接通过导线与车架或车身金属部分相连，即搭铁。

（3）负极搭铁。采用单线制时，蓄电池的负极接车架或车身，称为负极搭铁。

（4）用电设备并联。汽车各用电设备均采用并联方式连接。

（五）电池的连接

1. 电池的串联

把电动势相同的电池正极与另一个电池负极相连，就构成了串联电池组，如图 1-32（a）所示。第一个电池的正极就是电池组的正极,最后一个电池的负极就是电池组的负极。

设每个电池的电动势为 E,内阻为 r。当串联电池组由 n 个电池组成时,整个电池组的电动势 $E_{串总} = nE$,串联电池组的电池内阻 $r_{串总} = nr$。

串联电池组的电动势大于组成电池组的每个独立的电动势,所以当用电器的额定电压高于单个电池的电动势时,可用串联电池组供电。但串联电池组的电流要通过每一个电池,所以用电器的额定电流应小于单个电池允许通过的最大电流。

2. 电池的并联

把电动势相同的电池的正极和正极相连,负极和负极相连,就构成了并联电池组,如图 1-32 (b)所示。并联在一起的正极是电池组的正极,并联在一起的负极是电池组的负极。

设每个电池的电动势为 E,内阻为 R。当并联电池组由 n 个电池组成时,整个电池组的电动势 $E_{并总} = E$,并联电池组的电池内阻 $r_{并总} = r/n$。

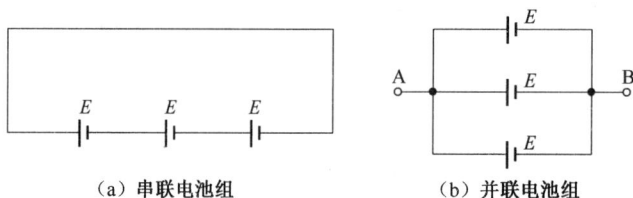

（a）串联电池组　　　　　　（b）并联电池组

图 1-32　电池的串、并联

并联电池组的电动势虽然与组成电池组的每个独立电池的电动势相同,但由于每个电池中通过的电流只是全部电流的一部分,所以整个电池组允许通过较大的电流。当用电器的额定电流比单个电池允许通过的最大电流大时,可用并联电池组供电,但这时用电器的额定电压必须小于单个电池的电动势。

四、电路的基本定律

电流、电压和电阻是电路中的 3 个主要物理量,3 个物理量之间存在一定的关系。电路的中间环节有不同的连接方式,不同的连接方式对电流、电压及电阻有影响,电路的基本定律可以解答这些问题。

（一）欧姆定律

为了寻找电流通过电路时的电流、电压和电阻三者之间的关系,德国物理学家欧姆通过大量的实验,于 1827 年得出了著名的欧姆定律。它的形式有两种:部分电路欧姆定律和全电路欧姆定律。

1. 部分电路欧姆定律

电路中通过电阻的电流,与电阻两端所加的电压成正比,与电阻成反比,称为部分电路欧姆定律。

实验证明,电阻的端电压与通过电阻的电流成正比,在二者参考方向关联的情况下可表示为

$$I = \frac{U}{R} \quad 或 \quad U = IR$$

式中,R 即为元件的电阻。在国际单位制中,电阻的基本电位是欧［姆］（Ω）。

以上这一结论是由德国物理学家欧姆提出来的,称为欧姆定律。它表明,电流通过电阻时沿着电流的方向产生压降,其值为电流与电阻的乘积。

由式 $P = UI$ 和式 $U = IR$ 可知,在关联参考方向下,电阻元件吸收的功率为

$$P = UI = I^2R = \frac{U^2}{R}$$

由于 I^2、U^2 总为正值，R 为常数，因此 P 总大于零。这说明电阻元件总是在消耗能量，是一个耗能元件。

综上所述，电阻这一名词具有双重含义，既可以表示、元件，又可以表示元件的参数。

【例1-5】 已知某电阻 $R = 50\ \Omega$，两端电压 $U = 100\ V$，求流过电阻的电流为多大？

解 $\qquad\qquad\qquad\qquad I = U/R = (100/50)\,A = 2\ A$

【例1-6】 已知某电阻 $R = 100\ \Omega$，它通过的最大允许电流为 5 A，求该电阻两端所能承受的最大电压为多少？

解 $\qquad\qquad\qquad\qquad U = IR = (5 \times 100)\,V = 500\ V$

2. 全电路欧姆定律

相关名词术语：

内电路：电源本身的电流通路，由电动势 E 和内电阻 R_0 组成。

内电阻：内电路的电阻，通常用 R_0 表示。

外电路：电源以外的电流通路。

全电路：内电路和外电路的总称。

图 1-33 所示为最简单的全电路，点画线框内为内电路，点画线框外为外电路。

全电路欧姆定律：在整个闭合电路中，电流与电源的电动势成正比，与电路中的内电阻和外电阻之和成反比。用公式表示为

$$I = \frac{E}{R_0 + R} \quad \text{或} \quad E = IR_0 + IR$$

式中，$U = IR$ 是外电路上的电压降（又称端电压）；$U_0 = IR_0$ 是内电路上的电压降。所以全电路欧姆定律又可以表示为

$$E = U_0 + U$$

即电源的电动势等于内外电路电压降之和。

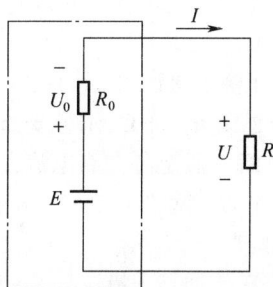

图 1-33 最简单的全电路

（二）基尔霍夫定律

1. 相关名词术语

以图 1-34 所示电路为例说明常用电路名词。

支路：由一个或几个元件首尾相接构成的无分支电路。图 1-35 中的 EGD、AHB、FC 均为支路，该电路的支路数目为 $b = 3$。

节点：电路中 3 条或 3 条以上支路的连接点。图 1-35 所示电路中的节点有 A、B 两点，该电路的节点数目为 $n = 2$。

回路：电路中任一闭合的路径。图 1-35 所示电路中的 AFCBHA、EAHBDGE、CBDGEAFC 路径均为回路，该电路的回路数目为 $n = 3$。

网孔：不含有分支的闭合回路。图 1-35 所示电路中的 AFCBHA、EAHBDGE 回路均为网孔，该电路的网孔数目为 $m = 2$。

网络：在电路分析范围内，网络是指包含较多元件的电路。

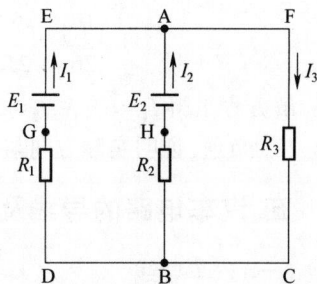

图 1-34 复杂电路基本概念

2. 基尔霍夫电流定律（节点电流定律）

基尔霍夫电流定律（KCL）的第一种表述：在任何时刻，电路中流入任一节点中的电流之和，恒等于从该节点流出的电流之和，即 $\sum I_{流入} = \sum I_{流出}$。

基尔霍夫电流定律的第二种表述：在任何时刻，电路中任一节点上的各支路电流代数和恒等于零，即 $\sum I = 0$。

一般可在流入节点的电流前面取"+"号，在流出节点的电流前面取"−"号，反之亦可。图 1-34 中，由 A 节点得：$I_1 + I_2 = I_3$ 或 $I_1 + I_2 - I_3 = 0$。

【**例 1-7**】 图 1-35（a）所示为某电路中的一部分，选择封闭面如图中点画线所示，则有 $-I_1 + I_2 - I_3 + I_5 - I_6 - I_7 = 0$

图 1-35（b）所示的三极管电路中，I_B、I_C、I_E 三个电流满足关系式：$I_B + I_C - I_E = 0$。

（a）   （b）

图 1-35　电路中的封闭面

3. 基尔霍夫电压定律（回路电压定律）

基尔霍夫电压定律（KVL）：在任何时刻，沿着电路中的任一回路绕行方向，回路中各段电压的代数和恒等于零，即 $\sum U = 0$。

以图 1-34 所示电路说明基尔霍夫电压定律。沿着回路 AHBDGEA 绕行方向，有

$$E_2 - R_2 I_2 + R_1 I_1 - E_1 = 0$$

【**例 1-8**】 如图 1-36 所示，$E_1 = 10$ V，$R_1 = 6$ Ω，$E_2 = 26$ V，$R_2 = 2$ Ω，$R_3 = 4$ Ω，求各支路电流的大小和方向。

解 假定各支路电流方向如图 1-36 所示，对于节点 A 有：$I_1 + I_2 = I_3$，设图 1-37 中两个闭合回路的绕行方向为顺时针方向，则

对于回路 I 有　　　$E_1 - E_2 = I_1 R_1 - I_2 R_2$
对于回路 II 有　　　$E_2 = I_2 R_2 + I_3 R_3$

联立方程组

$$\begin{cases} I_1 + I_2 = I_3 \\ 10 - 26 = 6I_1 - 2I_2 \\ 26 = 2I_2 + 4I_3 \end{cases}$$

图 1-36　回路电压定律示例电路图

解方程组得 $I_1 = -1$ A，$I_2 = 5$ A，$I_3 = 4$ A。

I_1 为负值，说明实际方向与假定方向相反，同时说明 E_1 此时相当于负的。

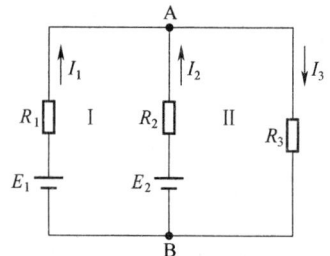

五、汽车电路的导线及插接器

（一）汽车导线

汽车导线是用来连接汽车上各用电设备和控制部件的，用以传递电流和信号，以构成完整的汽车电气控制系统。汽车电气控制系统的导线有低压导线和高压导线两种。

1. 低压导线

（1）低压导线的材质及横截面积。低压导线一般采用铜质多芯软线，导线横截面积主要根据其工作电流选择，但是对于一些工作电流较小的电器，为保证应具有一定的机械强度，导线横截面积不得小于 0.5 mm²。各种低压导线标称截面积所允许的负载电流见表 1-3。

所谓标称截面积是经过换算而统一规定的线芯截面积,不是实际线芯的几何面积,也不是各股线芯几何面积之和。汽车 12 V 电气控制系统主要线路导线标称截面积推荐值见表 1-4。

表 1-3 各种低压导线标称截面积所允许的负载电流

导线标称截面积/mm²	1.0	1.5	2.5	3.0	4.0	6.0	10	13
允许的负载电流/A	11	14	20	22	25	35	50	60

表 1-4 汽车 12 V 电气控制系统主要线路导线标称截面积推荐值

标称截面积/mm²	用 途
0.5	尾灯、顶灯、指示灯、仪表灯、牌照灯、刮水器、时钟、燃油表、水温表、油压表等电路
0.8	转向灯、制动灯、停车灯、断电器等电路
1.0	前照灯、电喇叭(3 A 以下)电路
1.5	前照灯、电喇叭(3 A 以上)电路
1.5~4.0	其他 5 A 以上电路
4~6	柴油车电热塞电路
6~25	电源电路
16~95	启动电路

(2)低压导线的颜色。为了便于安装、维修,低压导线绝缘层外表面常用不同的颜色加以区分。导线颜色是导线的最直观要素之一,可以分为单色导线和双色导线。

单色导线是指绝缘表面为一种颜色的导线,汽车用低压导线的颜色及种类表 1-5。

表 1-5 汽车用低压导线的颜色及种类

线 色	常用缩写	中 文	线 色	常用缩写	中 文
Black	BLK/B	黑色	Light Green	LT GRN	浅绿
Blue	BLU/BL	蓝色	Orange	ORG/O	橙色
Brown	BRN/BR	棕色	Pink	PNK/P	粉红
Clear	CLR/CL	透明	Purple	PPL/PP	紫色
Dark Blue	DK BLU	深蓝	Red	RED/R	红色
Dark Green	DK GRN	深绿	Tan	TAN/T	褐色
Green	GRN/G	绿色	Violet	VIO/V	粉紫
Gray	GRY/GR	灰色	White	WHT/W	白色
Light Blue	LT BLU	浅蓝	Yellow	YEL/Y	黄色

双色导线是指绝缘表面为两种颜色的导线,双色导线中面积比例大的颜色称为主色,面积比例小的颜色称为辅助色。

导线颜色的标注采用颜色代号表示,如单色导线,颜色为红色,标注为 R;双色导线,第一色为主色,第二色为辅助色,主色为红色,辅助色为白色,标注为 RW。

导线的截面积标注在颜色代码前面,单位为 mm 时不标注,如 1.25R 表示导线截面积为 1.25 mm² 的红色导线;1.0G/Y 表示导线截面积为 1.0 mm² 的双色导线,主色为绿色,辅助色为黄色。

2. 高压导线

在汽车点火线圈至火花塞之间的电路使用高压导线,简称高压线。它分为普通铜芯高压线及高压阻尼点火线,带阻尼的高压线可抑制和衰减点火系统产生的高频电磁波,降低对无线电设备及电控装置的干扰。

3. 汽车线束

为了使全车线路规整、安装方便及保护导线的绝缘,汽车上的全车线路除高压线、蓄电池和收放机天线的电缆外,一般都将同区域的不同规格的导线用棉纱或薄聚氯乙烯带缠绕包扎成束,称为线束,如图 1-37 所示。

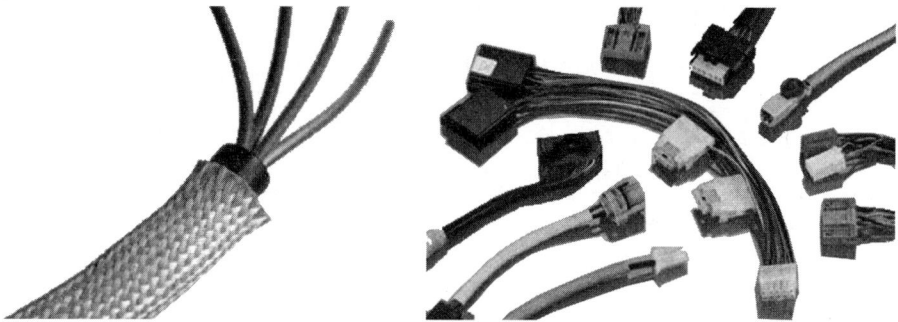

图 1-37 汽车线束

汽车线束是汽车电路的网络主体,没有汽车线束也就不存在汽车电路。目前,不管是高级豪华汽车,还是经济型普通汽车,线束装配的形式基本上是一样的,一般由导线、端子(又称孔)、插接器插头或插座、护套等组成。

一般汽车的线束分为发动机线束、仪表板线束、车身线束等。图 1-38 所示为整车线束布置。

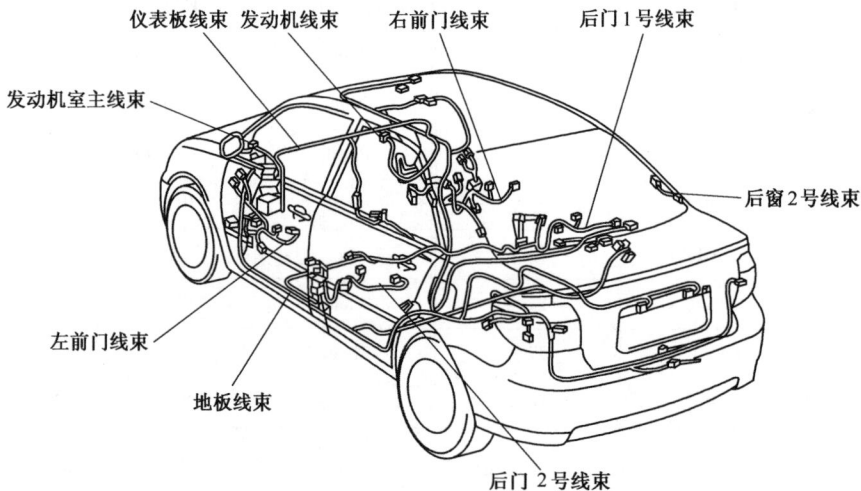

图 1-38 整车线束布置

随着汽车功能的增加,电子控制技术的普遍应用,电气元件越来越多,导线也会越来越多,线束也就变得越粗越重。因此,先进的汽车就引入了CAN总线配置,采用多路传输系统。与传统线束比较,多路传输装置大大减少了导线及接插件数目,使布线更为简易。

4. 低压导线的选用

选用导线颜色时,应优先选用单色,再选用双色。一般截面积在 4 mm² 以上的采用单一颜色,4 mm² 以下的采用双色,搭铁线为黑色。

启动电缆用来连接蓄电池与起动机开关的主接线柱,截面积有 25 mm²、35 mm²、50 mm²、70 mm² 等多种规格,允许电流达 500~1 000 A。为了保证起动机正常工作,并发出足够的功率,要求在电路上每 100 A 的电流电压降不得超过 0.1~0.15 V。

蓄电池的搭铁电缆是由铜丝编织而成的扁形软铜线,国产汽车常用的搭铁线长度有 300 mm、450 mm、600 mm、760 mm 四种。

(二)插接器

插接器就是通常所说的插头和插座,用于线束与线束或导线与导线间的相互连接。为了防止插接器在汽车行驶中脱开,所有的插接器均采用了闭锁装置。下面以日本汽车使用的插接器为例,介绍其相关知识。

1. 插接器的识别方法

汽车上使用的常见插接器如图1-39所示。

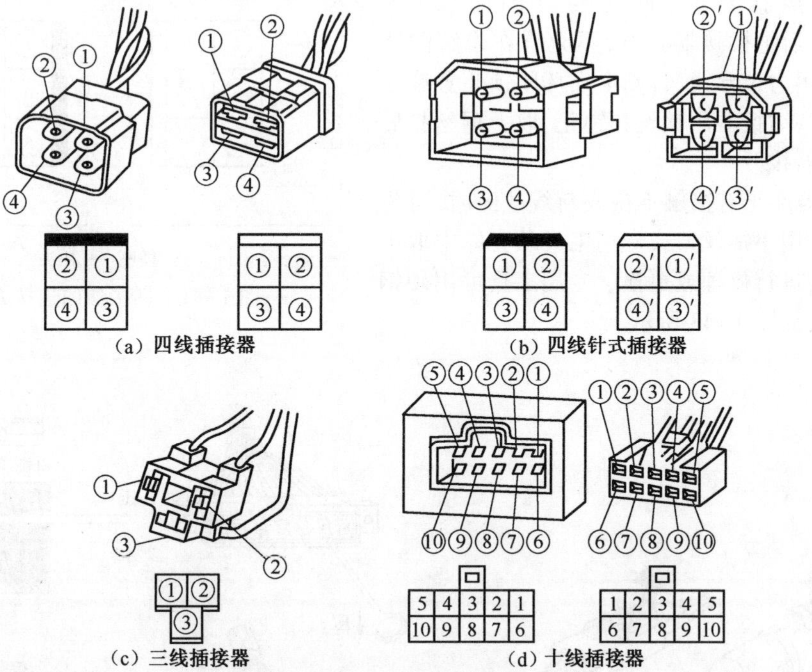

(a) 四线插接器　　　　　　　　　(b) 四线针式插接器

(c) 三线插接器　　　　　　　　　(d) 十线插接器

图1-39　汽车上使用的常见插接器

插接器的符号和实物对照如图1-40所示。符号涂黑的表示插头,白色的表示插座,带有倒角的表示针式插头。

2. 插接器的连接方法

插接器接合时,应把插接器的导向槽重叠在一起,使插头和插孔对准,然后平行插入即可十分牢固地连接在一起。插接器连接后,其导线的连接如图1-41所示。例如A线的插孔①与a线的插头①′是相配合的,其余以此类推。

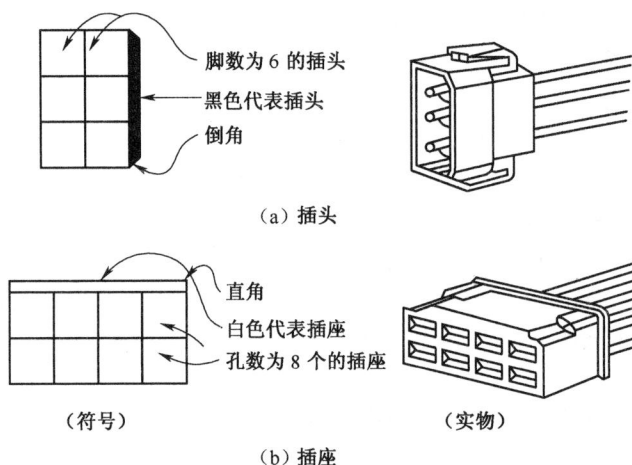

（a）插头

（符号）　　　　　　　　（实物）

（b）插座

图 1-40　插接器的符号和实物对照

3. 插接器的拆卸方法

要拆开插接器时，首先要解除闭锁（见图 1-42），然后把插接器拉开，不允许在未解除闭锁的情况下用力拉导线，否则会损坏闭锁装置或连接导线。有些插接器用钢丝扣锁止，取下钢丝扣后才能将插接器拔开。

在插接器端子有接触不良或断线故障时，可将插接器分解，用小螺丝刀或专用工具从壳体中取出导线及端子，进行修理或更换。专用工具可用硬钢丝弯曲磨制，如图 1-43 所示。

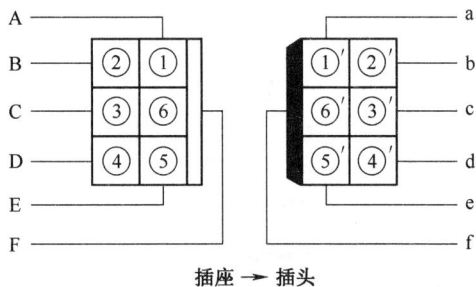

插座　→　插头

图 1-41　插接器的连接方法

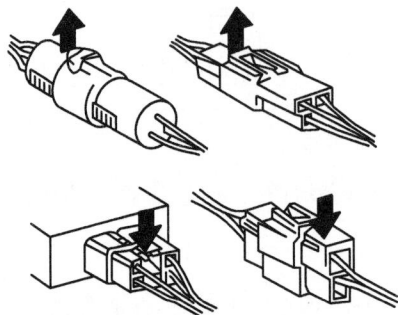

图 1-42　解除插接器闭锁的方法

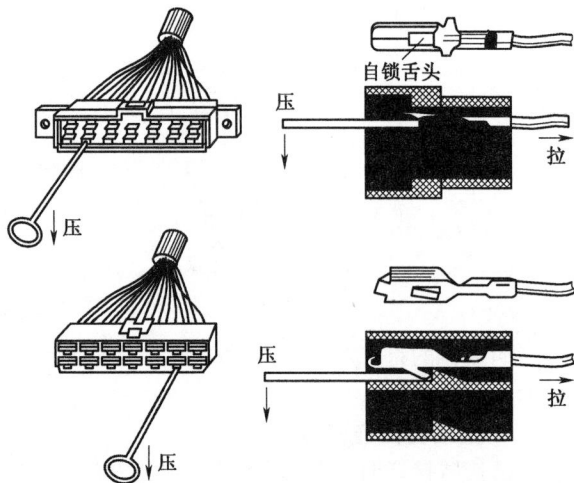

图 1-43　导线端子的取出方法

项目实施

任务 1-1 简单电路的连接

(一)任务要求

1. 教学组织

任务分组训练：全班_____人，每_____人一组，分为_____组，使用_____套实训器材，每组小组长一名。

2. 职责分工

教师职责：课堂纪律与安全管理、任务训练器材管理、指导与巡查。

学生职责：班长协助教师对班级全面管理与监控，学习委员负责器材管理和检查，团委书记负责安全、纪律及素质评价，副班长负责收集和反馈学生意见，实训小组长负责指导组内学习和交流。

3. 6S 要求

整理、整顿、清扫、清洁、素养、安全。

(二)任务训练步骤

1. 任务训练器材的认识及检查

(1)操作规范：正极采用红色线，负极采用黑色线；禁止用万用表欧姆挡测量电池电压；禁止先通电再接线。

(2)认识和检查相关任务训练器材。

2. 简单电路的连接

电路连接如图 1-4 所示。

(1)识读电路原理图并说明元器件的作用。

电池：_____；熔断器：_____；

开关：_____；灯泡：_____。

(2)用导线按照示意图连接完整电路，注意连接前先断开电源开关。

(3)连接好电路，检查无误后闭合电源开关，仔细观察实训现象，并做好相关记录。

(4)当开关断开时，电路处于_____状态，此时灯泡_____；当开关闭合时，电路处于_____状态，此时灯泡_____。

(5)按照上述步骤把灯泡换成电动机，再次观察实训现象，并做好相关记录。

(6)接通电路后，灯泡发光，说明此时电池提供的电能通过电流的形式转变成_____；用手触摸灯泡会觉得热，说明此时电流还能转变成_____。用电动机代替灯泡，是将电能转变成_____；对电池充电，是将_____能转变成_____。

3. 任务训练过程检查

检查项目	结果与数据	检查项目	结果与数据	检查项目	结果与数据
连线是否规范		灯泡是否受开关控制		是否单独完成工作	
灯泡是否正常发光		是否出现异常现象		是否严格执行 6S 管理	

4. 评价与反馈

考 核 项 目	评 分 标 准	分数	学生自评（10%）	小组互评（50%）	教师评价（40%）	小计
团队合作	是否协调信任					
活动参与	是否积极主动					
安全训练	有无安全隐患					
现场 6S	是否做到					
任务方案	是否正确、合理					
任务训练过程	是否独立完成					
	工作完成情况					
任务完成情况	是否圆满完成					
工具设备使用	是否规范、标准					
问答	是否能够回答正确					
任务训练设备	是否完好					
总　　　分		100				
任务训练小组学生：				年　　月　　日	得分	
教师签名：				年　　月　　日	得分	

任务 1-2　电路电压、电流的测量

（一）任务要求

1. 教学组织

任务分组训练：全班_____人，每_____人一组，分为_____组，使用_____套实训器材，每组小组长一名。

2. 职责分工

教师职责：课堂纪律与安全管理、任务训练器材管理、指导与巡查。

学生职责：班长协助教师对班级全面管理与监控，学习委员负责器材管理和检查，团委书记负责安全、纪律及素质评价，副班长负责收集和反馈学生意见，实训小组长负责指导组内学习和交流。

3. 6S 要求

整理、整顿、清扫、清洁、素养、安全。

（二）任务训练步骤

1. 任务训练器材的认识及检查

认识和检查相关任务训练器材。

2. 电路电压、电流的测量

电路如图 1-44 所示。

（1）识读电路原理图，说明每个元器件的作用。

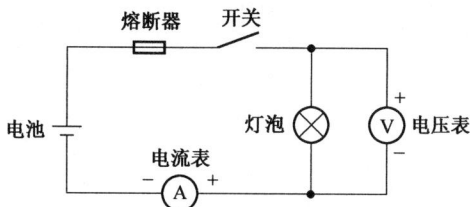

图 1-44　电路电压、电流的测量

电池:＿＿＿＿＿＿＿＿＿＿＿＿＿;熔断器:＿＿＿＿＿＿＿＿＿＿＿＿＿;

开关:＿＿＿＿＿＿＿＿＿＿＿＿＿;灯泡:＿＿＿＿＿＿＿＿＿＿＿＿＿;

电压表:＿＿＿＿＿＿＿＿＿＿＿＿＿;电流表:＿＿＿＿＿＿＿＿＿＿＿＿＿。

(2)用导线按照示意图(见图 1-44)连接完整电路,注意连接前先断开电源开关。此时电压表与灯泡的连接关系是＿＿＿＿＿＿＿＿＿＿＿＿＿,电流表是＿＿＿＿＿＿＿＿＿＿＿＿＿在电路中的。连接时注意电压表和电流表都是有极性的。

(3)检查无误后打开电源、电压表、电流表开关,仔细观察实训现象,并做好相关记录。

(4)闭合电路开关,电源电压为＿＿＿＿＿ V 时,电压表的读数是＿＿＿＿＿＿,单位是＿＿＿＿＿;电流表的读数是＿＿＿＿＿,单位是＿＿＿＿＿;将电源接可调电压输出端,当调节电压为 5V 时,电压表的读数是＿＿＿＿＿,电流表的读数是＿＿＿＿＿。若对调电压表、电流表极性,显示会出现什么变化? 为什么?

3. 欧姆定律特性验证

(1)用万用表欧姆挡测量出灯泡的阻值为＿＿＿＿＿＿,单位是＿＿＿＿＿＿。(注意:灯泡的阻值随温度变化波动大)。

(2)识读电路原理图,如图 1-45 所示,说明每个元器件的作用。

电池:＿＿＿＿＿＿＿＿＿＿＿＿＿;电位器:＿＿＿＿＿＿＿＿＿＿＿＿＿;

灯泡:＿＿＿＿＿＿＿＿＿＿＿＿＿;电压表:＿＿＿＿＿＿＿＿＿＿＿＿＿;

开关:＿＿＿＿＿＿＿＿＿＿＿＿＿;电流表:＿＿＿＿＿＿＿＿＿＿＿＿＿。

(3)按照电路图连接好实训电路,注意连接前先关闭电源开关。电流表测量＿＿＿＿＿＿的电流,电压表测量＿＿＿＿＿＿的电压,检查无误后打开电源、电压表、电流表开关,仔细观察实训现象,并做好相关记录。

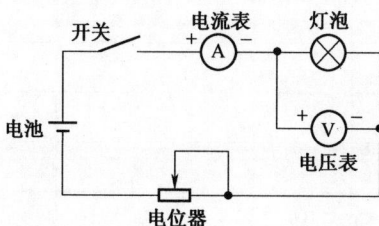

图 1-45　欧姆定律验证电路原理图

(4)调节电位器,观察各表情况,选取测量值并记录到表 1-6 中。

表 1-6　测量灯泡电阻

灯泡电阻 R =			
电压/V			
电流/A			

（5）从测量数据验证是否满足 $I = U/R$。

由此可得,当灯泡电阻不变时,电路电流与电压成_____（正比或反比）。

计算过程记录如下:

_____

_____

_____。

（6）电路如图 1-45 所示,闭合电源开关,电压表读数为_____,电流表读数为_____。灯泡的电阻值除可以用万用表直接测出外,还可以用伏安法测量。由 $R = U/I$,计算出灯泡的阻值为_____。若灯泡底座标示为"1W12V",则表明灯泡的额定功率为_____,单位是_____;用公式 $P = UI$ 计算出灯泡的实际消耗功率为_____,单位是_____。

4. 任务实训过程检查

检查项目	结果与数据	检查项目	结果与数据	检查项目	结果与数据
连线是否规范		灯泡是否受开关控制		是否单独完成工作	
灯泡是否正常发光		是否出现异常现象		是否严格执行 6S 管理	

5. 评价与反馈

考 核 项 目	评 分 标 准	分数	学生自评(10%)	小组互评(50%)	教师评价(40%)	小计
团队合作	是否协调信任					
活动参与	是否积极主动					
安全训练	有无安全隐患					
现场 6S	是否做到					
任务方案	是否正确、合理					
任务训练过程	是否独立完成					
	工作完成情况					
任务完成情况	是否圆满完成					
工具设备使用	是否规范、标准					
问答	是否能够回答正确					
任务训练设备	是否完好					
总　　分		100				
任务训练小组学生:			年　　月　　日		得分	
教师签名:			年　　月　　日		得分	

任务1-3　基尔霍夫电流、电压定律的验证

(一)任务要求

1. 教学组织

任务分组训练:全班_____人,每_____人一组,分为_____组,使用_____套实训器材,每组小组长一名。

2. 职责分工

教师职责:课堂纪律与安全管理、任务训练器材管理、指导与巡查。

学生职责:班长协助教师对班级全面管理与监控,学习委员负责器材管理和检查,团委书记负责安全、纪律及素质评价,副班长负责收集和反馈学生意见,实训小组长负责指导组内学习和交流。

3. 6S 要求

整理、整顿、清扫、清洁、素养、安全。

(二)任务训练步骤

1. 任务训练器材的认识及检查

认识和检查相关任务训练器材。

2. 基尔霍夫电流定律的验证

(1)识读电路原理图,如图1-46所示,说明每个元器件的作用。

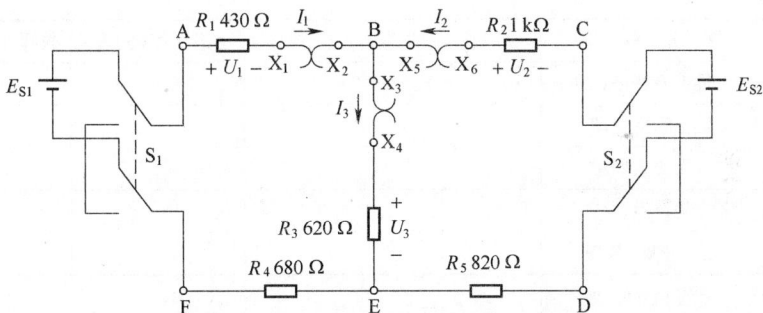

图1-46　基尔霍夫电流、电压定律的验证

(2)用导线按照示意图(见图1-47)连接完整电路,注意连接前先关闭电源。此电路中有_____个二端元件,_____个节点,_____条支路,_____个回路,_____个网孔。连接时注意电源、电流表、电压表的极性。

(3)检查无误后打开电源,仔细观察实训现象,并将相关结果记录到表1-7中。

(4)按照图1-46所示元器件参数,计算 I_1、I_2、I_3,并填入表1-7中,并与测量值极性相比较。

表1-7　验证 KCL 数据记录表

支路电流	测量值	计算数值
I_1/mA		
I_2/mA		
I_3/mA		
ΣI/mA		

3. 基尔霍夫电压定律的验证

电路如图 1-47 所示。具体步骤同 2 中的(1)、(2)、(3),将相关结果记录到表 1-8 中。

表 1-8 验证 KVL 数据记录表

回路电压	测量值	计算数值	回路电压	测量值	计算数值
U_{AB}/V					
U_{BE}/V					
U_{EF}/V					
U_{FA}/V					
ABEFA 回路 $\Sigma U/V$			BCDEB 回路 $\Sigma U/V$		

4. 任务实训过程检查

检查项目	结果与数据	检查项目	结果与数据	检查项目	结果与数据
连线 是否规范		测量、计算 数据是否准确		是否单独 完成工作	
是否认真 观察实训现象		是否出现 异常现象		是否严格 执行 6S 管理	

5. 评价与反馈

考 核 项 目	评 分 标 准	分数	学生自评(10%)	小组互评(50%)	教师评价(40%)	小计
团队合作	是否协调信任					
活动参与	是否积极主动					
安全训练	有无安全隐患					
现场 6S	是否做到					
任务方案	是否正确、合理					
任务训练过程	是否独立完成					
	工作完成情况					
任务完成情况	是否圆满完成					
工具设备使用	是否规范、标准					
问答	是否能够回答正确					
任务训练设备	是否完好					
总 分		100				
任务训练小组学生:			年 月 日		得分	
教师签名:			年 月 日		得分	

测试与练习

1. 常用的电工测量仪表有哪些?

2. 如何进行电流与电压的测量?

3. 什么叫电路? 什么叫直流电路? 电路通常由哪几部分组成?

4. 电路有什么作用?

5. 什么叫电动势、电位、电压?

6. 什么叫电流、电流强度?

7. 电阻器在形式和结构上各分为哪几类? 分别有什么作用?

8. 电容器在形式和结构上各分为哪几类? 分别有什么作用?

9. 两个电阻器并联,其中 R_1 为 200 Ω,通过 R_1 的电流 I_1 为 0.2 A,通过整个并联电路的电流 I 为 0.8 A,求 R_2 和通过 R_2 的电流 I_2。

10. 简述基尔霍夫电流定律及基尔霍夫电压定律的内容。

11. 如图 1-47 所示,已知 $E_1 = 70$ V,$E_2 = 6$ V,$R_1 = 7$ Ω,$R_2 = 11$ Ω,$R = 7$ Ω,求电路中各支路电流。

12. 如图 1-48 所示,已知 $E_1 = E_3 = 200$ V,$E_2 = 100$ V,$R_1 = 20$ kΩ,$R_2 = 30$ kΩ,$R_3 = 60$ kΩ,求电路中各支路电流。

图 1-47　习题 11 图　　　　　　　图 1-48　习题 12 图

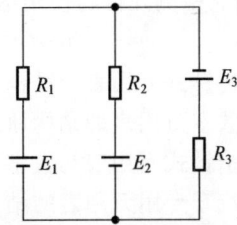

项目 2 汽车常用仪表的使用

项目背景

现代汽车电控系统是集新技术、新工艺和新材料于一体的高科技产物。虽然它的可靠性越来越高,但由于工作条件恶劣,故它仍是汽车运行中故障最多的部件,也是检测、诊断和维修的重点和难点。快速准确地诊断电控系统的故障,是正确维修电控系统的前提,也是维修技术的重要组成部分。

汽车电控系统中常见的检测、诊断工具有万用表、跨接线、测试灯和汽车专业电笔、示波器等。通过本项目学习能够实施用万用表测量电阻、交直流电压和电流;用示波器直接测量电信号波形;测量电压信号的幅值、周期、频率和相位等参数和非电学量的观察,进行排除和查找故障;学会使用万用表检测元件与使用示波器。

知识目标

(1)了解指针式万用表的结构原理;掌握指针式万用表的检测方法。

(2)了解数字万用表的结构原理;掌握数字万用表的检测方法。

(3)了解指针式万用表与数字万用表的区别。

(4)了解汽车专用万用表的结构、原理及功能;掌握汽车专用万用表检测项目及内容。

(5)了解汽车专用示波器的结构、原理及类型;掌握汽车专用示波器检测步骤。

技能目标

(1)会使用指针式万用表对电阻、电流、电压等进行测量。

(2)会使用数字万用表对电气元件进行检测,并判断其好坏。

(3)会使用汽车专用万用表检测电子控制单元的传感器、执行器。

(4)会使用万用表检测元件和示波器。

相关知识

一、指针式万用表

万用表是一种用来测量电压、电流和电阻的多种不同量程的电路测试仪表,它可分为指针式万用表、数字万用表以及汽车专用万用表。

(一)指针式万用表的结构及工作原理

指针式万用表是由磁电式仪表用指针摆动来显示被测量数值大小的,结构上主要由表头、转换装置和测量电路等部分组成。指针式万用表面板结构如图 2-1 所示,其结构包括表盘、量程选择开关、机械零位调节旋钮、欧姆挡零位调节旋钮、插孔等。

面板结构的各部分功能:刻度尺是显示各种被测量数值范围的;量程选择开关是根据具体情况转换不同的量程、不同的物理量;机械零位调节旋钮是用来校准指针的接线零位;欧姆挡零位调节旋钮是用来进行电阻挡零位调节的;插孔或接线柱是用来外接测试表笔的。

万用表是由电压表、电流表和欧姆表等各种测量电路通过转换装置切换实现的综合性仪表。

（a）外形结构　　　　　　　　（b）表盘盘面

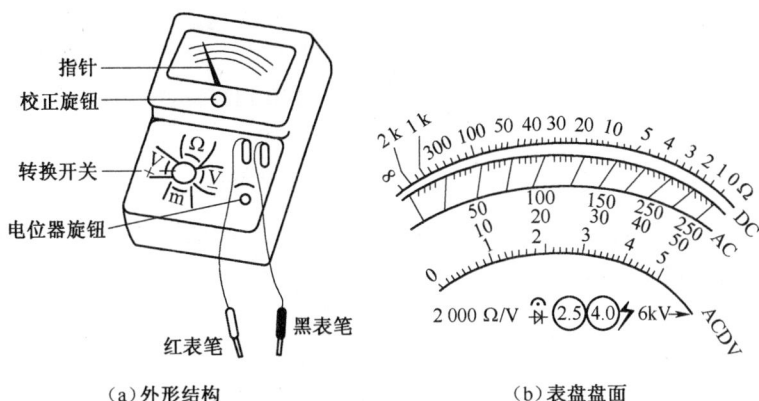

图2-1　指针式万用表面板结构

各测量电路的设计原理是欧姆定律和基尔霍夫定律,掌握了各测量电路的工作原理也就掌握了万用表的工作原理。下面分别介绍各测量电路的工作原理。

1. 直流电流挡的设计

万用表表头使用的是磁电式直流微安表,只允许通过较小的电流,为了扩大测试量程必须加装分流电阻。直流电流挡测试电路原理图如图2-2所示,利用并联电阻分流原理设计实现直流电流挡。量程转换开关换接到不同位置,就可改变直流电流的量程。下面以表头内阻4 kΩ,表头满偏电流50 μA为例,设计实现直流电流挡0.25 mA、1 mA和10 mA挡。求R_1、R_2和R_3:

图2-2　直流电流挡测试电路原理图

1—测量表头;2—分流电阻;3—量程转换开关

$$4 \text{ k}\Omega \times 50 \text{ μA} = (R_1 + R_2 + R_3)(0.25 \text{ mA} - 50 \text{ μA}) \tag{1}$$

$$(4 \text{ k}\Omega + R_3) \times 50 \text{ μA} = (R_1 + R_2)(1 \text{ mA} - 50 \text{ μA}) \tag{2}$$

$$(4 \text{ k}\Omega + R_2 + R_3) \times 50 \text{ μA} = R_1(10 \text{ mA} - 50 \text{ μA}) \tag{3}$$

求解上述方程组,得$R_1 = 25 \text{ }\Omega$,$R_2 = 225 \text{ }\Omega$,$R_3 = 750 \text{ }\Omega$。

2. 直流电压挡的设计

扩大直流电压测量量程可利用串联电阻分压原理来实现。在测量机构中串联电阻,利用量程转换开关切换不同量程。在电路中,串联的电阻阻值越大,通过测量机构的电流越小,可测量的电压越高,量程也就越大,如图2-3所示。在上述直流电流挡设计基础上,继续设计直流电压挡10 V、50 V和250 V挡。求R_4、R_5和R_6:

$$R_4 = \left(\frac{10}{0.25} - 800\right)\Omega = 39.2\ \mathrm{k\Omega}$$

$$R_5 = \left(\frac{50 - 10}{0.25}\right)\Omega = 160\ \mathrm{k\Omega}$$

$$R_6 = \left(\frac{250 - 50}{0.25}\right)\Omega = 800\ \mathrm{k\Omega}$$

需要说明的是,若需要设计交流电压挡,需用二极管整流成直流电压才可以进行,设计原理依然是利用串联电阻分压实现的,这里不再赘述。

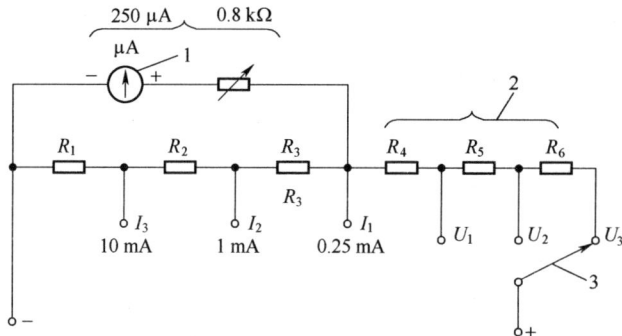

图 2-3　直流电压挡测试电路原理图
1—测量表头;2—分压电阻;3—量程转换开关

3. 电阻挡的设计

一般指针式万用表的欧姆挡量程有 R×1、R×10、R×100、R×1 k、R×10 k 等,其中 R×1 量程的被测阻值,可以从欧美标度上直接读得,其余各个挡位要在读数时乘以倍率。这是因为在多量程欧姆测量电路中,当量程改变时,保持电源电压不变,改变测量电路的分流电阻,虽然被测电阻变大了,而通过表头的电流仍保持不变,同一指针所表示的阻值相应变大。被测电阻的阻值应等于标尺上的读数乘以所用电阻量程的倍率,电路如图 2-4 所示。

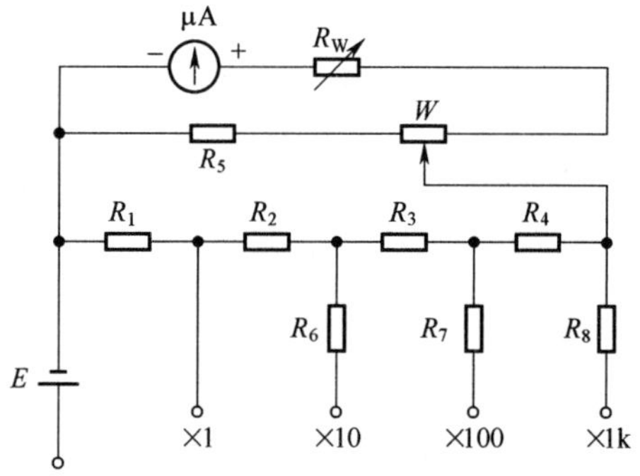

电阻挡测试电路不同于电流挡和电压挡,它在使用中是需要电源的。电源一般使用干电池,在使

图 2-4　电阻挡测试电路原理图

用中其内阻和电压都会发生变化,为弥补电源电压变化引起的测量误差,在电路中设置调节电位器 W。在使用欧姆挡测量电阻之前,应先将两正、负表笔短接,调节电位器 W,使指针满偏,指示在阻值的零位,此时被测电阻为零,即进行"调零"后,再测量阻值。

(二)指针式万用表的使用方法

1. 指针式万用表字符意义及使用方法

按规定在电控燃油喷射(EFI)发动机的检测中,不能使用指针式万用表检测电控单元(ECU)和传感器,更不能使用试灯测试 ECU 和任何与 ECU 相连接的电气设备,而应该使用高阻抗,如大于 10 MΩ/V(表示测试电压为刻度盘上最大值时的仪表内阻值)的数字式测试仪(表)进行测试。

图 2-1 所示为 108-1 型指针式万用表,在其表盘盘面上标注的字符意义如下:

（1）"2 000 Ω/V"表示测试电压为刻度盘上最大值时的仪表内阻值。

（2）磁铁和二极管的符号表示该仪表为电磁式测量机构,测试交流电压时采用二极管整流。

（3）"2.5"和"4.0"表示仪表的测量精度等级,表示测试直流电和交流电时的最大误差分别为满量程的25%和40%。

（4）"6 kV"表示仪器的耐压试验电压值为6 kV。

（5）测试时仪表应水平放置。

2. 准备工作

（1）将万用表平放在桌面上,观察指针是否指在刻度线左端"0"位置,如果未指向该位置,则进行下一步操作。

（2）将指针调到刻度盘电压刻度线的"0"刻度处(或欧姆刻度线的"∞"刻度处)。

（3）将红表笔插入"+"端插孔,将黑表笔插入"-"端插孔 。

3. 基本操作步骤

（1）测量前先估测被测物的最大值,选择合适的挡位。

（2）如测量电阻,把万用表的两根表笔短接,旋转欧姆调零旋钮,使指针在所选挡位的"0"端。

（3）将两根表笔分别接触被测物的两端。

（4）观察指针指在何数值上,然后根据所选挡位确定读数。

4. 测量电流、电压和电阻

测量电流时将万用表串联于被测电路中,其红色(+)表笔接电流输入端,黑色(-)表笔接电流输出端,注意不能接反,以防指针反转打坏。将转换开关转到"电流"挡,并选择适当测量量程。为避免万用表超负荷,可选稍大一些的量程,但也不能使量程过大,一般应使测试值达到全量程的1/2~3/4,以减小测量误差。

测量电压时将万用表并联于被测电路中,将转换开关转到"电压"挡,并选择适当测量量程。注意,若转换开关在电流挡,千万不能使万用表与电路并联,因为电流挡电阻小,错接会使测量电路超负荷而损坏仪表。

测量电阻之前,先把被测电源切断,将万用表接入电路。接通电源,短接两测试表笔,转动电位器旋钮,将指针调零,然后操作表笔进行测量。

5. 测量二极管

选用万用表欧姆挡(R×1 k),将万用表的黑表笔接二极管正极,红表笔接二极管负极,可测得其正向电阻;反之,将万用表的黑表笔接二极管负极,红表笔接二极管正极,测得阻值为反向电阻,如图2-5所示。

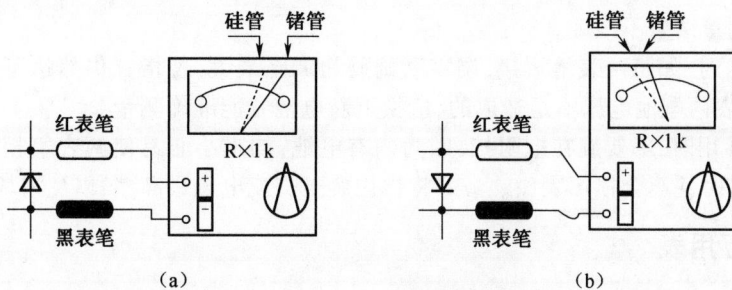

图2-5　使用指针式万用表测量二极管

以下几种情况表明二极管性能较差或已损坏：

（1）若测得正向阻值太大，表明二极管失去单向导电作用；

（2）若测得反向阻值太小，表明二极管失去单向导电作用；

（3）若测得正、反向阻值都为无穷大，表明二极管断路；

（4）若测得正、反向阻值均为零，表明二极管短路。

6. 测量三极管

（1）硅管、锗管的判别。根据硅材料 PN 结正向电阻较锗材料大的特点，可用万用表欧姆挡的 R×1 k 挡测定。

（2）高频管、低频管的判别。先用万用表欧姆挡的 R×1 k 挡，测量三极管的正向 PN 结阻值，再转换到 R×10 k 挡测量，观察指针偏转角度增大情况，偏转角度较大的为高频管，偏转角度较小的为低频管。

（3）测量三极管电流放大倍数，如图 2-6 所示。

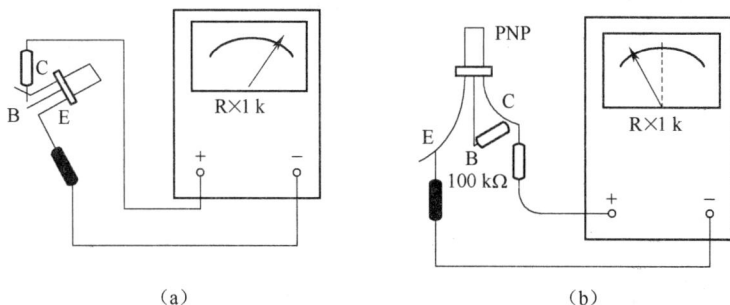

图 2-6　使用指针式万用表测量三极管电流放大倍数

7. 指针式万用表使用注意事项

万用表是比较精密的仪器，如果使用不当，不仅造成测量不准确且极易损坏。但是，只要掌握万用表的使用方法和注意事项，谨慎从事，那么就能使其经久耐用。使用万用表时应注意如下事项：

（1）测量电流与电压不能选错挡位。如果误用电阻挡或电流挡测电压，就极易烧坏万用表。

（2）测量直流电压和直流电流时，注意"＋""－"极性，不要接错。如发现指针反转，应立即调换表笔，以免损坏指针及表头。

（3）如果不知道被测电压或电流的大小，应先用最高挡进行估测，再选用合适的挡位来测试，以免指针偏转过度而损坏表头。所选用的挡位越靠近被测元件的真实值，测量的数值就越准确。

（4）测量电阻时，不要用手触及元件裸露的两端（或两表笔的金属部分），以免人体电阻与被测电阻并联，使测量结果不准确。

（5）测量电阻时，如将两表笔短接，调零欧姆旋钮调至最大，若指针仍然达不到零点，则这种现象通常是由于表内电池电压不足造成的，应换上新电池方能准确测量。

（6）万用表不用时，不要旋在电阻挡，因为内有电池，如不小心易使两表笔相碰短路，不仅耗费电池能量，严重时甚至会损坏表头。最好将挡位旋至交流电压最高挡，以免损坏万用表。

二、数字万用表

（一）数字万用表的优点及结构

数字万用表采用数字化测量技术和液晶显示器（LCD）显示，具有测量准确度高、测量范围宽、分辨力高、测量速度快、输入阻抗高、功耗小、功能全、集成度高、过载能力强和抗干扰能力强等优点。

　　数字万用表不仅可测量电压、电流、电阻,以及二极管、三极管等基本参数,有些功能齐全的数字万用表还可以测量电容、电感、温度和频率等。数字万用表由挡位选择开关、功能转换电路和数字电压表组成。在测量不同的量时,挡位选择开关要置于相应的挡位。

　　数字万用表的外形如图 2-7 所示。

(二)数字万用表的工作原理

　　以测量电流来说明数字万用表的工作原理。在测量电流时,电流由表笔插孔进入数字万用表,在内部经挡位选择开关(开关置于电流挡)后,电流送到 I/U 转换电路,I/U 转换电路将电流转换成直流电压再送到数字电压表,最终在显示屏上显示数字。

　　被测电流越大,转换电路转换成的直流电压越高,显示屏显示的数字越大,指示出的电流数值越大。不管数字万用表在测电流、电阻,还是测交流电压时,在内部都要转换成直流电压,如图 2-8 所示。

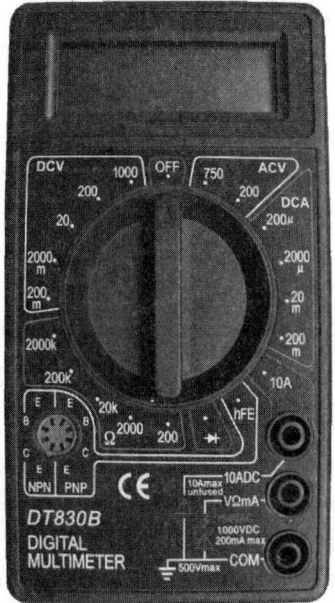

图 2-7　数字用表的外形

图 2-8　数字万用表的工作原理

(三)数字万用表的使用

1. 使用前的准备工作

(1)使用前,应认真阅读其使用说明书,熟悉电源开关、量程开关、插孔、特殊插口等的作用。

(2)将电源开关置于 ON 挡位。

2. 操作步骤

(1)测量前先估测被测量的大约数值,以选择合适的挡位。

(2)测量:

①交直流电压的测量;

②交直流电流的测量;

③电阻的测量。

(3)读数。显示屏上的数字为测量值。

　　使用后,拔出表笔,将选择开关旋至交流电压最大挡,并关闭电源。若长期不用,应将表内电池取出,以防电池电解液渗漏而腐蚀内部电路。

3. 使用注意事项

（1）如果无法预先估计被测物电压或电流的大小，则应先拨至最大量程挡测量一次，再视情况逐渐把量程减小到合适位置。测量完毕，应将量程开关拨到最大电压挡，并关闭电源。

（2）满量程时，仪表仅在最高位显示数字"1"，其他位均消失，这时应选择更大的量程。

（3）测量电压时，应将数字万用表与被测电路并联；测量电流时，应将数字万用表与被测电路串联；测直流量时不必考虑正、负极性。

（4）当误用交流电压挡去测量直流电压，或者误用直流电压挡去测量交流电压时，显示屏将显示"000"，或低位上的数字出现跳动。

（5）禁止在测量高电压（220 V 以上）或大电流（0.5 A 以上）时换量程，以防产生电弧，烧毁开关触点。

（四）指针式万用表和数字万用表比较

指针式万用表靠指针的摆动，其状态稍有变化用眼睛便可看见，但是刻度较密集，容易看错；在使用电阻挡时，每次更换量程都需要重新"调零"；当不注意表笔极性而造成指针反向摆动时，会损坏仪表；仅能测量较小的电流；不同万用表的测量范围不同；必须断开电路，方可测量电流。

数字万用表能直接读出数值，不会造成人为读数误差；在电阻挡时，只需确认 0Ω 即可；可不考虑表笔的极性，若表笔接反时，显示为负值，不会损坏仪表；使用钳形电流表，不必断开接线，就可测量大电流。同时，数字万用表也有一些缺点，比如数值是跳动着的，虽然清楚被测的量在变化，但变化动向不清，需要一定时间使指示值稳定下来；在测量电阻、电压、电流前，都要重新确认参数的初始值，包括钳形表的对零。

三、汽车专用万用表

汽车专用万用表也是一种数字万用表，在汽车检测中应用广泛。它除了具有数字万用表的功能外，还具有一些汽车专用测试功能。汽车专用万用表一般能测试汽车电压、电流、电阻、转速、频率、温度、电容、接通角、占空比和二极管好坏等项目，并具有自动断电、自动量程变换、图形显示、峰值保留和数据锁定等功能。具有图形显示的汽车专用万用表，又称图形汽车专用万用表。这种汽车专用万用表不仅具有一般汽车专用万用表的所有功能，而且还能将信号以图形的方式显示出来。

（一）汽车专用万用表的结构

现在常见的汽车专用万用表有 OTC 系列、EDA 系列、VC400 型和 KM300 型等。其外形结构如图 2-9 所示。主要由数字及模拟量显示屏、功能按钮、测试项目选择开关、温度测量座孔，公用座孔（用于测量电压、电阻、频率、闭合角、频宽比和转速等）、搭铁座孔、电流测量座孔等构成。

（二）汽车专用万用表的功能

汽车专用万用表一般应具备下述功能：

（1）测量交、直流电压；

（2）测量电阻；

（3）测量电流；

（4）记忆最大值和最小值；

（5）模拟条显示；

（6）测量脉冲波形的频宽比和闭合角；

（7）测量转速；

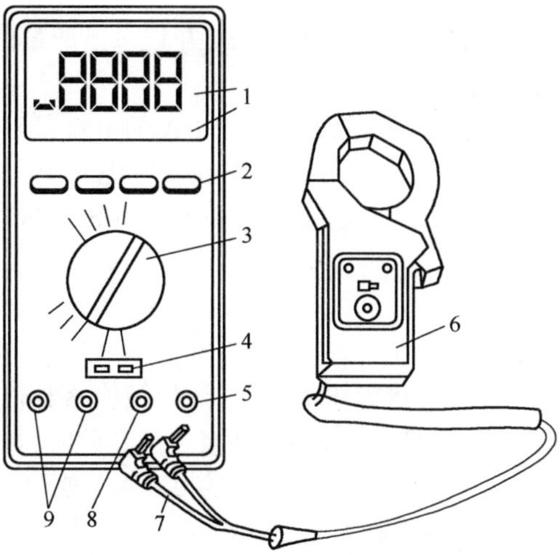

图 2-9　汽车专用万用表的外形结构

1—数字及模拟量显示屏;2—功能按钮;3—测试项目选择开关;
4—温度测量座孔;5—公用座孔;6—霍尔式电流传感器夹;
7—霍尔式电流传感器夹引线插头;8—搭铁座孔;9—电流测量座孔

(8)输出脉冲信号;

(9)测量传感器输出的电信号频率;

(10)测量二极管的性能;

(11)测量大电流;

(12)测量温度。

(三)汽车专用万用表的检测项目

1. 信号频率测试

测试项目选择开关置于频率(Freq)挡,黑线(自汽车万用表搭铁座孔引出)搭铁,红线(自汽车万用表公用座孔引出)接被测信号线,显示屏即显示被测信号频率。

2. 温度检测

测试项目选择开关置于温度(Temp)挡,按下功能按钮(℃/F),将黑线搭铁,探针线插头端插放汽车专用万用表温度测量座孔,探针端接触被测物体,显示屏即显示被测温度。

3. 闭合角的检测

使用时,先将量程转换开关转换到闭合角 DWELL 挡,根据所测发动机气缸数选择对应的挡位。两表笔分别接触点火线圈两端,注意黑表笔接搭铁,红表笔接点火线圈负接线柱。对于 6 缸发动机,闭合角是 32°~40°。

4. 频宽比测量

测试项目选择开关置于频宽比(Duty Cycle)挡,红线接电路信号,黑线搭铁,发动机运转,显示屏即显示脉冲信号的频宽比。

5. 测量发动机转速

测试项目选择开关置于转速 RPM 或 RPM(×10)位置,将感应夹的红线插入面板的 V/Ω 插孔中,黑线插入面板的 COM 插孔中,将感应夹夹在通往火花塞的高压线上,其上方的箭头应指向火花塞。按下 RPM 按钮,根据被测发动机的行程数和有无分电器,选择"4"或"2/DIS",读取发动机转速值。

测量发动机工作时的转速,强化此挡的使用方法,并记录下测量值。

6. 起动机启动电流测量

测试项目选择开关置于 400 mV 挡(1 mV 相当于 1 A 的电流,即用测量电流传感器电压的方法来测量起动机启动电流),把霍尔式电流传感器夹到蓄电池线上,其引线插头插入电流测量座孔,按下最小/最大功能按钮,然后拆下点火高压线,用起动机转动曲轴 2~3 s,显示屏即显示启动电流。

7. 氧传感器测试

拆下氧传感器线束连接器,将测试项目选择开关置于"4 V"挡,按下 DC 功能按钮,使显示屏显示 DC,再按下最小/最大功能按钮,将黑线搭铁,红线与氧传感器相连;然后以快怠速(2 000 r/min)运转发动机,使氧传感器工作温度达 360 ℃,甚至更高。此时,如混合气浓,氧传感器输出电压约为 0.8 V;如混合气稀,氧传感器输出电压为 0.1~0.2 V。当氧传感器工作温度低于 360 ℃时(发动机处于开环工作状态),氧传感器无电压输出。

8. 喷油器喷油脉宽的测量

先将测试项目选择开关转至占空比(Duty Cycle)位置。测量出喷油器喷油的占空比后,再将功能选择开关置于频率(Freq)挡,测量出喷油器的工作频率,按照下列公式即可计算出喷油器喷油的脉冲宽度(即喷油时间):

喷油脉宽=占空比(%)/工作频率(s)。

9. 检测二极管的好坏

利用数字万用表可检测二极管的单向导电性。用数字万用表检测二极管时,将红表笔插入面板的 V/Ω 插孔中,黑表笔插入面板的 COM 插孔中,然后将两表笔分别与二极管的正、负极连接,显示的是二极管的正向导通电压,对于硅管来说,应为 0.5~0.8 V;如果把红表笔接二极管的负极,黑表笔接二极管的正极,万用表的读数应为"1";若正反测量都不符合要求,则说明二极管已损坏。

(四)汽车专用万用表使用注意事项

(1)在检测之前,应先检查汽车电控系统中的熔断器、线束连接器(插头)是否良好。可参照汽车维修手册说明的安装位置,检查各熔断器的状态。

(2)汽车蓄电池应保持充足的电量。汽车电控系统的电源线应接触良好,因为当电控系统的电源电压低于 11 V 时,会使检测结果误差增大甚至测试错误。

(3)汽车专用万用表的输入阻抗应大于 10 MΩ/V。若使用低阻抗的万用表,轻者会使汽车测试数据不准确,严重时还会使汽车电控系统中的集成电路元件和传感器等损坏,因此使用前应认真阅读汽车专用万用表的说明书,对输入阻抗的数值进行核对。

(4)测量电子控制器各个端子的电压时,各个连接器(插头)与各个执行器、传感器之间应保持连接状态,只有这样才能检测出准确的电压数据。

(5)测量电子控制器各个端子的电阻时,不要直接用普通万用表的电阻挡测量。特别注意,不要将较高电压引入电子控制器内部,以免损坏电子控制器内部的元件。

(6)测量电子控制器、传感器及执行器时,由于需要断开各控制电路的线束连接器(插头),因此应先拆下蓄电池负极搭铁线;不可带电断开有关电子控制器的外围电路,否则可能会损坏电子控制器。

(五)跨接线、测试灯和汽车专用电笔的正确使用

跨接线、测试灯和汽车专业电笔是非常实用的检测工具,对它们正确、熟练地使用可以在维修中有效地提高维修效率。

1. 跨接线

跨接线就是一段多股导线,两端接有不同形式的插头,如图2-10所示。跨接线是用来对被怀疑的断路的导线起替代作用,也可以把部分电路短路,跨接线的连接如图2-11所示。

2. 测试灯

测试灯按其内部是否有电源,分为无源测试灯和有源测试灯。

(1)12 V无源测试灯。12 V无源测试灯是由12 V灯泡、导线和各种型号的插头组成的,用来检查电源电路各线端是否有电源,如图2-12所示。

图2-10 跨接线

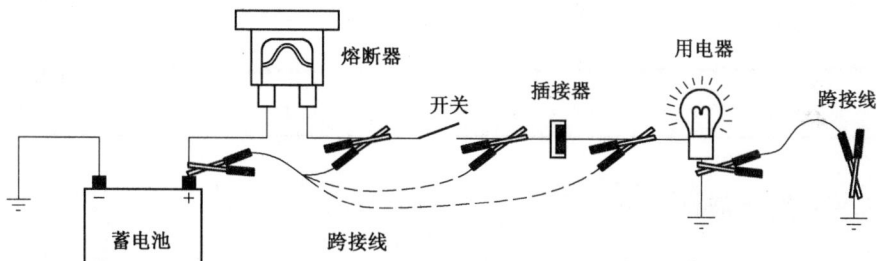

图2-11 跨接线的连接

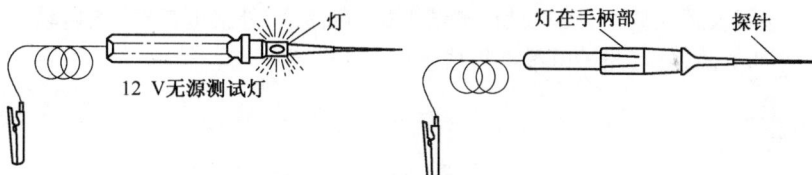

图2-12 12 V无源测试灯

12 V无源测试灯的使用方法是将12 V无源测试灯一端搭铁,另一端分别接触不同的测试点,检测是否有电压。当灯管亮时,表示电路中有电压,如图2-13所示。

(2)有源测试灯。有源测试灯与12 V无源测试灯基本相同,它只是在手柄内安装两节1.5 V的干电池,如图2-14所示。有源测试灯用来检测电气电路的开路和短路。应特别注意,无论是开路检查还是短路检查都必须断开所检测电路的电源。

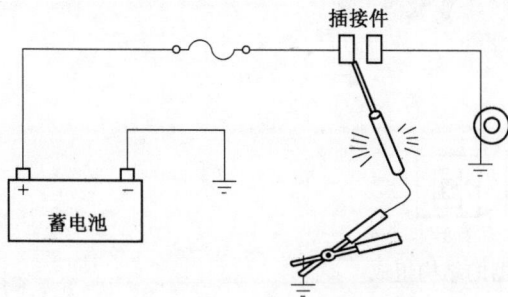

图2-13 电压存在时外加电源的测试灯灯管会发光

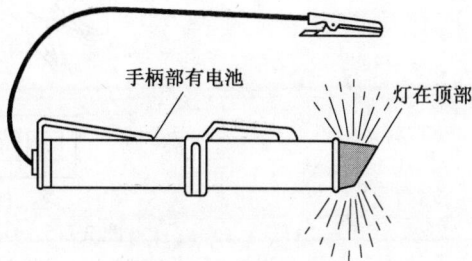

图2-14 有源测试灯

3. 汽车专用电笔的使用方法

汽车专用电笔在维修工作中是非常方便的,它可以用来测试回路是否有电,而且还可以利用汽车专用电笔的灯光色彩判断出电路电压的大小。汽车专用电笔分为 A 型和 B 型,A 型用于 12 V 电源检测,B 型用于 24 V 电源检测。使用时,汽车专用电笔的负极与搭铁可靠连接,而将电笔笔头逐次触碰被测点,这时汽车专用电笔上的两只双色发光二极管可以组合指示 6 种颜色,分别对应不同的电压值。各种颜色对应的电压值如表 2-1 所示。

表 2-1　汽车专用电笔测量电压值与显示颜色对应关系

颜色显示情况		A 型专用电笔对应电压/V	B 型专用电笔对应电压/V	另一只发光二极管颜色
发光二极管 V6	红	11	23	发光二极管 V7 不亮
	橙	12	24	
	橙绿	12.6	24.6	
发光二极管 V7	红	13	25	发光二极管 V6 显示橙绿色
	橙	14	26	
	橙绿	15	27	

四、汽车专用示波器

(一)汽车专用示波器的结构

汽车专用示波器种类较多,下面以 OTC-SION2 汽车专用示波器为例,介绍它的组成情况,如图 2-15 所示。该示波器主要由诊断模块、测试主机、存储卡、外接电源线、热启动开关、主电源开关、串行接口、外部电源接口、测试电缆等组成。

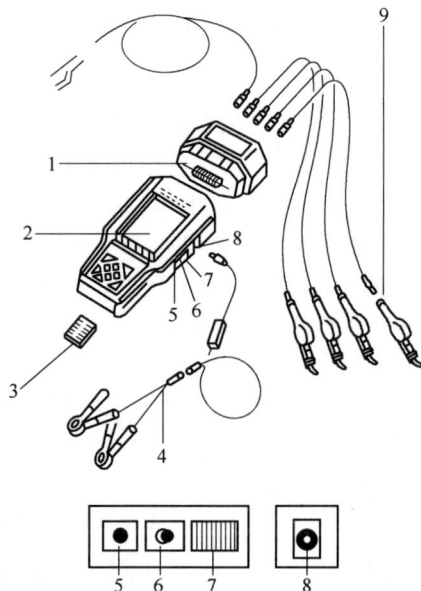

图 2-15　OTC 示波器的结构组成

1—诊断模块;2—测试主机;3—存储卡;4—外接电源线;
5—热启动开关;6—主电源开关;7—串行接口;8—外部电源接口;9—测试电缆

（1）诊断模块：汽车电控系统传感器输出的电压、电阻和频率信号，须经诊断模块进行处理，使之成为测试主机能够识读的数字信号。该示波器配备了两种诊断模块：一种是示波器诊断模块，另一种是发动机测试模块。它安装在测试主机顶部，对采集的信号进行预处理，测试线缆与它相连。

（2）测试主机：它包括显示器、键盘。显示器为人机对话的界面，操作菜单、测试结果、所测波形通过显示器显示；键盘为仪器的输入元件，测试元件的选择、波形的分析等功能均通过键盘来完成。

（3）存储卡：它为主机提供内存、最新的软件程序。存储卡可以升级，以加强示波器的功能。存储卡安装在主机底部卡槽内，一般升级时才需要拔出。

（4）外接电源线：示波器使用直流 12 V 电源，可接在车辆的 12 V 蓄电池上或用 A/C 充电器为仪器充电。

（5）热启动开关：仪器工作时，若出现死机，可以通过热启动开关重新启动仪器。

（6）主电源开关：示波器配有主电源开关。

（7）串行接口：该接口用于连接打印机、PC 或废气分析仪等。

（8）外部电源接口：示波器内装有可充电电池，当电池电力不足时，可使用外接电源进行充电。

（9）测试电缆：有黄色、蓝色、红色、绿色和搭铁线。测试电缆的连接如图 2-16 所示。

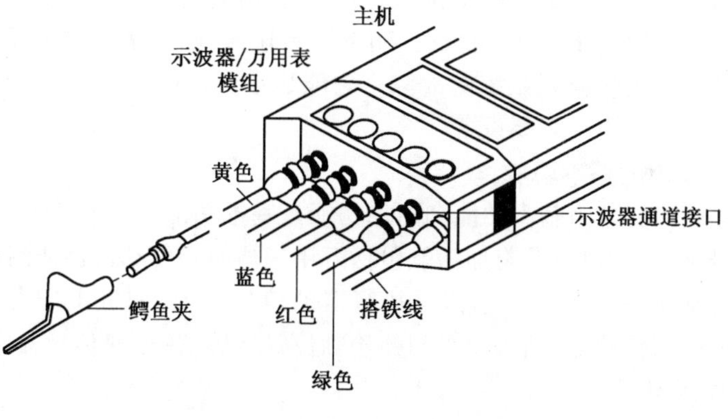

图 2-16　测试电缆的连接

（二）汽车专用示波器的类型

汽车专用示波器可分为模拟式示波器和数字式示波器。模拟式示波器显示速度快，但显示波形不稳定（抖动），且没有记忆功能，给故障波形的分析判断带来困难；数字式示波器由微处理器控制，由于将模拟信号转换成数字信号需要一定的时间，所以显示速度较模拟式示波器慢，但数字式示波器显示波形稳定，且具有记忆功能，可在测试结束后使故障波形重现，便于对故障波形进行进一步的分析判断。

模拟式示波器一般采用开关、按键和旋钮等来实现对波形垂直幅度、水平幅度、垂直位置、水平位置和亮度等的调整；数字式示波器多采用菜单式操作，只需要在各级菜单上选择测试项目，无须任何设定和调整，可以直接观测波形，使用起来非常方便。

1. 四通道示波器（模拟式示波器）

四通道示波器可测试各种传感器、执行元件、电路和点火系统等电压波形。四通道示波器连接方法如图 2-17 所示。

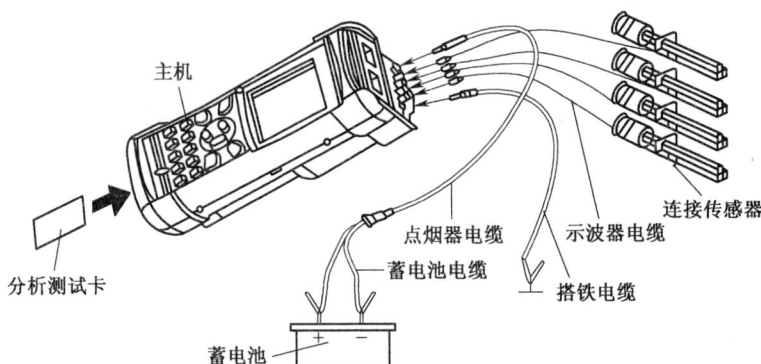

图 2-17 四通道示波器连接方法

2. 数字式示波器

数字式示波器专用除了可测试各种传感器、执行元件、电路和点火系统等电压波形外,还具有汽车专用万用表功能,可对测试内容进行记录、回放,能提供在线帮助,包括提供系统工作原理、测试连接方法、接线颜色等。可测试电压、电阻、闭合角、喷油脉冲、喷油时间、点火电压等。有的数字式示波器内部还存有汽车数据库和标准波形,使判断故障更为方便。

汽车专用示波器主要用来显示汽车电气控制系统中输入、输出信号的电压波形,以供维修人员根据波形分析判断汽车电气控制系统的故障。它能显示电压的瞬时波形,是汽车电气控制系统尤其是点火系统故障诊断中的重要设备。

(三)汽车专用示波器的基本功能

汽车专用示波器的功能分为基本功能和附加功能。基本功能就是对汽车电气控制系统中的模拟信号和数字信号进行波形显示,附加功能包括万用表功能和发动机性能测试功能。

测试汽车电气控制系统中主要传感器与执行器的信号波形,如进气压力传感器、空气流量计、节气门位置传感器、氧传感器、曲轴位置与凸轮轴位置传感器、轮速传感器、喷油器、怠速控制阀、EGR 阀、混合气控制阀等。

现代测试用汽车专用示波器多为双通道显示,甚至为四通道显示。汽车专用示波器有多个通道接口,能够同时显示多个波形。把汽车专用示波器连接到 4 个不同传感器与执行器上,即可把 4 种信号波形同时显示出来,便于分析判断。

当测试波形信号需要进行分析时,通过功能键的操作可对波形进行锁定和存储,以便仔细分析波形、进行判断,也可以通过功能键的操作重新查看和删除。

通过设定信号电压的大小和改变扫描时间的长短,可以确定所测波形的大小与屏幕坐标相配,使观察方便。

示波器设有波形资料库,它收集有各系统电子元件的标准波形,如传感器和执行器输出波形、点火波形等。可以通过测试波形与标准波形的对比,进行分析。通过功能键的操作可以调出所需要的标准波形。

示波器的附加功能包括万用表功能和发动机性能测试功能。万用表功能可以很直接地显示出一些简单特定的信号,为使用者提供了方便;示波器备有一些附加测试探头与车辆连接,可以测试发动机的启动电流、交流发电机和二极管性能等。

(四)汽车专用示波器的使用操作

1. 示波器用语

(1)触发电平:示波器显示时的起始电压值;

(2)触发源:示波器的触发通道[通道(CH1)、通道(CH2)和外触发通道(EXT)];

(3)触发沿:示波器显示时的波形上升沿或下降沿;

(4)电压比例:每格垂直高度代表的电压值;

(5)时基:每格水平长度代表的时间值;

(6)直流耦合:测量交流和直流信号;

(7)交流耦合:只允许信号的交流成分通过,滤掉直流成分(电容器用来过滤直流电压);

(8)接地耦合:确认示波器显示的 0 V 电压位置;

(9)自动触发:如果没有手动设定,示波器就自动触发并显示信号波形。

2. 调整电压比例

纵坐标控制系统可调节电压轨迹在 Y 轴上的显示,用户可选择以下旋钮调节电压,包括基准电压、输入信号耦合和电压刻度。电压比例是指屏幕垂直方向上显示的每个格子所对应的实际电压值,如图 2-18(a)、(b)所示。

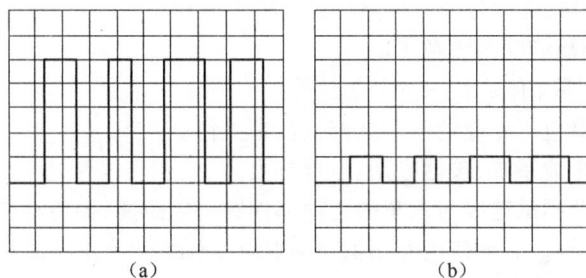

图 2-18　调整电压比例

3. 调整时基

时基的选择决定了重复性信号在屏幕上显示的频数,即水平方向显示的每个格子所对应的实际时间值。同样的信号使用不同时基的显示情况如图 2-19(a)、(b)所示。

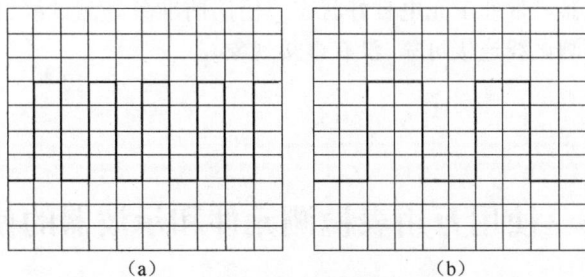

图 2-19　调整时基

4. 调整触发

如图 2-20(a)所示,由于设定的触发电平超出了信号的电平范围,示波器无法确定显示的起始位置,因此屏幕上显示的波形左右晃动,无法锁定。图 2-20(b)正确设定了触发电平,示波器可以准确锁定波形。

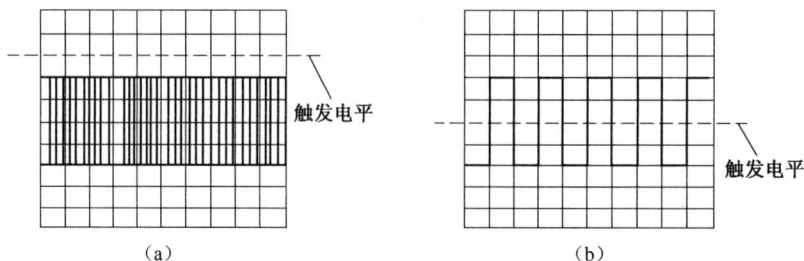

（a）　　　　　　　　　　　　　（b）

图 2-20　调整触发

（五）数字专用示波器在汽车维修中的作用

汽车电子设备的有些信号变化速率非常快,变化周期达到千分之一秒,而许多故障信号是间歇的,时有时无,这就需要测试仪器的测试速度高于故障信号的速度。通常要求测试仪器的扫描速度是被测信号的 5~10 倍。数字专用示波器不仅可以快速捕捉电路信号,还可以用较慢的速度来显示这些波形,以便可以一面观察,一面分析。它还可以用存储的方式记录信号波形,可以观察已经发生过的快速信号,这就为分析故障提供了极大方便。

（六）汽车专用示波器的使用注意事项

使用汽车专用示波器时有如下一些注意事项:

（1）汽车专用示波器应由专业的汽车维修人员来操作。

（2）严禁明火接近燃油系统,包括吸烟、电器打火。

（3）保持测试仪器及测试连线与汽车的运动部件有一定距离,如传动带、风扇、齿轮等。

（4）测试点火高压线时,必须使用专用的电容探头,不能将示波器探头直接接入点火系统二次电路。

（5）使用汽车专用示波器时,注意远离热源,例如排气管、催化器等,温度过高会损坏仪器。

（6）测试时,确认发动机盖的液压支撑是好的,防止发动机盖自动下降时伤及头部或损坏汽车专用示波器。

（7）路试中,不要将汽车专用示波器放在仪表台上方,最好是拿在手中测试。

保持汽车专用示波器经常处于充电良好状态。使用前准备好测试线,使用专用探针,在测试时可以不用剥线。确保测试线连接可靠,没有虚接现象。

🚩 **项目实施**

任务　使用万用表检测元件和示波器的使用

（一）任务要求

1. 教学组织

任务分组训练:全班_____人,每_____人一组,分为_____组,使用_____套实训器材,每组小组长一名。

2. 职责分工

教师职责:课堂纪律与安全管理、任务训练器材管理、指导与巡查。

学生职责:班长协助教师对班级全面管理与监控,学习委员负责器材管理和检查,团委书记负责安全、纪律及素质评价,副班长负责收集和反馈学生意见,实训小组长负责指导组内学习和交流。

3. 6S 要求

整理、整顿、清扫、清洁、素养、安全。

(二)任务训练步骤

1. 任务训练器材的认识及检查

认识和检查相关实训器材。

2. 使用万用表检测元件

(1)观察电容器、二极管、晶体管的外形,读出其类型和相关参数。用万用表检测4个二极管(各种类型、性能有差异),对每个二极管进行编号,并对各引脚做一定标识,将结果填入表2-2中。

(2)用万用表检测4个三极管(各种类型、性能有差异),对每个三极管进行编号,并对各引脚做一定标识,将结果填入表2-3中。

表 2-2 二极管检测记录表

编号	万用表挡位	万用表是否调零	外表标志判断	正向电阻	反向电阻	测量中的问题	是否合格

表 2-3 三极管检测记录表

编号	万用表挡位	万用表是否调零	外表标志判断	BE 间电阻	BC 间电阻	测量中的问题	是否合格

3. 示波器的使用

(1)示波器的基本操作。按示波器说明书要求认清示波器各控制旋钮的位置和作用。开启电源,调节辉度、聚焦、水平和垂直移位,将同步极性开关、扫描(电压)和电平、稳定度等旋钮置于适当位置,使荧光屏上呈现一条清晰的水平线。此时示波器处于待命状态,反复练习上述操作。

①直流电压的测量。将直流稳压电源输出的直流信号送至示波器的Y轴输入端,按示波器测量直流电压的方法测量。用实训箱的电压表测量直流电压,并与示波器测量值比较,分析误差产生原因,并将结果填入表2-4中。

表 2-4 直流电压测量记录表

直流稳压电源输出指示/V	−5	−12	0	+12	+5
每格电压/(V/div)					
占几格					
示波器测量值/V					
电压表测量值/V					

②交流电压的测量。将示波器的耦合选择开关置于"C",使函数信号发生器输出频率为 1 kHz 的正弦波,根据被测信号的幅度和频率,合理选择 Y 轴衰减和 X 轴扫描挡位,使示波器显示出稳定的波形(2~3 个周期),最后根据测量方法进行测量,并将结果填入表 2-5 中。

表 2-5 交流电压测量记录表

输出电压/V	1	2	3	4	5
占格高度/div					
每格电压/(V/div)					
V_{PP}					

③频率(周期)的测量。利用信号波形上两点间的间隔时间来测量信号的频率,并将结果填入表 2-6 中。其中,$V_{PP} = 2$ V

表 2-6 频率(周期)的测量

输出信号频率	10 Hz	100 Hz	200 Hz	300 Hz	500 Hz	1 Hz	3 Hz	5 Hz	10 Hz	100 Hz
一个周期的间距/(s/div)										
周期/s										
频率/Hz										

(2)用汽车专用示波器测量汽车曲轴位置传感器波形,并对波形进行分析。

4. 任务训练过程检查

检查项目	结果与数据	检查项目	结果与数据	检查项目	结果与数据
连线是否规范		数据是否准确		是否单独完成工作	
示波器使用是否规范		是否出现异常现象		是否严格执行 6S 管理	

5. 评价与反馈

考核项目	评分标准	分数	学生自评(10%)	小组互评(50%)	教师评价(40%)	小计
团队合作	是否协调信任					
活动参与	是否积极主动					
安全训练	有无安全隐患					
现场 6S	是否做到					
任务方案	是否正确、合理					

续表

考核项目	评分标准	分数	学生自评(10%)	小组互评(50%)	教师评价(40%)	小计
任务训练过程	是否独立完成					
	工作完成情况					
任务完成情况	是否圆满完成					
工具设备使用	是否规范、标准					
问答	是否能够回答正确					
任务训练设备	是否完好					
总　分		100				
任务训练小组学生:				年　月　日	得分	
教师签名:				年　月　日	得分	

测试与练习

1. 如何用万用表检测二极管的好坏?

2. 数字万用表和指针式万用表相比有何优点?

3. 示波器在汽车维修中有什么作用?

4. 为什么用指针式万用表测量电阻时,每换一次量程必须重新调零?

5. 怎样用汽车数字万用表检查、判断氧传感器的好坏?

6. 有一个电流表,其内阻为 100 Ω,满偏电流为 3 mA。要把它改装成量程为 6 V 的电压表,需要串联多大的分压电阻? 要把它改装成量程为 3 A 的电流表,需要并联多大的分流电阻?

项目 3 汽车交直流电路分析

项目背景

幅值随着时间而周期性变化的电称为交流电,交流电在人们生产生活中无处不在。汽车上的发电机就是三相交流发电机。因为汽车上的发电机内部制作有整流器和调节器,因此发电机可直接输出电压稳定的直流电。汽车电源系统是将三相交流电变成直流电供汽车的直流用电设备使用的。随着社会的发展,电能的应用越来越广泛,因此增强安全用电知识,掌握安全用电常识非常重要。

本项目主要学习汽车交直流电路基础知识、基本电路组成和工作原理、电路相关参数及检测方法及典型充电系统电路、单相和三相交流的电路分析、交流发电机的结构及原理、以及安全用电的基本知识等。通过本项目学习三相交流电路和汽车电源电路并学会测量;学会交流发电机的拆卸、安装与解体检测。

知识目标

(1)了解交流发电机的构造及交流电的概念。

(2)掌握正弦量的三要素及相位关系。

(3)掌握正弦量的有效值与最大值的关系。

(4)了解三相交流电动势的产生原理。

(5)掌握三相负载的连接方式及原理。

(6)了解交流发电机的结构并掌握其工作原理;理解交流电与直流电的区别。

(7)掌握汽车安全用电常识;了解几种触电方式及防止触电的方法。

技能目标

(1)认识三相交流电路和汽车电源电路并学会测量。

(2)能进行交流发电机的拆卸、安装与解体检测。

(3)正确、安全使用和操作用电设备;掌握在紧急情况下的触电急救技术。

相关知识

一、正弦交流电路分析

(一)正弦交流电与正弦交流电的产生

如图 3-1 所示,在匀强磁场中放入一可以绕固定转动轴转动的单匝线圈 abcd,当线圈在外力作用下在磁场中以角速度 ω 匀速转动时,线圈的 ab 边与 cd 边切割磁感线,线圈中产生感应电动势,如果线圈是闭合的,则在回路中 产生感应电流。ad 边与 bc 边由于不切割磁感线而不产生感应电动势。

随着时间按照正弦规律变化的电流或电压称为正弦交流电流或正弦交流电压,其波形如图 3-2所示(为区别直流电量,交流电量一般用小写字母表示)。

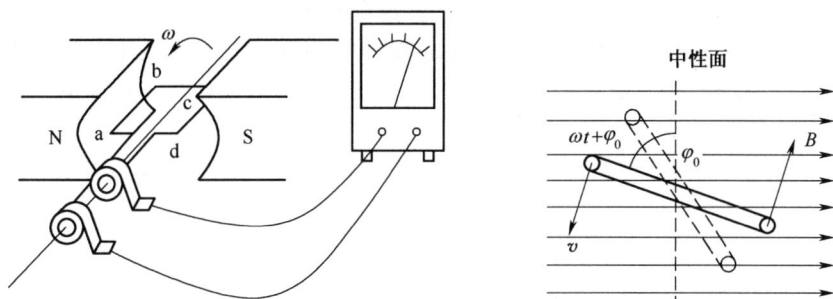

图 3-1 正弦交流电的产生

（二）正弦量的基本特征

正弦交流电压、正弦交流电流及正弦交流电动势等物理量统称为正弦交流量，简称正弦量，每一个正弦量都具有如下的共同特征。

1. 瞬时值、最大值和有效值

（1）瞬时值。在任意时刻所对应的值称为瞬时值，用小写字母表示，如 e、u、i 等。

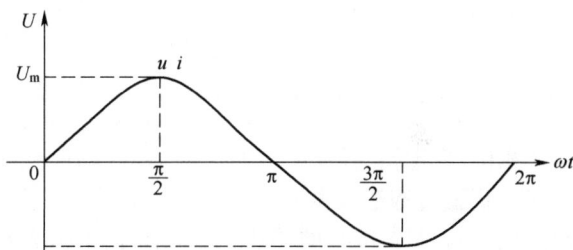

图 3-2 正弦交流电

（2）最大值。正弦量最大的瞬时值称为最大值（又称峰值、振幅），用大写字母加下标 m 表示，如 E_m、U_m、I_m 等。

（3）有效值。正弦量的有效值是根据交流电流和直流电流热效应相等的原则确定的，用大写字母表示，如 E、U、I 等。有效值与最大值通过计算有如下关系：

$$I = \frac{I_m}{\sqrt{2}} \approx 0.707 I_m, U = \frac{U_m}{\sqrt{2}} \approx 0.707 U_m, E = \frac{E_m}{\sqrt{2}} \approx 0.707 E_m$$

2. 周期、频率和角速度

（1）周期。周期是正弦量变化一次所需要的时间（s），用字母 T 表示。

（2）频率。频率是正弦量在单位时间内变化的次数，用字母 f 表示，它的单位是赫[兹]（Hz）。简称赫。我国采用 50 Hz 作为电力标准频率，简称工频；美国、日本采用 60 Hz 作为工频。

周期与频率的关系为

$$f = \frac{1}{T} \quad 或 \quad T = \frac{1}{f}$$

（3）角频率。角频率是正弦量 1 s 内变化的电角度，用字母 ω 表示。

角频率与频率的关系为

$$\omega = \frac{2\pi}{T} = 2\pi f$$

3. 相位、初相位和相位差

设某正弦量的表达式为 $u = U_m \sin(\omega t + \varphi)$，则关于相位的定义介绍如下：

（1）初相位。正弦量是随着时间而周期性变化的函数，所取的计时起点不同，正弦量的初始值就不同。当 $t = 0$ 时刻对应的相位角称为初相位,用 φ 表示。初相位可正可负也可为零,它反映了正弦量计时起点的状态。在正弦量的解析式中,规定初相位不得超过 $\pm 180°$。

(2)相位。正弦电压和正弦电流中的($\omega t + \varphi$)是随时间变化所对应的电角度,这个随时间变化的电角度称为正弦电压和正弦电流的相位角,简称相位。正弦电压的相位是 $\omega t + \varphi_u$,正弦电流的相位是 $\omega t + \varphi_i$。

(3)相位差。两个同频率正弦量的相位角之差或初相位角之差称为相位差,用 φ 表示。如

$$u = U_m \sin(\omega t + \varphi_u)$$
$$i = I_m \sin(\omega t + \varphi_i)$$

则相位差为

$$\varphi = (\omega t + \varphi_u) - (\omega t + \varphi_i) = \varphi_u - \varphi_i$$

两个同频率正弦量的相位差就是它们的初相位之差,与时间无关。

(三)正弦量的三要素

以正弦交流电流为例,设其表达式为

$$i = I_m \sin(\omega t + \varphi_i)$$

在正弦交流电流的表达式中,I_m 是最大值(幅值),决定大小;ω 是角速度,决定变化的快慢;φ_i 是初相位,决定初始值($t = 0$)。最大值(幅值)、角频率和初相位称为正弦量的三要素。

(四)正弦量的相量表示

(1)旋转相量与波形的关系。以坐标原点为端点作一条有向线段,线段的长度为正弦量的最大值,相量的起始位置与 x 轴的正方向的夹角 φ_0 为正弦量的初相位,它以正弦量的角频率为角速度,绕原点逆时针匀速转动,则在任何一瞬间,相量在纵轴上的投影就等于该时刻正弦量的瞬时值,如图 3-3 所示。

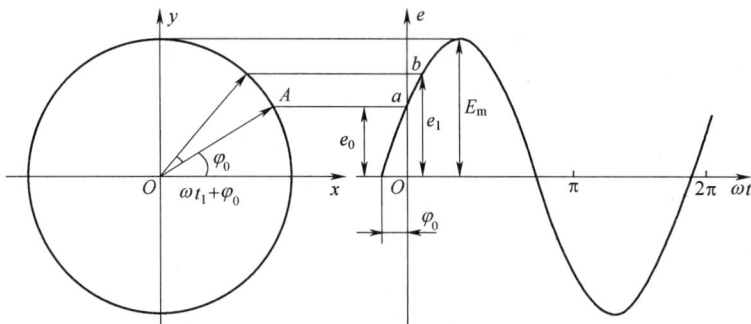

图 3-3　正弦量的瞬时值

相量用大写字母加一点来表示,如电动势、电压、电流的相量表示即为 $\dot{E}_m$、$\dot{U}_m$、$\dot{I}_m$ 或 $\dot{E}$、$\dot{U}$、$\dot{I}$。可见这一旋转有向线段具有正弦量的 3 个特征,故可用来表示正弦量。正弦量在某时刻的瞬时值就可以由这个旋转有向线段在纵轴的投影表示出来。复数 $U_m = U_m \angle \varphi_u$,以不变的角频率旋转,在纵轴上的投影为 $u = U_m \sin(\omega t + \varphi_u)$。所以,任意一个正弦量总能用一个与它一一对应的复数表示。但要注意,相量只表示正弦量,不是等于正弦量。

(2)应用相量图时注意以下几点:

①同一相量图中,各正弦交流电的频率应相同。

②同一相量图中,相同单位的相量应按相同比例画出。

③一般取直角坐标轴的水平正方向为参考方向,逆时针转动的角度为正,反之为负。

④用相量表示正弦交流电后,它们的加、减运算可按平行四边形法则进行。

(五)三相交流电路分析

所谓三相交流电路,就是由 3 个频率、幅值相等,彼此相位互差 120° 的单相交流电源构成的电路。三相供电电路比单相供电电路更经济,因此得到广泛应用。

1. 三相交流电的优点

(1)三相交流发电机比体积相同的单相交流发电机输出的功率要大。

(2)三相交流发电机的结构不比单相交流发电机复杂多少,而且使用、维护都比较方便,运转时比单相交流发电机的振动要小。

(3)在同样条件下,输送同样大的功率时,特别是在远距离输电时,三相输电比单相输电节约材料。

2. 三相交流电动势的产生

图 3-4 是三相交流发电机的原理图,三相交流发电机主要由电枢和磁极组成。定子铁芯圆周内有槽,对称安置了 3 个完全相同的线圈称为三相绕组。绕组 UX、VY、WZ 分别称为 U 相绕组、V 相绕组和 W 相绕组,铁芯和绕组合称电枢。

每相绕组的端点 U、V、W 称为绕组的始端,X、Y、Z 称为绕组的末端,3 个始端之间(或 3 个末端之间)在空间上彼此相隔 120°。电枢表面的磁感应强度沿圆周按正弦分布。当电枢逆时针方向等速旋转时,各绕组内感应出频率、幅值相等而相位各差 120° 的电动势,这 3 个电动势称为对称三相电动势。产生的 3 个对称正弦交流电动势分别为

$$e_U = E_m\sin\omega t \ , \ e_V = E_m\sin(\omega t - 120°) \ ,$$
$$e_W = E_m\sin(\omega t + 120°)$$

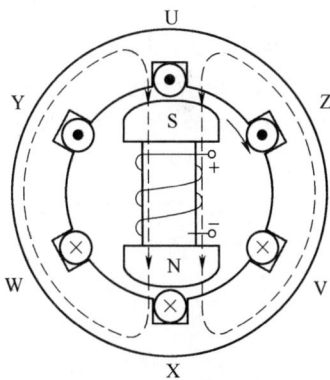

图 3-4　三相交流发电机的原理图

以绕组 UX 产生的电压 u_U 为参考正弦量,它们的解析式分别为

$$u_U = U_m\sin\omega t \ , \ u_V = U_m\sin(\omega t - 120°) \ , \ u_W = U_m\sin(\omega t - 240°) = U_m\sin(\omega t + 120°)$$

用相量形式表示为

$$\dot{U}_U = U\angle 0°$$

$$\dot{U}_V = U\angle - 120°$$

$$\dot{U}_W = U\angle - 240° = U\angle 120°$$

对称三相电源的波形图及相量图如图 3-5 所示。

由图 3-5 可以看出,对称三相电压的瞬时值之和等于零,即

$$u_U + u_V + u_W = 0$$

相量和也为零,即

$$\dot{U}_U + \dot{U}_V + \dot{U}_W = 0$$

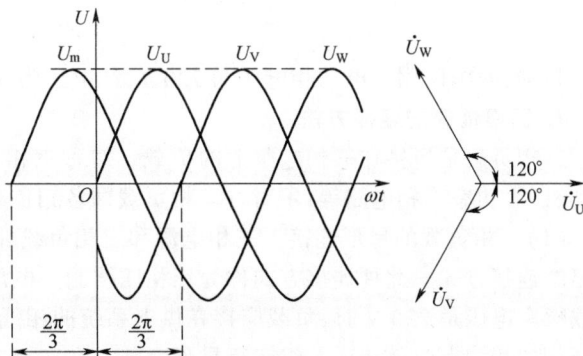

图 3-5　对称三相电源的波形图及相量图

三相交流电出现最大值(或零值)的先后顺序称为相序。在图 3-5 中,出现最大值的顺序

是 $u_U \rightarrow u_V \rightarrow u_W$，相序为 $U \rightarrow V \rightarrow W \rightarrow U$，这种相序称为顺序；而 $U \rightarrow W \rightarrow V \rightarrow U$ 的相序称为逆序。

3. 三相电源的星形（丫）连接

将三相发电机绕组 UX、VY、WZ 的末端 X、Y、Z 连接在一起，始端 U、V、W 作为输出线（L_1、L_2、L_3），这种连接称为星形连接，如图 3-6 所示。末端接成的一点称为中性点或零点，用 O 表示。从中性点引出的线称为中性线或零线，用 N 表示。从始端 U、V、W 引出的 3 根线称为相线或端线，俗称"火线"。相线与中性线间的电压称为相电压，用 u_U、u_V、u_W 表示；相线间的电压称为线电压，用 u_{UV}、u_{VW}、u_{WU} 表示。规定线电压的参考方向是由 U 线指向 V 线，V 线指向 W 线，W 线指向 U 线；相电压的参考方向为自始端指向中性点。通过相线的电流称为线电流，规定线电流的参考方向为从电源端指向负载端，用 i_U、i_V、i_W 表示；通过绕组的电流称为相电流，规定相电流的参考方向为从末端指向始端。由图 3-6 可以看出，当电源接成星形时，线电流和对应相的相电流相等。

任意两根相线之间有电压存在，是因为两个相关绕组的感应电动势共同作用造成的。因此线电压与相电压之间有一定的联系。经电压定义和相量的推导可得：线电压在数值上等于相电压的 $\sqrt{3}$ 倍；相位上比它所对应的相电压超前 30°。3 个线电压之间的相位互差 120°。因而线电压依然是对称的，如图 3-7 所示。

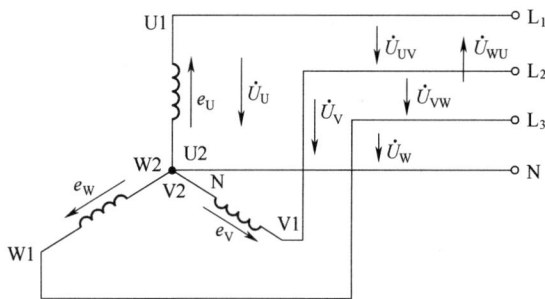

图 3-6 三相电源的星形连接

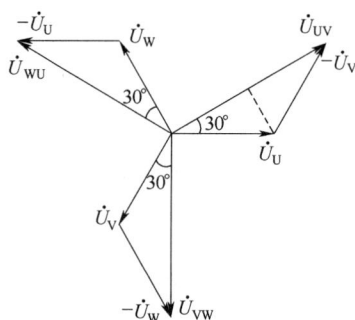

图 3-7 电源的星形连接线电压与相电压关系相量图

目前，我国民用供电的相电压为 220 V，线电压为 380 V（$\sqrt{3} \times 220$ V）。

4. 三相负载的连接方法

三相负载是指接在三相电源上的负载。对称三相负载即各相负载相同的三相负载，如三相电动机、大功率三相电路等；不对称三相负载即各相负载不同，如三相照明电路中的负载。

（1）三相负载的星形连接。三相电源和三相负载都是星形连接的电路，一般可用图 3-8 所示电路的连接方式。此种连接方式称为三相四线制。电压、电流的参考方向已经在图中标出，单相负载额定电压是 220 V 时，负载应接在供电系统的相线与中性线之间，当这些单相负载分别接到不同相的相线上时就构成一组三相星形负载。在三相电路中，若每相负载都相同，这样的对称负载的三相电路，称为对称三相电路。负载的电压称为负载的相电压，负载的电流称为负载的相电流。负载为星形连接时，负载相电压的参考方向规定为自相线指向负载中性点 N′，负载相电流等于线电流，相电流的参考方向规定与相电压的参考方向一致。

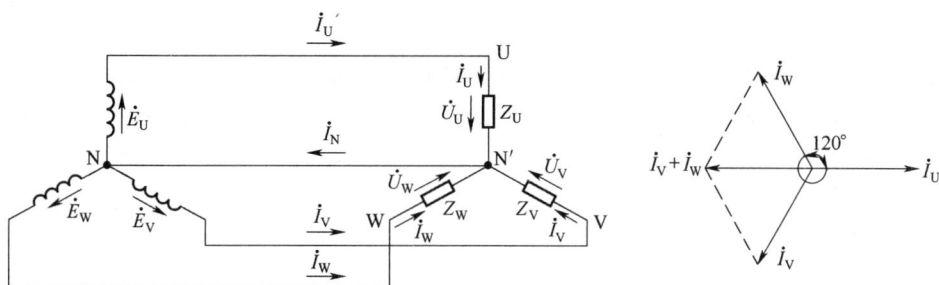

图 3-8 负载对称的三相四线制电路

对于三相对称负载，各相电流也是对称的，那么，三相电流的相量和等于零，即中性线电流为零。对称的三相四线制电路中，中性线电流为零，故可省去中性线，成为三相三线制电路。

（2）三相负载的三角形连接，负载三角形连接的三相电路如图 3-9 所示。电压的参考方向如图 3-9 所示，三角形连接的三相电路不用中性线，负载直接接在电源的线电压上，所以负载的相电压与电源的线电压相等，故负载的相电压总是对称的。

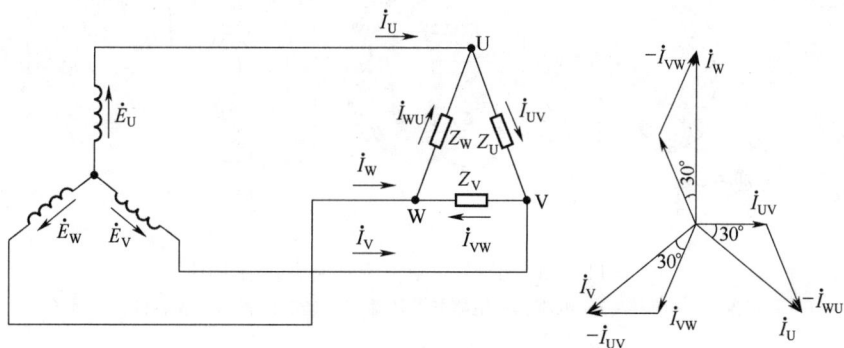

图 3-9 负载三角形连接的三相电路

二、交流发电机认识

1. 交流发电机的类型与功能

蓄电池的作用是在发动机启动和发电机不能正常发电时给汽车的用电设备供电的。蓄电池的能量是有限的，不能满足汽车的长时间连续供电的需求。而在发电机正常工作的情况下，交流发电机是汽车的主要电源，它与电压调节器互相配合工作，其主要作用是对除起动机以外的所有用电设备供电，并向蓄电池充电。图 3-10 是交流发电机的结构示意图。

发电机有交流发电机和直流发电机两种。过去汽车上采用的换向式直流发电机目前已被淘汰。现

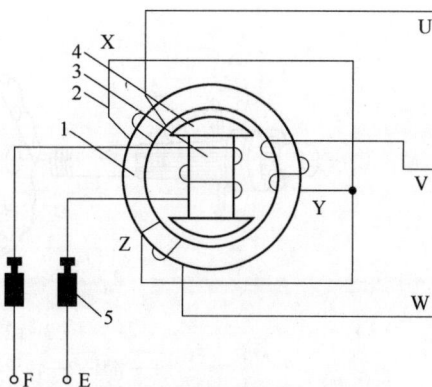

图 3-10 交流发电机的结构示意图

1—定子铁芯；2—定子绕组；3—转子；

4—励磁绕组；5—电刷

在汽车用的是交流发电机,交流发电机具有发电性能好、使用寿命长、体积小、质量小、结构紧凑等优点,以硅整流发电机应用最为普遍。

交流发电机的3个功能:一是发电,由发动机带动发电机的转子旋转,在定子线圈中产生交流电流;二是整流,将定子线圈产生的交流电整流成直流电,为汽车的用电设备提供电源;三是调节电压,利用电压调节器调节发电机的输出电压,在发电机转速和负载发生变化时使电压保持稳定。

2. 交流发电机的构造

交流发电机的作用是将发电机的机械能变成电能。汽车用的交流发电机多采用三相交流发电机,主要部件有定子、转子、电刷、整流二极管、前后端盖、风扇及带轮等。转子用来建立磁场;定子中产生的交变电动势,经过二极管整流器整流后输出直流电。图 3-11 所示为国产 JF 系列硅整流发电机的结构图。

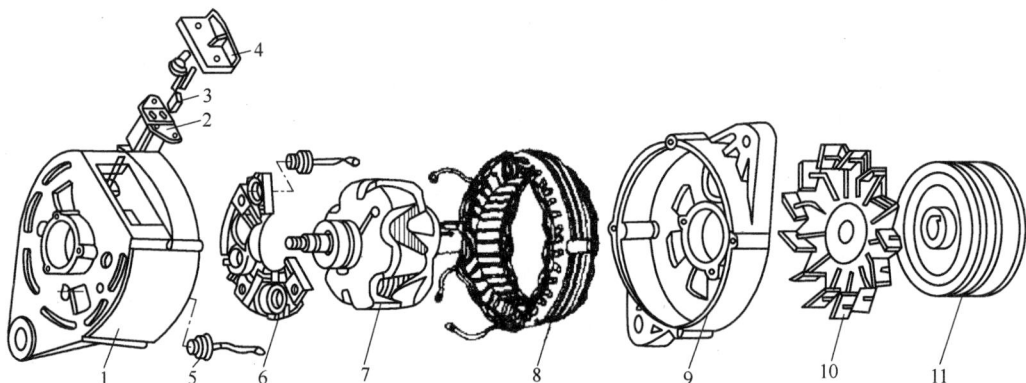

图 3-11   国产 JF 系列硅整流发电机的结构图
1—后端盖;2—电刷架;3—电刷;4—电刷弹簧压盖;5—硅二极管;6—散热板;7—转子;
8—定子总成;9—前端盖;10—风扇;11—带轮

(1)转子。交流发电机转子的作用是产生磁场,它主要由 2 块爪极、磁场绕组、滑环及转子轴轴等组成,如图 3-12 所示。

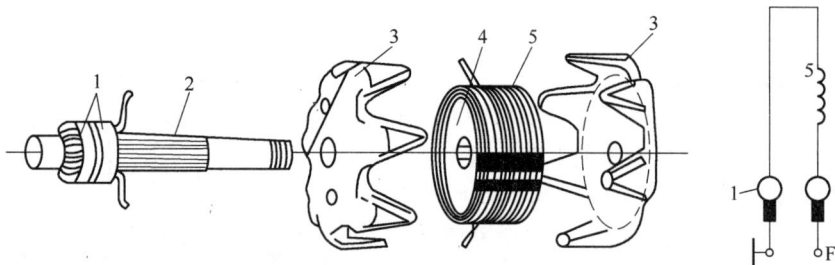

图 3-12   交流发电机转子结构
1—滑环;2—转子轴;3—磁爪,4—磁轭,5—磁场绕组

①爪极。爪极有 2 块,每块有 6 个鸟嘴形磁极,装在转轴上。

②磁场绕组。磁场绕组绕在铁芯上,铁芯装在 2 块爪极之间的转轴上。

③滑环。滑环由相互绝缘的 2 个铜环组成,压装在转轴一端并与转轴绝缘。磁场绕组的两

端分别从内侧爪极的 2 个小孔中引出，分别焊接在内、外侧滑环上，2 个铜环分别与发电机的 2 个电刷接触。当 2 个电刷与直流电源接通时，励磁绕组便有电流通过，并产生轴向磁通，使一块爪极磁化为 N 极，另一块爪极磁化为 S 极，形成 6 对相互交错的磁极。

目前有很多发动机采用无刷发电机，无刷发电机结构简单、维护方便、工作可靠。但爪极间的连接工艺困难，励磁电流大。

（2）定子。定子是产生三相交流电动势的部件，又称电枢，由定子铁芯和定子绕组组成。定子铁芯由相互绝缘的内圆带槽的环状硅钢片叠成。定子槽内置有三相对称绕组，三相绕组大多数采用丫（星形）连接，也有用△（三角形）连接的。

为使三相绕组中产生大小相等、相位差 120°（电角度）的对称电动势，三相绕组的绕法应遵循以下原则：

①每相绕组的线圈个数、每个线圈的匝数和每个线圈的节距都完全相等。

以 JF11 型发电机为例，磁极对数为 6 对，定子总槽数为 36，每相绕组占有的槽数为 36/3 = 12，并且采用单层集中绕法，即每个槽内放置一个有效边（1 个线圈 2 个有效边，分别放在 2 个定子槽内）。因此，每相绕组都由 6 个线圈串联而成，每个线圈有 13 匝，则每相绕组共有 6×13 = 78 匝。

每个线圈的 2 个有效边之间所间隔的定子槽数称为线圈节距，相邻两异性磁极中心线之间的槽数称为极距，即

$$线圈节距 = \frac{定子铁芯总槽数}{2×磁极对数} = 36/12 = 3（槽）$$

②三相绕组的始端 U、V、W（或末端 X、Y、Z）在定子槽内的排列，必须相隔 120° 电角度。

转子旋转时，磁极的磁场不断和定子中的导体做相对运动，在定子绕组中产生交流电动势。每转过一对磁极，定子导体中的感应电动势就变化一个周期，即 360° 电角度。每个磁极在定子圆周上占有槽数为 36/12 = 3（槽），即 180° 电角度。所以 2 个相邻的槽的中分线之间为 180°/3 = 60° 电角度。为了使三相绕组各个始端之间相隔 120° 电角度，即线圈节距为 3，各始端之间的距离则应为 2+3n 个槽（n = 0,1,2,3…），即 2,5,8,11…个槽均可。图 3-13 为 JF11 型交流发电机定

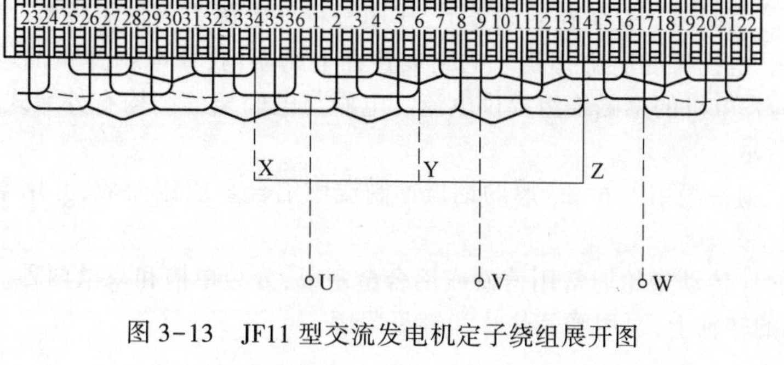

图 3-13　JF11 型交流发电机定子绕组展开图

子绕组展开图。U、V、W 三个始端依次放入 1，9，17 三个槽内，而末端 X，Y，Z 则相应地放入 34，6，14 三个槽内，这时三相绕组之间的电位差为 120°电角度。

（3）整流器。整流器的作用是将电枢绕组产生的三相交流电变换为直流电，一般由 3 只正极管和 3 只负极管组成，如图 3-14 所示。

①正极管。正极管的引出极是正极，管壳为负极，管壳底部涂有红色标记。在负极搭铁的交流发电机中，3 只正极管的负极压装在整流板的座孔内，组成交流发电机的正极，正极接线柱用"B"（"+""电枢"等字样）标记。

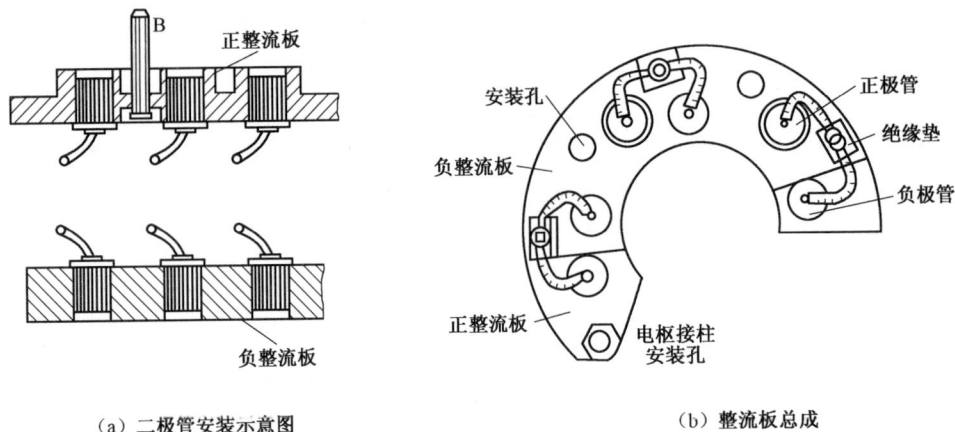

（a）二极管安装示意图　　　　　　　　　（b）整流板总成

图 3-14　整流器

②负极管。负极管的引出极是负极，管壳为正极，管壳底部涂有黑色标记。3 只负极管的正极压装在后端盖的座孔内，组成交流发电机的负极，标记为"E"（"-"）。

将 3 只正极管的正极与 3 只负极管的负极一一对应连接，就组成了三相桥式整流电路，如图 3-15 所示，它能将三相绕组的交流电变换为 12 V 的直流电。

（4）端盖与电刷装置：

①前后端盖。前后端盖一般由铝合金铸成，因为铝合金为非导磁材料，可减少漏磁，并具有质量小、散热性好的优点。在前后端盖的轴承孔内嵌有钢套，以提高轴承孔的机械强度和耐磨性。

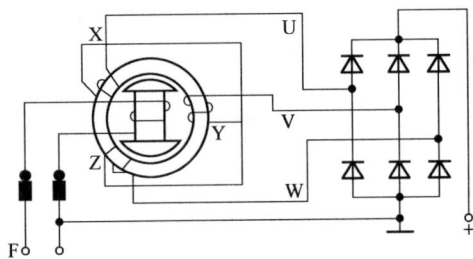

图 3-15　三相桥式整流电路

②电刷装置。电刷装置安装在后端盖上，作用是将外电源引入转子绕组，使转子绕组中有电流流过，包括电刷、电刷架和电刷弹簧。电刷装置在电刷架内，靠电刷弹簧的压力与转子轴上的滑环保持接触，为发电机的励磁绕组提供电流。电刷与电刷架的结构有外装式和内装式两种，其构造如图 3-16 所示。

（5）风扇。风扇一般用 1.6 mm 厚的钢板冲制或用铝合金压铸而成，并用半圆键装在前端盖外侧的转轴上。

（6）传动带轮。传动带轮通常用铸铁或铝合金制成，分为单槽和双槽两种。利用风扇的半圆键装在风扇外侧的转轴上，再用弹簧垫片和螺母紧固。

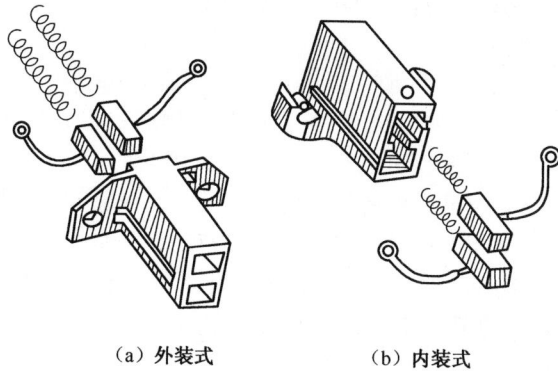

（a）外装式　　　　　（b）内装式

图 3-16　电刷与电刷架的结构

3. 交流发电机的工作原理

（1）三相交流电动势的产生。交流发电机的工作原理如图 3-10 所示。交流发电机定子的三相绕组按一定的规律嵌套在发电机的定子槽内,彼此互差 120° 电角度。当转子磁场绕组接通直流电源(蓄电池)时,转子的爪极被磁化为 N 极和 S 极。其磁感线由 N 极出发,穿过转子与定子之间很小的气隙进入定子铁芯,最后又通过气隙回到 S 极。

当转子旋转时,由于定子绕组与磁感线有相对的切割运动,而且三相定子绕组在空间分布上互差 120°,所以在三相定子绕组中产生频率相同、幅值相等、相位相差 120° 的正弦电动势 e_U、e_V、e_W,电路如图 3-17(a)所示,波形图如图 3-17(b)所示。

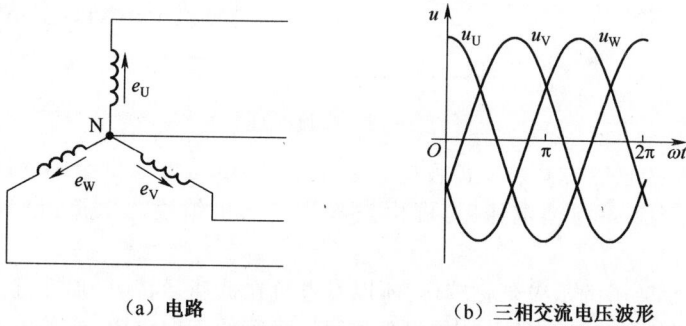

（a）电路　　　　　　　　　（b）三相交流电压波形

图 3-17　三相电路和三相电路的电压、电流波形

三相绕组所产生的感应电动势可用下列方程表示。

$$e_U = E_m \sin\omega t = \sqrt{2}E\sin\omega t$$

$$e_V = E_m \sin(\omega t - 120°) = \sqrt{2}E\sin(\omega t - 120°)$$

$$e_W = E_m \sin(\omega t + 120°) = \sqrt{2}E\sin(\omega t + 120°)$$

式中:E_m——相电动势的最大值;

　　　E——相电动势的有效值;

　　　ω——电角速度($\omega = 2\pi f = 2\pi/T$)。

$$E = 4.44KfN\Phi$$

式中:E——发电机每相绕组所产生的电动势的有效值,V;

　　　K——定子绕组系数;

f——感应电动势的频率,$\mathrm{Hz}(f=Pn/60,P$ 为磁极对数,n 为发电机转速,$\mathrm{r/min})$;

N——每相绕组的匝数;

Φ——每极磁通,Wb。

(2)整流原理和过程。在交流发电机中,整流器是利用硅二极管的单向导电性进行整流的。在图 3-18(a)所示的三相桥式全波整流电路中,3 个正二极管的正极引出线分别同三相绕组的始端相连,在某一瞬间,只有与电位最高的一组绕组相连的正二极管导通。同样,3 个负二极管的正极引出线也同三相绕组的始端相连,在同一瞬间,只有与电位最低的一组绕组相连的负二极管导通,三相交流电动势如图 3-18(b)所示。这样反复循环,6 只二极管轮流导通,在负载两端便得到一个较平稳的脉动直流电压,如图 3-18(c)所示。

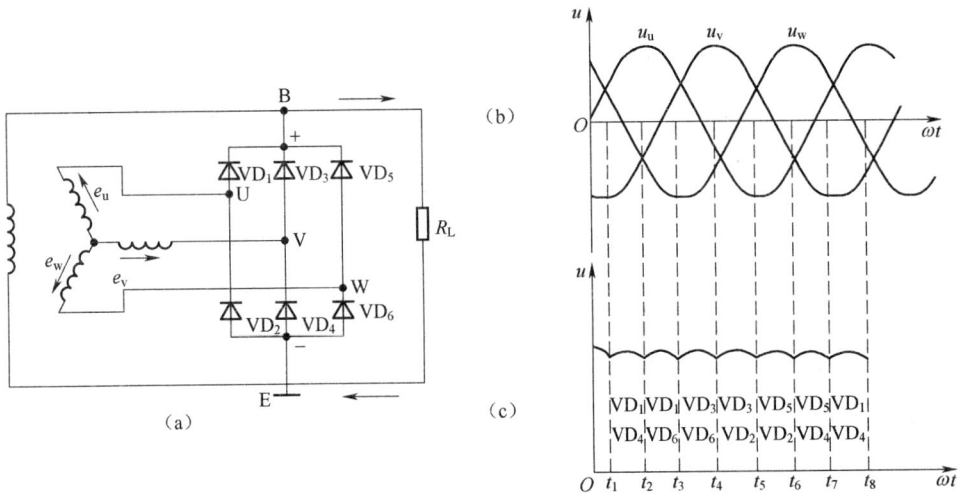

图 3-18 整流原理

(3)交流发电机的励磁方式。交流发电机发电时,须由蓄电池供给励磁电流,此时为他励。当交流发电机电压达到蓄电池电压时,即由发电机自己供给励磁电流,也就是由他励转变为自励。

由于交流发电机转子的爪极剩磁较弱,所以发电机在低速运转时,加在硅二极管上的正向电阻较大,较弱的剩磁产生的很小的电动势很难克服二极管的正向电阻,致使发电机正向电压不能迅速建立起来,这样,发电机低速充电要求就不能满足。因此,汽车上的发电机必须与蓄电池并联,开始有蓄电池向励磁绕组供电,使发电机电压很快建立起来并转变为自励状态,蓄电池被充电的机会就多一些,有利于蓄电池的使用与维护。

(4)交流发电机的工作特性:

①输出特性。交流发电机的输出特性又称负载特性或输出电流特性,是指交流发电机输出电压一定时(对于 12 V 电系,规定为 14 V;对于 24 V 电系,规定为 28 V)发电机的输出电流与转速之间的关系,即输出电压为常数的 I-n 曲线。图 3-19 所示的测试电路可测得交流发电机的输出特性,如图 3-20 所示。

交流发电机的输出特性曲线表明:

a. 当交流发电机转速很低时,交流发电机端电压低于额定电压,交流发电机不能向外供电。当转速达到空载转速 n_1 时,电压达到额定值;当转速高于空载转速 n_1 时,交流发电机才有能力在

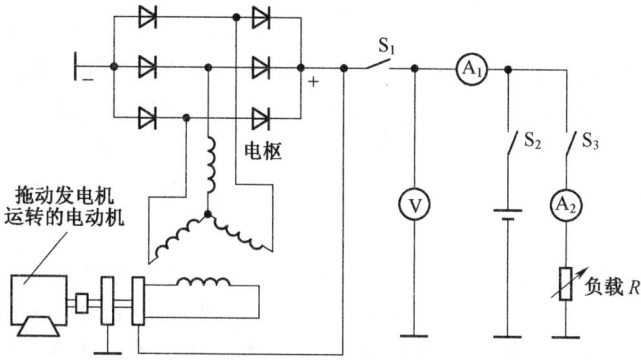

图 3-19　交流发电机的输出特性测试电路

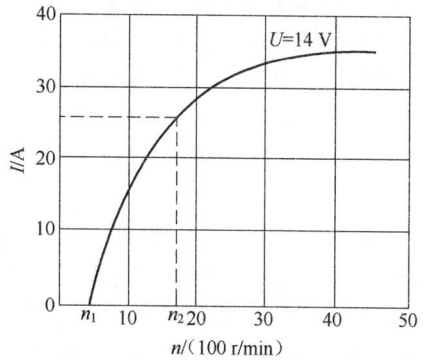

图 3-20　交流发电机的输出特性曲线

额定电压下向外供电。

b. 转速超过 n_1 时,交流发电机的输出电流 I 随着转速的升高而升高,随着负载电阻 R 的减小而升高;转速等于 n_2 时,交流发电机输出额定功率 P。额定功率为额定电压与额定电流之积。

c. 交流发电机转速达到一定值时,其输出电流不再随转速的升高而升高,也不再随负载电阻的减小而升高,这时的电流值称为交流发电机的最大输出电流或限流值。

②空载特性。空载运行时,交流发电机端电压与转速的关系特性称为空载特性,即 $I=0$ 时,$U=f(n)$ 的函数关系,如图 3-21 所示。从图 3-21 中可以看出,随着转速的升高,端电压上升较快,由他励转入自励时,即能向蓄电池进行补充充电,进一步证实了低速充电性能好的优点。空载特性是判断硅整流发电机性能是否良好的重要依据。

③外特性。转速一定时,交流发电机端电压与输出电流的关系称为外特性,即 n 为常数时,$U=f(I)$ 的函数关系。经不同的恒定转速试验后,可得出相似的外特性曲线,如图 3-22 所示。从图 3-22 中可以看出,交流发电机转速越高,端电压也越高,输出电流也越大。当保持任一转速时,端电压均随输出电流的增大而下降。由于端电压受转速和负载变化的影响,交流发电机必须配用电压调节器才能保持低压的恒定。

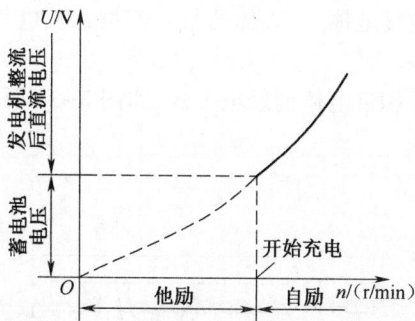

图 3-21　交流发电机的空载特性

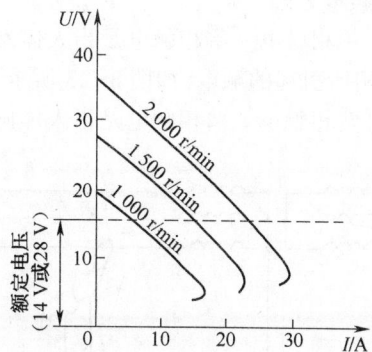

图 3-22　交流发电机外特性曲线族

三、安全用电常识

在用电过程中,必须特别注意电气安全,如稍有麻痹或疏忽,就可能造成严重的安全事故,造成极大的人身伤害和经济损失。

(一)安全电压和安全电流

交流工频安全电压的上限值是指在任何情况下,两导体间或任一导体与地之间的电压都不得超过 50 V。我国安全电压的额定值为 42 V、36 V、24 V、12 V、6 V。如手提照明灯或危险环境的携带式电动工具应采用 36 V 安全电压;金属容器内、隧道内、矿井内等工作场合或狭窄、行动不便及周围有大面积接地导体的环境,应采用 24 V 或 12 V 安全电压,以防止因触电而造成的人身伤害。

人体触电伤害程度与通过人体的电流大小及触电时间长短有关。把人体触电后最大的摆脱电流称为安全电流。我国规定的安全电流为 30 mA(触电时间不超过 1 s)。研究证明,在触电时间不超过 1 s 时,如果流经人体电流不超过 30 mA,对人体无损伤;而当流经人体电流达到 50 mA 时,对人体有致命危险;当流经人体电流达到 100 mA 时,一般会致人死亡。

(二)绝缘安全用具

绝缘安全用具是保证作业人员安全操作带电体及人体与带电体安全距离不够时所采取的绝缘防护工具。绝缘安全用具按使用功能可分为绝缘操作用具和绝缘防护用具。

(1)绝缘操作用具主要用来进行带电操作、测量和其他需要直接接触电气设备的特定工作。常用的绝缘操作用具一般有绝缘操作杆、绝缘夹钳等。

这些绝缘操作用具均由绝缘材料制成。正确地使用绝缘操作用具应注意以下两点:

①绝缘操作用具本身必须具备合格的绝缘性能和机械强度。

②只能在和其绝缘性能相适应的电气设备上使用。

(2)绝缘防护用具的作用是对可能发生的有关电气伤害起到防护。主要用于对泄漏电流、接触电压、跨步电压和其他接近电气设备存在的危险等进行防护。常用的绝缘防护用具有绝缘手套、绝缘靴、绝缘隔板、绝缘垫、绝缘站台等。当绝缘防护用具的绝缘强度足以承受设备的运行电压时,才可以用来直接接触运行的电气设备,一般不直接触及带电设备。使用绝缘防护用具时,必须做到使用合格的绝缘防护用具,并掌握其正确的使用方法。

(三)触电方式及防止触电的安全措施

常见的触电原因有:违章操作,缺乏安全用电知识,意外触电。

1. 触电方式

(1)单相触电。单相触电是指人体站在地面或其他接地体上,人体的某一部位触及电气装置的任一相所引起的触电,如图 3-23 所示。

(2)两相触电。两相触电是指人体同时触及任意两相带电体的触电方式,如图 3-24 所示。

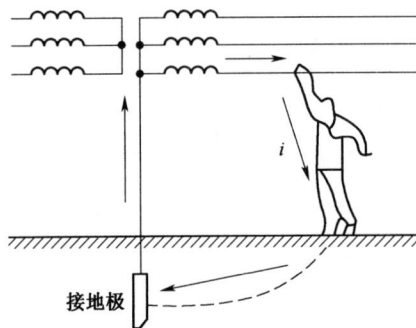

图 3-23　单相触电　　　　图 3-24　两相触电

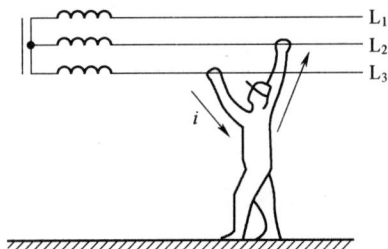

（3）跨步电压触电。当人体两脚跨入触电点附近时,在前后两脚之间便存在电位差,由此形成的触电称为跨步电压触电,如图 3-25 所示。

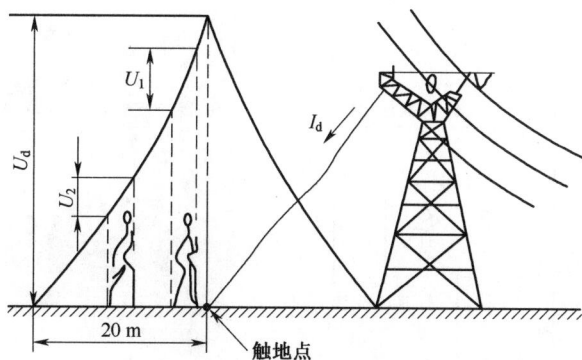

图 3-25　跨步电压触电

另外,还有高压电弧触电、接触电压触电、雷电触电、静电触电等。

2. 防止触电的安全措施

（1）电气设备的保护接地。保护接地就是使电气设备的金属外壳与接地体之间可靠连接。图 3-26 所示为电动机保护接地电路。电动机采用保护接地后,当某相导线因绝缘损坏而碰外壳时,这时若有人触及带电的外壳,人体相当于接地电阻的一条并联支路。由于人体电阻远大于接地电阻,所以通过人体的电流很小,从而保证了人身安全;反之,若外壳不接地,当人体触及带电的外壳时,就会有电流通过人体,造成触电事故。

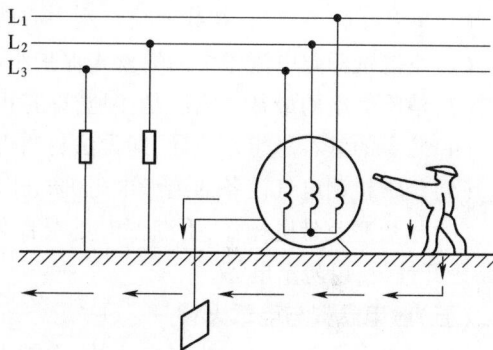

图 3-26　电动机保护接地电路

（2）电气设备的保护接零。保护接零就是将电气设备的金属外壳与中性线(零线)可靠连接。采用保护接零后,若电动机内部一相绝缘损坏而碰外壳时,则该相短路,其短路电流很大,将使电路中的保护电器动作或使熔丝烧断而切断电源,从而消除了触电危险。可见,保护接零的防护比保护接地更为完善,如图 3-27 所示。

图 3-27　保护接零

（3）漏电保护。漏电保护器的示意图及实物图如图 3-28 所示。安装漏电保护器时,工作零线必须接漏电保护器,而保护零线或保护地线不得接漏电保护器。

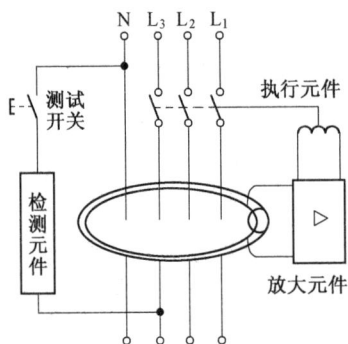

图 3-28　漏电保护器的示意图及实物图

（四）其他防护措施

（1）安装螺口灯座时,相线要与灯座中心的簧片连接,不允许与螺纹相连;

（2）不能选额定电流很大的熔丝来保护小电流电路,更不允许以普通导线代替熔丝;

（3）消除静电的最基本方法是接地,即将可能带静电的物体用导线连接并接地;

（4）防雷的基本思想是疏导,即设法将雷电流导引入地;

（5）经常检测电气设备的绝缘电阻,防止其漏电;

（6）尽量避免带电操作,手潮湿时不要操作,注意操作工具的绝缘:"弱电"线路要与"强电"线路分开铺设,以防窜电等。

（五）触电急救与电气火灾

（1）触电急救。一旦发生触电事故,救护人员要保持冷静,首先应使触电者脱离电源,然后进行急救。急救的要点是镇静、迅速、得法。

①脱离电源。使触电者脱离电源是急救过程中极其重要的一环,触电时间越长,对触电者的伤害就越大。具体做法及应注意的问题如下:

a. 就近断开电源开关或拔去电源插头。但应注意在切断开关时,是否会因带负荷拉闸而造成更大的事故。

b. 如果触电事故点离电源开关太远,或立即切断就近电源开关将导致更大的故障,救护人员可用干燥的衣服、绝缘手套、木棒等绝缘物作为工具拉开触电者或挑开导线,使之脱离电源。

c. 如触电者因抽筋而紧握导线,救护人员可用干燥的木柄斧、电工绝缘钳等将导线一根一根地切断,并把触电者手握点两头的线均切断。要防止导线断落到他人和自己身上。

d. 若触电者处于较高的位置,在使触电者脱离电源的同时,还要采取防摔伤措施。

e. 触电事故发生在高压设备上时,应通知动力部门停电,或由从事高压工作的电工人员,采用相应电压等级的绝缘工具,使触电者脱离电源。

②现场抢救。触电者脱离电源后,应尽快进行现场抢救,若发现触电者停止呼吸或心脏停止跳动,决不可认为触电者已死亡而不去抢救,应立即在现场进行人工呼吸和人工胸外心脏按压,并派人通知医院。具体情况如下:

a. 触电者神志清醒,只是感到心慌,四肢发麻无力,此时应使触电者在空气流动的地方静卧休息1~2 h,让其自己慢慢恢复正常,并注意观察。

b. 触电者已失去知觉,但心脏跳动和呼吸还在进行,此时应使触电者舒适、安静地平卧,周围不要围挤人群,解开其衣扣以利呼吸。可让触电者闻闻氨气,摩擦全身使之发热;如果天气寒冷,应注意保暖;同时迅速通知医院。

c. 触电者已停止呼吸,但心脏还在跳动,应立即进行人工呼吸,如图3-29所示;如心脏停止跳动,但有呼吸,应立即进行人工胸外心脏按压,如图3-30所示;如心跳与呼吸均停,应立即同时进行人工呼吸和人工胸外心脏按压。以上抢救人员必须认真坚持进行抢救,直到医生到达现场。

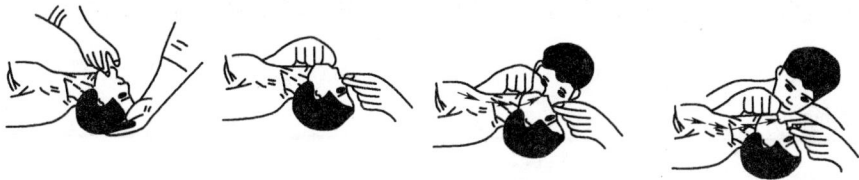

图3-29 人工呼吸

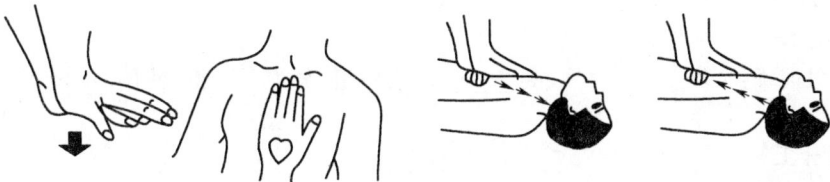

图3-30 人工胸外心脏按压

(2)电气火灾。电气火灾事故主要是指因为电气设备使用不当而引起的火灾,甚至爆炸。电气设备与可燃物接近或接触时,或者电气电路严重超负荷,散热不良时,极易引发火灾。电气火灾将造成人身伤亡、设备损坏等重大事故。所以,必须防微杜渐,重视电气设备的防火、防爆工作,确保用电安全。

引起电气设备火灾或爆炸的直接原因是导线中电流流动产生的热量,一些电气设备触点接合会产生电火花或电弧。电气设备的正常发热是允许的,但散热不良,负荷过重,短路故障会造成发热量增加,温度急剧上升,在一定条件下就会引起火灾。因此,在选用和安装电气设备时,应选用合理的电气设备,保持必要的防火间距,保持电气设备通风良好,采用保护装置等安全技术措施。

(六)汽车安全用电的注意事项

(1)汽车在经过了一段时间的使用后,一般蓄电池柱的桩头都会聚集不少的氧化物,这些物质会影响电流的通过,在寒冷气候下还可能造成启动电流不足,所以平时应该注意经常清理这些氧化物。

(2)对于非免维护的蓄电池来说,还要经常注意蓄电池上的电解液液面高度,液面过低时就要及时补充专用电解液。

（3）在夜间启动车辆时，为了集中点火电力，最好等发动机正常运转后再开启前照灯、音响等用电设备。

（4）在停车后，应当尽量少用耗电量大的电气设备，特别是电动车窗、天窗、前照灯、音响等。

（5）若车内车外的冷热温差较大，那么车窗上很容易结雾而影响视线，不利于安全驾车。在寒冷的季节到来之前，要着重检查有关加热装置工作是否正常，如空调风挡出风口、侧窗出风口、前后窗的加热丝等，应使其均处于良好状态。

（6）不用湿手触摸电器，不用湿布擦拭电器。

（7）不用手或导电物（如铁丝、钉子、别针等金属制品）去接触、探试电源插座内部。

（8）夏季应注意，加油不可过满。汽车油箱盖都有通气孔，如果汽油加得过满，行驶中的颠簸会使汽油溢出，遇上静电就会引发火灾。另外，不要在车内放置打火机，特别是仪表台上，因为强烈的太阳光穿过弯曲的风窗玻璃后，足以使以液化气为燃料的打火机发生爆炸或自燃而引发火灾。

项目实施

任务 3-1　三相交流电路和汽车电源电路认识与测量

（一）任务要求

1. 教学组织

任务分组训练：全班＿＿＿＿＿人，每＿＿＿＿＿人一组，分为＿＿＿组，使用＿＿＿套实训器材，每组小组长一名。

2. 职责分工

教师职责：课堂纪律与安全管理、任务训练器材管理、指导与巡查。

学生职责：班长协助教师对班级全面管理与监控，学习委员负责器材管理和检查，团委书记负责安全、纪律及素质评价，副班长负责收集和反馈学生意见，实训小组长负责指导组内学习和交流。

3. 6S 要求

整理、整顿、清扫、清洁、素养、安全。

（二）任务训练步骤

1. 任务训练器材的认识及检查

认识和检查相关任务训练器材。

2. 三相交流电路和汽车电源电路认识与测量

（1）供电系统认识。初步了解供电系统，特别是学校的供电系统及实训室的供电系统。需要的训练器材有测电笔、万用表。

电能是由发电厂产生，通过输电线进行远距离输送，最后分配到各用电单位。这样就构成了发电、输电和配电的完整系统，如图 3-31 所示。

①由教师带领学生查看学校供电系统，从高压输电线到变压器，配电间到各楼层配电柜。

②由教师介绍实验室供电系统。

③由教师介绍交流电压表的使用方法和相线、中性线的判别方法。测量配电板上刀闸各极间的电压及插座的电压，将测量结果记入表 3-1 中。

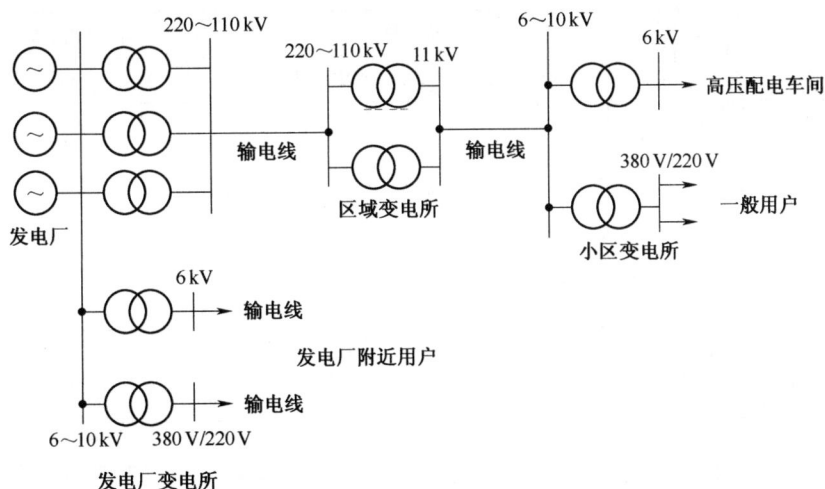

图 3-31　发电、输电和配电系统简图

表 3-1　电压测量结果

项　目	刀　闸	三相四极插座	单相两极插座
U_{AB}			
U_{BC}			
U_{CA}			
U_{AO}			
U_{BO}			
U_{CO}			

　　(2)灯头、插座、插头的安装连接。灯头、插座、插头的安装连接在教师的指导下完成。

　　(3)三相交流电路。掌握三相电路中电压和电流的线值与相值的关系,了解三相四线制中性线的作用。需要的训练器材有白炽灯板、交流电流表、交流电压表。

　　①负载作星形连接。按图3-32所示将负载星形连接,经教师检查无误后,才能通电。按表3-2的要求,测量有关电量,并记入表3-2中。负载的对称与否,由开关S控制。在测量无中性线且负载不对称时的各电量时,由于中性点位移,各相电压不平衡,某相负载上的电压将超过灯泡的额定值,故测量动作要快,测量完毕应及时断开电源。

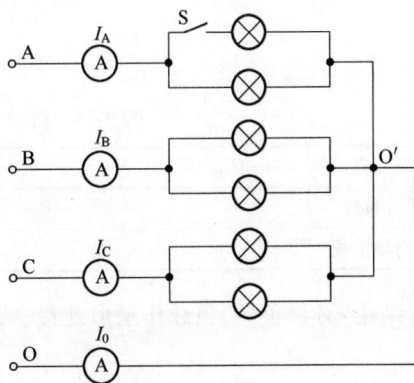

图 3-32　负载作星形连接

表 3-2　负载星形连接需要测量的有关电量

名　称	项　目	负载对称		负载不对称	
		有中性线	无中性线	有中性线	无中性线
线电压/V	U_{AB}				
	U_{BC}				
	U_{CA}				
相电压/V	U_{AO}				
	U_{BO}				
	U_{CO}				
电流/A	I_A				
	I_B				
	I_C				
	I_O				

②负载作三角形连接。按图 3-33 所示将负载三角形连接。经教师检查无误后,才能通电。按表 3-3 的要求,测量有关电量,并记入表 3-3 中。

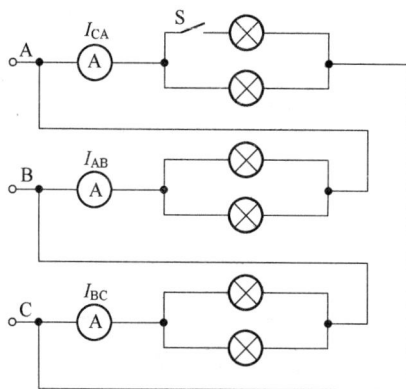

图 3-33　负载作三角形连接

表 3-3　负载三角形连接需要测量的有关电量

项　目	U_{AB}	U_{BC}	U_{CA}	I_{AB}	I_{BC}	I_{CA}
对称负载						
不对称负载						

结论:对称负载,负载作星形连接,线电压与相电压的关系为_____;线电流与相电流的关系为_____。

(4)汽车电源电路的认识与测量。汽车电源电路由蓄电池、交流发电机、整流器和调节器组成。蓄电池和交流发电机是并联连接配合工作的。交流发电机的转子是用来建立磁场的,定子是用来产生交流电动势的,通过硅二极管整流器整流成直流电,向用电设备提供电源,并向蓄电池充电。

①观察汽车电源连接顺序及各部分的安装位置,画出汽车电源系统的连接示意图。

②汽车电源参数检测。在发动机没有启动前,将直流电压表的正极接发电机的输出端子,负极搭铁,记下此时的电压表读数为_____,该电压为蓄电池的开路电压,正常值为 12~12.6 V。启动发动机,并逐渐踩下加速踏板使其转速升高,当发动机转速升高到高于怠速转速(600~800 r/min)时,电压表指示的电压应高于蓄电池的开路电压,并随着转速的升高而稳定在某一电压值不变。

若电压表指示的电压高于调压器的调节电压,且随着发电机转速的升高而升高,则说明发电机能发电,但调压器有故障;若电压表指示的电压随着发电机转速的升高而保持蓄电池开路电压不变或低于蓄电池开路电压,则说明发电机或调压器有故障。

3. 任务训练过程检查

检查项目	结果与数据	检查项目	结果与数据	检查项目	结果与数据
连线 是否规范		三角形连接 是否正确		是否单独 完成工作	
星形连接 是否正确		是否出现 异常现象		是否严格 执行 6S 管理	

4. 评价与反馈

考核项目	评分标准	分数	学生自评(10%)	小组互评(50%)	教师评价(40%)	小计
团队合作	是否协调信任					
活动参与	是否积极主动					
安全训练	有无安全隐患					
现场 6S	是否做到					
任务方案	是否正确、合理					
任务训练过程	是否独立完成					
	工作完成情况					
任务完成情况	是否圆满完成					
工具设备使用	是否规范、标准					
问答	是否能够回答正确					
任务训练设备	是否完好					
总　分		100				
任务训练小组学生:				年　月　日	得分	
教师签名:				年　月　日	得分	

任务 3-2　交流发电机的拆卸、安装与解体检测

(一)任务要求

1. 教学组织

任务分组训练:全班_____人,每_____人一组,分为_____组,使用_____套实训器材,每组小组长一名。

2. 职责分工

教师职责:课堂纪律与安全管理、任务训练器材管理、指导与巡查。

学生职责:班长协助教师对班级全面管理与监控,学习委员负责器材管理和检查,团委书记负责安全、纪律及素质评价,副班长负责收集和反馈学生意见,实训小组长负责指导组内学习和交流。

3. 6S 要求

整理、整顿、清扫、清洁、素养、安全。

(二)任务训练步骤

1. 任务训练器材的认识及检查

认识和检查相关任务训练器材。

2. 交流发电机拆卸、安装与解体检测

(1)交流发电机拆卸的具体步骤如下:

①脱开蓄电池负极端子的连接线。

②脱开交流发电机电缆和连接线。

③取下交流发电机传动带,拆下交流发电机,拆下支架。

(2)交流发电机解体步骤如下:

①拆卸交流发电机带轮。

②拆卸交流发电机电刷座总成。

③拆卸交流发电机调压器总成。

④拆卸交流发电机整流器。

⑤拆卸交流发电机转子总成。

(3)交流发电机解体后的检修:

①转子检修。检修内容如下:

a. 转子绕组检修。用万用表 R×1 挡检测两滑环之间的电阻,此时测量的是励磁绕组的电阻,应与标准相符。若阻值为∞,则说明断路;若阻值过小,则说明短路。

用万用表电阻最大挡检测滑环与铁芯(或转子轴)之间的电阻,应为∞。

b. 滑环检修。滑环表面应光滑平整,若有轻微烧蚀,用 00 号砂布打磨;若烧蚀严重,应在车床上精加工。用直尺测量滑环厚度,应与规定相符,否则需要更换。用千分尺测量滑环圆柱度,应与规定相符,否则应精车加工。

②定子检修。检修内容如下:

a. 定子绕组断路检修。用万用表 R×1 挡检测定子绕组 3 个接线端,两两相测,阻值应小于 1 Ω,若阻值为∞,则说明断路。

b. 定子绕组搭铁检修。用万用表电阻最大挡检测定子绕组接线端与定子铁芯间的电阻,应为∞,否则,说明有搭铁故障。

③检测电刷组件。具体内容如下:

a. 外观检查:电刷表面应无油污、无破损、变形,且应在电刷架中活动自如。

b. 电刷长度检查:用游标卡尺或钢直尺测量电刷露出电刷架的长度,应与规定相符。

c. 弹簧压力测量:检测电刷弹簧压力,应与规定相符。

(4)交流发电机安装的具体步骤如下:

①在轴承内加注润滑脂。

②将转子、前端盖、风扇叶轮及传动带盘装在一起。

③安装电刷架、电刷及弹簧。

④安装元件板。元件板也安装在后端盖内部。

⑤把定子线圈与后端盖合装在一起,连接好二极管与定子线圈的引出线。

⑥将两端盖装合在一起,拧紧螺钉。

⑦安装交流发电机接线桩头。

3. 任务训练过程检查

检查项目	结果与数据	检查项目	结果与数据	检查项目	结果与数据
发电机拆装是否规范		发电机接线桩头连接是否正确		是否单独完成工作	
发电机解体、检修是否规范		发电机的安装是否规范		是否严格执行 6S 管理	

4. 评价与反馈

考核项目	评分标准	分数	学生自评(10%)	小组互评(50%)	教师评价(40%)	小计
团队合作	是否协调信任					
活动参与	是否积极主动					
安全训练	有无安全隐患					
现场 6S	是否做到					
任务方案	是否正确、合理					
任务训练过程	是否独立完成					
	工作完成情况					
任务完成情况	是否圆满完成					
工具设备使用	是否规范、标准					
问答	是否能够回答正确					
任务训练设备	是否完好					
总　分		100				
任务训练小组学生:				年　月　日	得分	
教师签名:				年　月　日	得分	

测试与练习

1. 正弦量的基本特征是什么?

2. 正弦量的三要素有哪些?

3. 已知正弦交流电的频率为 50 Hz,则周期和角频率各为多少?

4. 交流发电机的内部有哪些主要部件?

5. 工作接地、保护接地和保护接零有何区别?

6. 引起电气设备火灾的原因有哪些? 如何预防?

7. 触电有哪些危害? 施救触电者的方法有哪些? 如何预防触电?

项目4　汽车点火系统和电动机与变压器电路分析

项目背景

在生产实践和生活中,常用的电动机、变压器、汽车上的点火线圈及喇叭等各种磁阀都是有铁芯的线圈。

本项目主要介绍磁场、磁路的基本知识;交、直流电动机、变压器等结构和原理;继电器与控制电路的基本知识。学会点火线圈及点火线圈的检测;学会变压器的连接与检测;学会汽车用继电器的检测和电动机常用的控制线路连接。

知识目标

(1)了解磁场的基本概念;掌握磁场对电流的作用力公式和左手定则。

(2)了解电磁感应现象及产生感应电流的条件;掌握楞次定律和右手定则。

(3)了解自感现象和互感现象及其在实际中的应用。

(4)了解变压器的基本构造和工作原理;掌握变压器的电压变换、电流变换和阻抗变换变化关系。

(5)了解点火线圈的作用;掌握点火线圈的工作原理。

(6)了解并掌握直流电动机的结构与工作原理。

(7)了解并掌握三相异步电机的结构与工作原理。

(8)了解继电器的作用与种类;掌握继电器的工作原理。

技能目标

(1)会使用万用表检测常用变压器性能好坏。

(2)会使用万用表检测点火线圈。

(3)会使用万用表检测继电器的工作情况。

(4)会进行常用电气控制电路的安装。

相关知识

一、磁场及电磁感应

(一)磁场与磁感线及电流的磁场

1. 磁场与磁感线

在如图4-1所示实验,在一条形磁铁周围放一圈小磁针,固定后可以发现小磁针会按一定规律排列。

通过这个实验可以说明,磁体的周围空间存在着某种力量。

若将一根磁铁放在另一根磁铁附近(互不接触)时,两根磁铁之间也会产生磁力,这说明磁体的周围存在磁力作用的空间,这种作用的空间就称为磁场。磁极之间的作用力正是通过磁场来传递的。磁场和电场一样,是一种特殊的物质,它同样具有力和能的性质。

　　磁场的力效应说明磁场是有方向的。磁场的方向规定为:将小磁针放入磁场中某一点,当磁针静止时,其 N 极所指的方向即为该点磁场的方向。在磁场中可以利用磁感线来形象地表示各点的磁场方向,所谓磁感线就是在磁场中画出一些曲线,在这些曲线上,每一点的切线方向就是该点的磁场方向。

　　磁感线是人们假想出来的线,图 4-2 所示为铁屑模拟的磁感线分布情况。

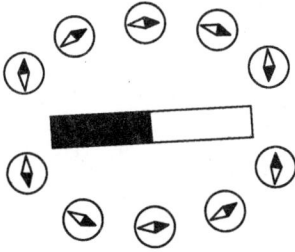

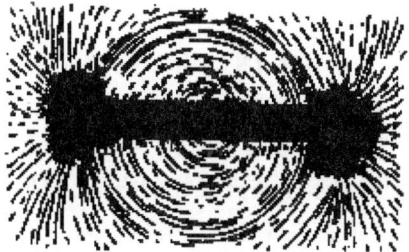

图 4-1　磁场　　　　　　　　　图 4-2　铁屑模拟的磁感线分布情况

　　由图 4-2 可知:磁感线是互不交叉的闭合曲线,在磁体外部由 N 极指向 S 极,在磁体内部由 S 极指向 N 极;在磁极附近的磁感线最稠密,远处较稀疏。磁感线的疏密程度反映了磁场的强弱,磁感线越密表示磁场越强,越疏表示磁场越弱,故通常可以用磁感线的多少和疏密程度来定性地分析磁场的分布情况。

2. 电流的磁场

　　1820 年,丹麦物理学家奥斯特从实验中发现,在导线下放一小磁针,当导线通电时,小磁针发生了偏转,如图 4-3 所示。这说明磁铁并不是磁场的唯一来源,通电导线周围也存在着磁场,这种现象就称为电流的磁效应。

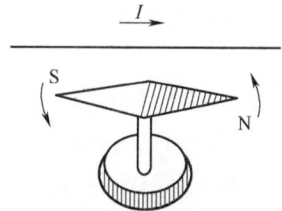

　　(1)通电直导线周围的磁场。通电直导线周围磁场的磁感线处于垂直于导体的平面上,其形状是一个个环绕着导体的同心圆。通电直导线磁场方向与电流方向的关系,可用安培定则

图 4-3　电流磁效应

来判定,如图 4-4 所示,右手握住通电直导线,让大拇指方向与电流方向一致,则四指环绕方向就是磁场方向。

电流方向　　　　　　　　　　　　　　　　磁感线方向

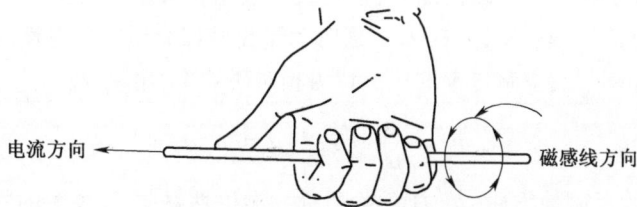

图 4-4　通电直导线周围的磁场

　　(2)通电螺线管产生的磁场。通电螺线管产生的磁场类似于条形磁铁,一端相当于 N 极,另一端相当于 S 极,如图 4-5 所示。

　　通电螺线管的电流方向跟它的磁感线方向的关系也可用安培定则来判定,即右手握住螺线管,弯曲的四指指向与电流方向一致,则大拇指指向通电螺线管内部磁感线的方向即为通电螺线管的 N 极。

(二)磁场的基本物理量

1. 磁感应强度

在物理学中,描述磁场的强弱和方向的物理量称为磁感应强度,常用符号 B 表示。磁感应强度又称磁通量密度或磁通密度。其大小定义为

$$B = \frac{F}{IL}$$

式中,磁感应强度 B 的国际单位为 T(特[斯拉]),工程上常采用 Gs(高斯)表示,$1\ Gs = 10^{-4}\ T$。

磁感应强度是个矢量,它不但表示了某点磁场的强弱,而且表示了该点磁场的方向,磁感应强度的方向为磁感线上某点的切线方向。对于磁场中某一固

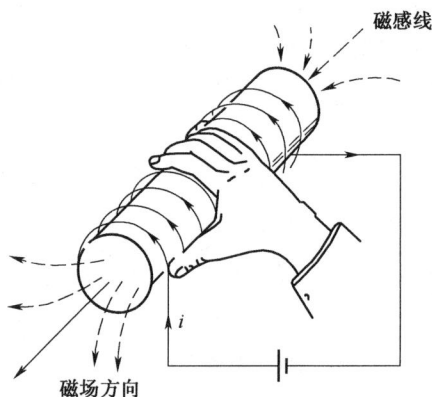

图 4-5 通电螺线管产生的磁场

定点来说,磁感应强度 B 是一个常数,而对于磁场中位置不同的各点,B 可能不同。若磁场中各点磁感应强度的大小和方向相同,则这种磁场就称为匀强磁场,可用平行的等距离的磁感线表示。

2. 磁通

磁通又称磁通量,它是指通过与磁场方向垂直的某一截面积上的磁感线总数,用字母 Φ 表示。它的大小等于磁感应强度和与它垂直的某一截面积 S 的乘积。在匀强磁场中,由于 B 是一个常数,故磁通的大小为

$$\Phi = BS$$

磁通的单位是韦[伯],用符号 Wb 表示。

如果将磁通 Φ、磁感应强度 B 与磁感线联系起来,磁通量就可认为是垂直磁感线方向上某一截面积的磁感线数,而将上式变为

$$B = \frac{\Phi}{S}$$

则可认为磁感应强度就是垂直穿过单位面积上的磁感线数,因此磁感应强度又称磁通密度。

3. 磁导率

磁导率是一个表示媒介质导磁性能的物理量,一般用 μ 表示。真空中的磁导率是一个常数,用 μ_0 表示,其大小为 $\mu_0 = 4\pi \times 10^7\ H/m$。通常为了比较媒介质的导电性能,以真空磁导率为基准。其他媒介质磁导率与真空磁导率的比值称为相对磁导率,用 μ_r 表示,即

$$\mu_r = \frac{\mu}{\mu_0} \quad 或 \quad \mu = \mu_r \mu_0$$

$\mu_r < 1$ 的物质称为反磁性物质;$\mu_r > 1$ 的物质称为顺磁性物质;$\mu_r \gg 1$ 的物质称为铁磁性物质。磁导率的单位是亨/米,用符号 H/m 表示,相对磁导率是没有单位的。

4. 磁场强度

磁场中某点磁感应强度与媒介质磁导率的比值,称为该点的磁场强度,用字母 H 表示,即

$$H = \frac{B}{\mu}$$

或

$$B = \mu H = \mu_r \mu_0 H$$

磁场强度也是一个矢量,它的方向和磁感应强度的方向一致。

在国际单位制中,磁场强度的单位是安/米,用符号 A/m 表示。

(三)磁场对电流的作用力

在图 4-6 所示实验装置中,当交换磁极位置改变了磁场方向,或改接电源极性改变了导线中的电流方向后,导体的受力方向如何变化?

通过实验发现,导线所受力的方向既与磁场方向有关,又与电流方向有关。而且受力的方向总是既垂直于磁场方向又垂直于电流方向。

通电直导体在磁场内的受力方向可用左手定则来判断。如图 4-7 所示,平伸左手,使大拇指与其余四指垂直,并且都跟手掌在同一个平面内,让磁感线垂直穿入掌心,并使四指指向电流的方向,则大拇指所指的方向就是通电导体所受电磁力的方向。

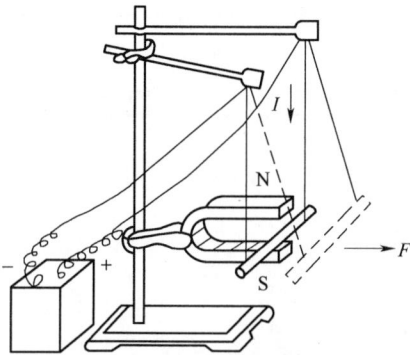

图 4-6　磁场对通电直导体的作用力

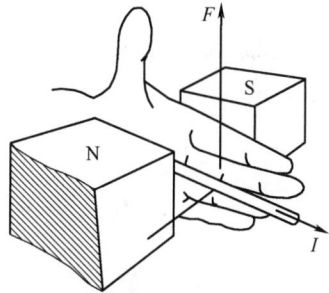

图 4-7　左手定则

把一段通电导线放入磁场中,当电流方向与磁场方向垂直时,通电导线所受的电磁力最大。利用磁感应强度的表达式 $B = \dfrac{F}{IL}$,可得电磁力的计算式为

$$F = BIL$$

如果电流方向与磁场方向不垂直,而是有一个夹角 α,这时通电导线的有效长度为 $L\sin\alpha$(即 L 在与磁场方向相垂直方向上的投影)。电磁力的计算式变为

$$F = BIL\sin\alpha$$

从这个公式可以看出:当 $\alpha = 90°$ 时,电磁力最大;当 $\alpha = 0°$ 时,则 $\sin\alpha = 0$,电磁力最小;当电流方向与磁场方向有斜角时,电磁力介于最大值和最小值之间。

【例 4-1】　已知匀强磁场方向垂直纸面向里,且磁感应强度 $B = 0.5$ T,导线中通入 $I = 0.2$ A 的电流,其方向如图 4-8 所示。若导线长 $L = 0.2$ m,求:该导线所受安培力的大小及方向。

解　因导线是垂直放入匀强磁场中的,所以安培力大小 $F = BIL = 0.2$ N。安培力的方向满足左手定则:在平面内且垂直于导线斜向上,如图 4-8 所示。

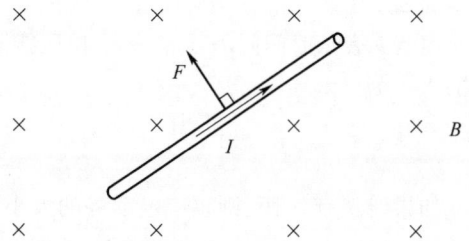

图 4-8　通电导体在磁场中运动

(四)电磁感应定律

如图4-9所示,将一条形磁铁放置在线圈中,当条形磁铁静止时,检流计的指针不偏转,但将条形磁铁迅速地插入或拔出时,检流计的指针都会发生偏转。这个实验说明线圈中有电流流过。这种利用磁场产生电流的现象称为电磁感应现象,产生的电流称为感应电流,产生感应电流的电动势称为感应电动势。

1. 楞次定律

以上实验表明:在线圈回路中产生感应电动势和感应电流的原因是由于条形磁铁的插入和拔出导致线圈中的磁通发生了变化。楞次定律指出了磁通的变化与感应电动势在方向上的关系,即感应电流产生的磁通总是阻碍原磁通的变化。

例如在图4-9中,当把条形磁铁插入线圈时,线圈中的磁通将增加。据楞次定律,感应电流的磁场应阻碍磁通的增加,则线圈感应电流磁场的方向应为上N下S,再用右手螺旋定则可判断出感应电流的方向是由右端流进检流计的。如果将铁芯放置在线圈中后静止不动,由于线圈中的磁通量不发生变化,所以感应电流为零。

如果把线圈看成是一个电源,则感应电流流出端[如图4-9(a)中线圈的下端]为电源的正端。

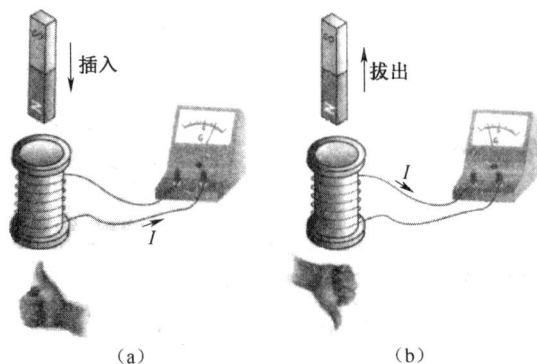

(a)   (b)

图4-9 楞次定律

2. 法拉第电磁感应定律

在上述实验中,如果改变条形磁铁插入或拔出的速度,就会发现,条形磁铁运动速度越快,指针偏转角度越大,反之越小。而条形磁铁插入或拔出的速度,反映的是线圈中磁通变化的速度,即线圈中感应电动势的大小与线圈中磁通的变化率成正比。这就是法拉第电磁感应定律。

用$\Delta\Phi$表示时间间隔Δt内一个单匝线圈中的磁通变化量,则一个单匝线圈产生的感应电动势的大小为

$$e = \frac{\Delta\Phi}{\Delta t}$$

如果线圈有N匝,则感应电动势的大小为

$$e = N\frac{\Delta\Phi}{\Delta t}$$

如图4-10所示,在匀强磁场中放置一段导体,其两端分别与检流计相接,形成一个回路。当导体做切割磁感线运动时,检流计指针偏转,表明回路中有感应电流。感应电动势的方向可用右

手定则判断,如图 4-11 所示,平伸右手,大拇指与其余四指垂直,让磁感线垂直穿入掌心,大拇指指向导体运动方向,则其余四指所指的方向就是感应电动势的方向。

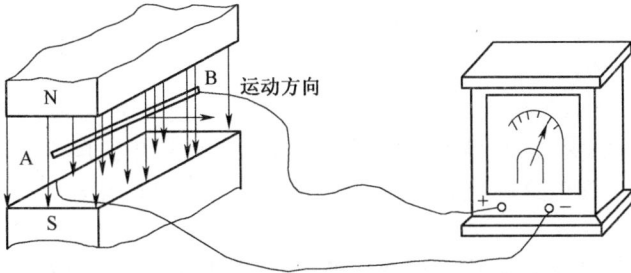

图 4-10　法拉第电磁感应定律

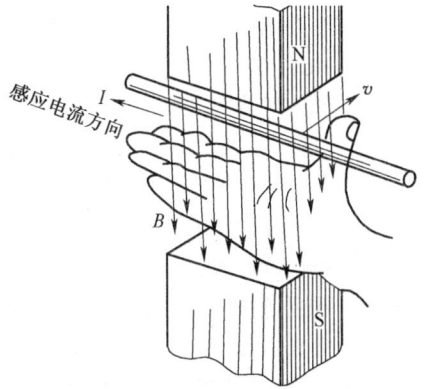

图 4-11　右手定则

当导体、导体运动方向和磁感线方向三者互相垂直时,导体中的感应电动势为

$$e = BLv$$

如果导体运动方向与磁感线方向有一夹角 α,则导体感应电动势为

$$e = BLv\sin\alpha$$

由上式可知,当导体的运动方向与磁感线垂直时($\alpha = 90°$),导体中感应电动势最大;当导体的运动方向与磁感线平行时($\alpha = 0°$),导体中感应电动势为零。

【例 4-2】　如图 4-12 所示,在磁感应强度为 B 的匀强磁场中,有一长度为 L 的直导体 AB,可沿平行导电轨道滑动。当导体以速度 v 向左匀速运动时,试确定导体中感应电动势方向和大小。

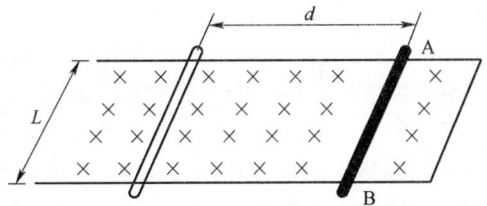

图 4-12　导体沿平行导电轨道滑动

解　导体向左运动时,导电回路中磁通将增加,根据楞次定律判断,导体中感应电动势的方向是 B 端为正,A 端为负;用右手定则判断,结果相同。

设导体在 Δt 时间内左移距离为 d,则导电回路中磁通的变化量为

$$\Delta\Phi = B\Delta S = BLd = BLv\Delta t$$

所以,感应电动势

$$e = \frac{\Delta\Phi}{\Delta t} = \frac{BLv\Delta t}{\Delta t} = BLv$$

由此例可以看出,直导体是线圈不到 1 匝的特殊情况,右手定则是楞次定律的特殊形式;$e = BLv$(及 $e = BLv\sin\alpha$)也是法拉第电磁感应定律的特殊形式。

一般来说,如果导体和磁感线之间相对运动时,右手定则判断感应电流方向较为方便;如果导体与磁感线之间无相对运动,只是穿过闭合回路的磁通发生了变化,则用楞次定律来判断感应电流的方向。

(五)自感和互感现象

1. 自感现象

在图 4-13 所示电路中,当合上开关灯泡正常发光后,再断开开关,灯泡并不是立即熄灭,而

是闪亮一下,然后才熄灭。这是为什么呢？

这是由于断开开关后,通过线圈 L 的电流突然变小,穿过线圈 L 的磁通也很快随之减少,线圈中必然要产生一个很强的感应电动势,以阻碍电流减小。虽然这时电源已被切断,但线圈 L 和灯泡 HL 组成了回路,在这个回路中有较大的感应电流通过,所以灯泡会突然闪亮一下。

图 4-13   自感现象实验电路

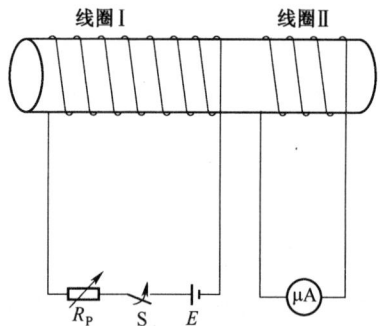

（1）自感系数。自感电动势的大小跟穿过导线线圈的磁通量变化的快慢有关系。线圈的磁场是由电流产生的,所以穿过线圈的磁通量变化的快慢跟电流变化的快慢有关。对同一线圈来说,电流变化得快,线圈产生的自感电动势就大,反之就小。对于不同的线圈,在电流变化快慢相同的情况下,产生的自感电动势是不同的,电磁学中用自感系数来表示线圈的这种特征。自感系数简称"自感"或"电感"。用符号 L 表示,单位是亨［利］（H）。

（2）自感电动势。由于自感电动势总是阻碍导体中电流变化的,当原来电流增大时,自感电动势与原电流方向相反,阻碍电流的增大（但电流还是在增大,只是增大的速度变慢）；当原来电流减小时,自感电动势与原电流方向相同,阻碍电流的减小（但电流还是在减小,只是减小的速度变慢）。自感电动势的大小可由下式计算,即

$$E_L = L\frac{\Delta I}{\Delta t}$$

2. 互感现象

（1）互感的概念。观察图 4-14 所示的互感现象实验电路。在开关 S 闭合或断开的瞬间,以及改变 R_P 的阻值,检流计的指针都会发生偏转。这是因为,当线圈 I 中的电流发生变化时,通过线圈的磁通也发生变化,该磁通的变化必然又影响线圈 II 产生感应电动势和感应电流。

把这种由一个线圈中的电流发生变化而在另一个线圈中产生电磁感应的现象称为互感现象,简称"互感"。由互感产生的感应电动势称为互感电动势,用 e 表示。

图 4-14   互感现象实验电路

线圈 B 中互感电动势的大小不仅与线圈 A 中电流变化率的大小有关,而且还与两个线圈的结构以及它们之间的相对位置有关。当两个线圈相互垂直时,互感电动势最小；当两个线圈相互平行,且第一个线圈的磁通变化全部影响到第二个线圈时,称为全耦合,此时互感电动势最大,即

$$e_{m2} = M\frac{\Delta I_1}{\Delta t}$$

（2）互感的应用。互感现象已被广泛地应用于无线电技术、电磁测量技术及传感器中。通过互感线圈能够使能量或信号由一个线圈方便地传递到另一个线圈。电工、无线电技术中使用的各种变压器都是互感器件。常见的有电力变压器、中周变压器、输入/输出变压器、电压互感器和电流互感器。

（六）磁路和磁路的欧姆定律

1. 磁路

如图 4-15 所示,当线圈中通以电流后,大部分磁感线沿铁芯、衔铁和气隙构成回路,这部分

磁通称为主磁通;还有一部分磁通,没有经过气隙和衔铁,而是经空气自成回路,这部分磁通称为漏磁通。

磁通经过的闭合路径称为磁路。磁路和电路一样,分为有分支磁路和无分支磁路两类。图4-15所示为无分支磁路,图4-16所示为有分支磁路。在无分支磁路中,通过每一个横截面的磁通都相等。

图4-15　无分支磁路

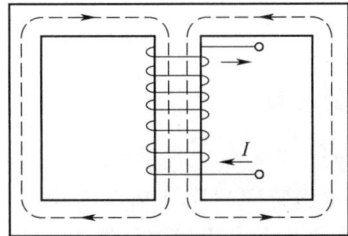

图4-16　有分支磁路

2. 磁路的欧姆定律

(1)磁动势。通电线圈产生的磁通 Φ 与线圈的匝数 N 和线圈中所通过的电流 I 的乘积成正比。

把通过线圈的电流 I 与线圈匝数 N 的乘积,称为磁动势,又称磁通势,即

$$E_m = NI$$

磁动势 E_m 的单位是安[培](A)。

(2)磁阻。磁阻就是磁通通过磁路时所受到的阻碍作用,用 R_m 表示。磁路中磁阻的大小与磁路的长度 L 成正比,与磁路的横截面积 S 成反比,并与组成磁路的材料性质有关。因此有

$$R_m = \frac{L}{\mu S}$$

式中,μ 为磁导率,单位是 H/m;L 和 S 的单位分别为 m 和 m^2。

因此,磁阻 R_m 的单位为 1/亨[利](H^{-1})。由于磁导率 μ 不是常数,所以 R_m 也不是常数。

(3)磁路欧姆定律的具体内容。通过磁路的磁通与磁动势成正比,与磁阻成反比,即

$$\Phi = E_m / R_m$$

上式与电路的欧姆定律相似,磁通 Φ 对应于电流 I,磁动势 E_m 对应于电动势 E,磁阻 R_m 对应于电阻 R。因此,这一关系称为磁路欧姆定律。

磁路中的某些物理量与电路中的某些物理量有对应关系,同时磁路中某些物理量之间与电路中某些物理量之间也有相似的关系。图4-17是相对应的两种电路和磁路。表4-1列出了电路与磁路对应的物理量及其关系式。

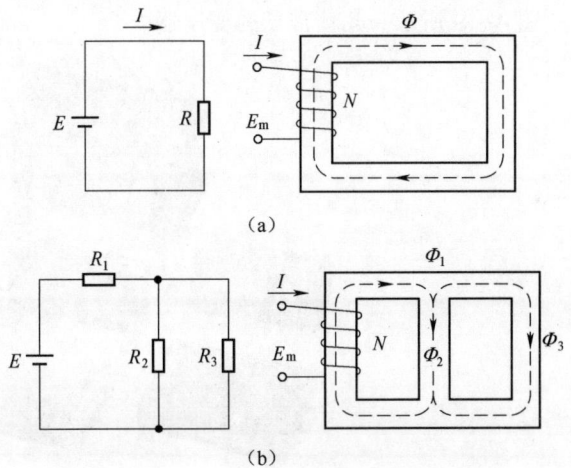

(a)

(b)

图4-17　相对应的两种电路和磁路

表4-1　电路与磁路对应的物理量及其关系式

电　路		磁　路	
电流	I	磁通	Φ
电阻	R	磁阻	R_m
电阻率	ρ	磁导率	μ
电动势	E	磁动势	$E_m = IN$
电路欧姆定律	$I = E/R$	磁路欧姆定律	$\Phi = E_m/R_m$

二、变压器

变压器作为电气工程技术中重要的部件之一,在生产和生活中有着不可替代的作用。变压器是利用电磁感应的原理来改变交流电压的装置,主要构件是一次线圈、二次线圈和铁芯(磁芯)。在电气设备和无线电线路中,常用作升降电压、阻抗匹配、安全隔离等。

(一)变压器的结构和工作原理

1. 变压器的用途和种类

(1)图形与文字符号。变压器是利用互感原理工作的电磁装置,它的图形符号如图4-18所示,T是它的文字符号。

(2)用途。输电、配电和用电所需的各种不同的电压,都是通过变压器进行变换后得到的。变压器除了可以变换电压外,还可以变换电流、变换阻抗、改变相位。由此可见,变压器是输配电、电子电路和电工测量中十分重要的电气设备。

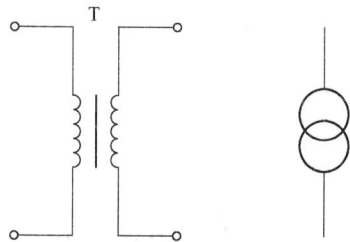

图4-18　变压器的图形符号

(3)种类。变压器可以根据其工作频率、用途及铁芯形状等进行分类。

按工作频率可分为高频变压器、中频变压器和低频变压器。

按用途可分为电源变压器、音频变压器、脉冲变压器、恒压变压器、耦合变压器、自耦变压器、隔离变压器等。

按铁芯形状可分为E形变压器、C形变压器和环形变压器。

图4-19所示为几种常见的变压器。

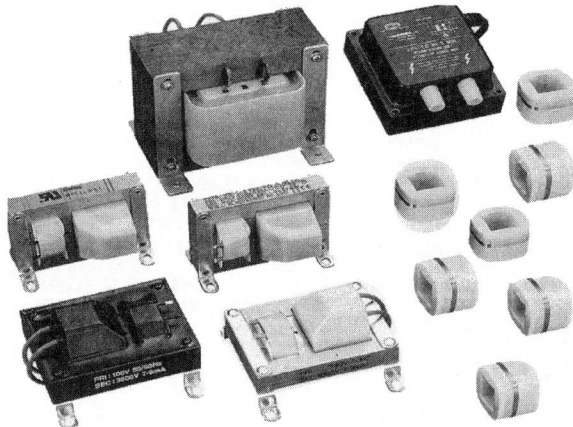

图4-19　几种常见的变压器

2. 变压器的结构

变压器主要由铁芯和线圈(又称绕组)两部分组成。

(1)铁芯。铁芯是变压器的磁路通道。为了减小涡流和磁滞损耗,铁芯是用磁导率较高而且相互绝缘的硅钢片叠装而成的。

(2)线圈。线圈是变压器的电路部分。线圈是用具有良好绝缘的漆包线、纱包线或丝包线绕成的。工作时,和电源相连的线圈称为一次绕组(一次线圈);而与负载相连的线圈称为二次绕组(二次线圈)。

此外,为了起到电磁屏蔽作用,变压器往往要用铁壳或铝壳罩起来,一、二次绕组间往往加一层金属静电屏蔽层,大功率的变压器中还有专门设置的冷却设备等。

3. 变压器的工作原理

变压器是按电磁感应原理工作的。如果把变压器的一次绕组接在交流电源上,在一次绕组中就有交流电流流过,交变电流将在铁芯中产生交变磁通,这个交变的磁通经过闭合磁路同时穿过一次绕组和二次绕组。交变的磁通将在绕组中产生感应电动势,这时,如果在二次绕组上接上负载,那么电能将通过负载转换成其他形式的能,如图4-20所示。

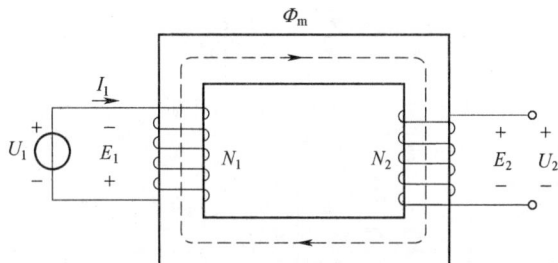

图4-20 变压器的工作原理

4. 交流电压、电流和阻抗的变换

(1)变换交流电压。设变压器一次绕组的匝数为 N_1,二次绕组的匝数为 N_2,穿过它们的磁通分别为 Φ_1 和 Φ_2,那么一、二次绕组中产生的感应电动势分别为

$$E_1 = N_1 \frac{\Delta \Phi_1}{\Delta t} \qquad E_2 = N_2 \frac{\Delta \Phi_2}{\Delta t}$$

若漏磁通忽略不计,可以认为一、二次绕组中的交变磁通相同,即 $\Phi_1 = \Phi_2$,由此可得

$$\frac{E_1}{E_2} = \frac{N_1 \frac{\Delta \Phi_1}{\Delta t}}{N_2 \frac{\Delta \Phi_2}{\Delta t}} = \frac{N_1}{N_2}$$

若不计线圈内阻,线圈的端电压等于电动势,则

$$\frac{U_1}{U_2} = \frac{E_1}{E_2} = \frac{N_1}{N_2}$$

即

$$\frac{U_1}{U_2} = \frac{N_1}{N_2} = K$$

式中,K 称为电压比。

由此可见,变压器一、二次绕组的端电压之比等于这两个绕组的匝数比。当一次绕组的匝数 N_1 比二次绕组的匝数 N_2 多时,$K>1$,称为降压变压器;反之,当 N_1 少于 N_2 时,$K<1$,称为升压变压器。

(2)变换交流电流。根据能量守恒定律,在忽略变压器内部损耗的情况下,变压器从电网中获取的能量应该等于它提供给负载的能量,即输入功率等于输出功率。

$$P_1 = P_2$$

而根据功率公式,$P_1 = U_1 I_1$,$P_2 = U_2 I_2$,所以 $U_1 I_1 = U_2 I_2$。

即

$$\frac{I_1}{I_2} = \frac{U_2}{U_1} = \frac{N_2}{N_1}$$

由此可见,变压器一、二次绕组的电流的大小之比与线圈的匝数成反比。

(3)变换交流阻抗。设变压器一次绕组的输入阻抗为 $|Z_1|$,二次绕组的负载阻抗为 $|Z_2|$,则

$$|Z_1| = \frac{U_1}{I_1} \qquad |Z_2| = \frac{U_2}{I_2}$$

所以

$$\frac{|Z_1|}{|Z_2|} = \frac{U_1 I_2}{U_2 I_1}$$

由于

$$\frac{U_1}{U_2} = \frac{N_1}{N_2} \qquad \frac{I_2}{I_1} = \frac{N_1}{N_2}$$

所以

$$\frac{|Z_1|}{|Z_2|} = \left(\frac{n_1}{n_2}\right)^2 = K^2$$

可见,在二次绕组接上负载阻抗 $|Z_2|$ 时,就相当于使电源直接接上一个阻抗 $|Z_1| = K^2 |Z_2|$。因此,在负载和信号源之间接一变压器可使两者阻抗达到匹配,从而使负载获得最大功率。

【例4-3】　某晶体管收音机中,输出阻抗为 360 Ω。现有一阻抗为 8 Ω 的扬声器,若要使扬声器获得最大输出功率,问需要在扬声器和收音机的输出端之间接入电压比为多大的变压器。如果输出变压器的一次绕组匝数为 200 匝,求阻抗匹配时,变压器二次绕组的匝数?

解　因为 $|Z_1| = K^2 |Z_2|$,所以

$$K \sqrt{\frac{|Z_1|}{|Z_2|}} = \sqrt{\frac{360}{8}} \approx 6.7$$

$$N_2 = \frac{N_1}{K} = \frac{200}{6.7} = 30 \text{（匝）}$$

(二)常用变压器简介

1. 自耦变压器

(1)自耦变压器结构如图 4-21 所示。

自耦变压器的一、二次绕组共用一个线圈,它们之间不仅有磁耦合,而且还有电的联系。

(2)工作原理。如图 4-22 所示,设自耦变压器一次绕组的匝数为 N_1,输入电压为 U_1,输入电流为 I_1;二次绕组匝数为 N_2,输出电压为 U_2,输出电流为 I_2,则一、二绕组电压之比和电流之比的关系为

$$\frac{U_1}{U_2} = \frac{I_2}{I_1} \approx \frac{N_1}{N_2} = K$$

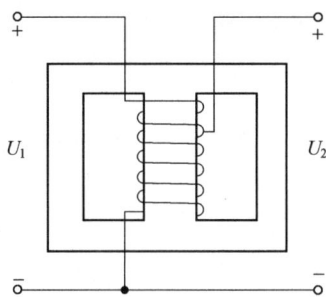

图 4-21 自耦变压器结构

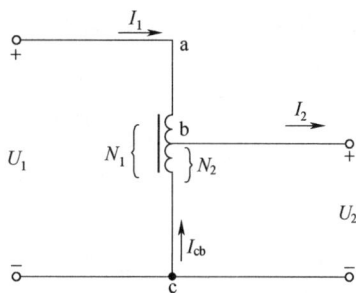

图 4-22 自耦变压器工作原理

U_1 和 N_1 一定,只要连续改变 N_2 就可以得到连续的 U_2。

自耦变压器具有结构简单、节省材料、体积小、成本低、电压调节方便的优点,但因一、二次绕组之间有电的联系,接线不正确时安全隐患大,不得作为隔离变压器、安全变压器使用。

自耦变压器广泛应用于工农业生产,特别广泛应用于实验室中。实验室中,连续改变电源电压的调压变压器,就是一种自耦变压器,如图 4-23 所示。

（a）外形

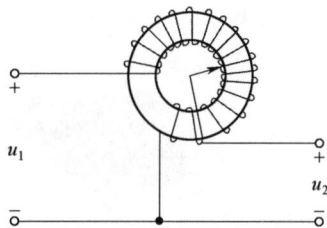

（b）电路原理图

图 4-23 调压变压器外形及电路原理图

2. 仪用互感器

能够将大的交流电流和高的交流电压变换成相应的小电流和低电压的测量用变压器,称为仪用互感器。按用途不同,仪用互感器分为电压互感器和电流互感器两种。

（1）电压互感器。电压互感器实际上是一种降压变压器,用于测量高压电压值。电压互感器电路图及外形图如图 4-24 所示。

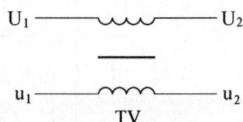

（a）电路图

（b）外形图

图 4-24 电压互感器电路图及外形图

在工程测量中,一般规定电压互感器的二次绕组的额定电压为 100 V,所以它的一次绕组匝数比二次绕组的匝数多得多。使用时,电压互感器的高压绕组跨接在需要测量的供电电路上,低压绕组则与电压表相连,如图 4-25 所示。

$$\frac{U_1}{U_2} = \frac{N_1}{N_2} = K, K \gg 1$$

可见,高压电路的电压 U_1 等于所测量电压 U_2 和电压比 K 的乘积,即 $U_1 = KU_2$。当电压表与同一台专用电压互感器配套使用时,由于 K 为定值,电压表的刻度就可以按照电压互感器测定的高压值标出,这样就可以在电压表上直接读出高压电路的电压值。

电压互感器在使用时应注意:二次绕组绝对不允许短路。因为当二次绕组短路时,会出现很大的电路电流,电压互感器有烧毁的危险,因此,运行中的电压互感器的一、二次绕组都要装熔断器,防止意外的短路事故;铁芯和二次绕组一端必须可靠接地,这样当绝缘损耗时,可以防止一次绕组的高压窜入二次绕组回路,以保证人身和设备的安全。

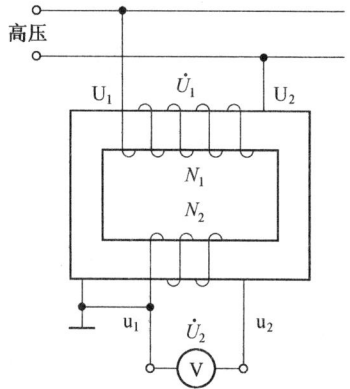

图 4-25　电压互感器测量大电压的连接

(2)电流互感器。电流互感器实际上是一种降流变压器,用于测量大电流值。电流互感器电路图及外形图如图 4-26 所示。

（a）电路图　　　　　（b）外形图

图 4-26　电流互感器电路图及外形图

电流互感器的一次绕组匝数较少,一般只有一匝或几匝,用粗导线绕制;二次绕组匝数较多,用细导线绕制。测量大电流,电流互感器的一次绕组串联在待测电路中,二次绕组接电流表,如图 4-27 所示。通常电流互感器二次绕组额定电流设计成标准值 5 A 或 1 A。电流互感器的工作原理和变压器的相同。

由于　　　$\frac{I_1}{I_2} = \frac{N_2}{N_1} = \frac{1}{K}, K \ll 1$

所以　　　$I_1 = \frac{1}{K} I_2$

在使用电流互感器时,二次绕组绝对不允许断路,因为当二次绕组断路时,铁芯过热会烧毁其上的线圈,同时还会在二次绕组上感应出很高的电压,可能损坏电

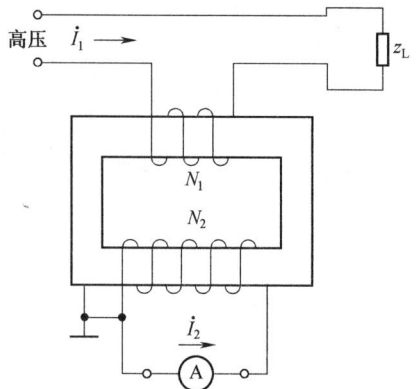

图 4-27　电流互感器测量大电流的连接

流互感器的绝缘而危及操作人员的人身安全,所以在电流互感器的二次绕组上不允许安装熔断器;电流互感器的铁芯及二次绕组一端必须可靠接地。

三、汽车点火线圈

汽车点火线圈的作用是将电源提供的 12 V 低压电转变成能击穿火花塞电极间隙的高压电。每台汽油发动机上都有点火线圈,其数量根据发动机的结构和点火控制方式而定。

随着汽车汽油发动机向高转速、高压缩比、大功率、低油耗和低排放的方向发展,传统的点火装置已经不适应使用要求。提高点火装置的核心部件——点火线圈的能量,已成为点火装置适应现代发动机运行的基本条件。

目前,随着点火系统的不断变革,在汽车点火线圈的结构和性能上提出了更高的要求,制造工艺上也有了新的突破,汽车点火线圈正向着小型化、轻量化、高能化的方向发展。汽车点火线圈的外形图如图 4-28 所示。

图 4-28 汽车点火线圈的外形图

(一)点火线圈的结构

点火线圈是利用电磁感应原理制成的。一般的点火线圈里面有两组线圈,一次绕组和二次绕组。一次绕组用较粗的漆包线,通常用 0.5~1 mm 的漆包线绕 200~500 匝;二次绕组用较细的漆包线,通常用0.1 mm 左右的漆包线绕 15 000~25 000 匝。

一次绕组一端与车上低压电源(+)连接,另一端与开关装置(断电器)连接。二次绕组一端与一次绕组连接,另一端与高压线输出端连接,图 4-29 所示为点火线圈的结构。

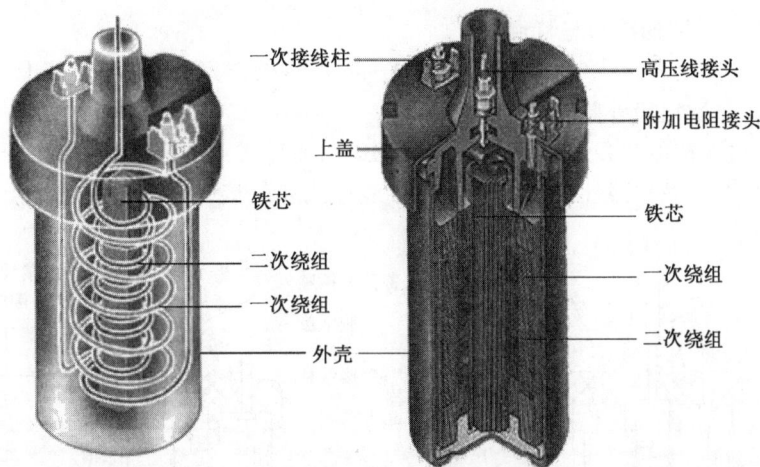

图 4-29 点火线圈的结构

点火线圈之所以能将车上的低压电转变成高电压,是由于有与普通变压器相同的形式,一次绕组与二次绕组的匝数比大。但点火线圈工作方式却与普通变压器不一样,普通变压器是连续工作的,而点火线圈则是断续工作的,它根据发动机不同的转速以不同的频率反复进行储能及放能。

(二)点火线圈的工作原理

点火线圈采用电磁感应的方式来提供所需的点火能量。当一次绕组接通电源时,随着电流的增加,一次绕组四周产生一个很强的磁场,铁芯储存了磁场能;当开关装置使一次绕组电路断开时,一次绕组的磁场迅速衰减,二次绕组就会感应出很高的电压。一次绕组的磁场消失速度越快,电流断开瞬间的电流越大,两个绕组的匝比越大,则二次绕组感应出来的电压越高。

一旦驱动电路闭合,电流就流过一次绕组的绕阻;当电流流经绕组时,所有的电流都用来在绕组周围建立一个磁场,这个磁场的建立称为电感,它的强度是和电感系数以及电流成正比的。换句话说,电流越大,磁感应强度就越强。

当磁场建立时,磁感线切割一次绕组和二次绕组,使两个绕组产生感应电压,然而这个电压对两个绕组的影响是不同的。随着磁场的建立,磁感线切割二次绕组,二次绕组中就会产生感应电动势,并释放电子。当驱动电路闭合时,可以从二次电压波形中看到这个感应电动势。电路闭合的初始,会产生电压振荡,这是由于磁感线切割二次绕组并在二次绕组不同的线圈中产生感应电压,如图4-30所示。

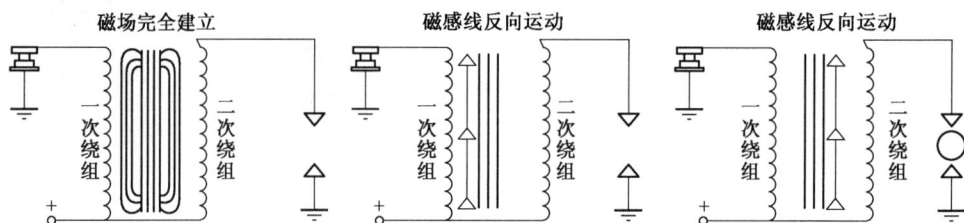

图4-30　点火线圈的工作原理

(三)开磁路点火线圈与闭磁路点火线圈

点火线圈依照磁路分为开磁式及闭磁式两种。

1. 开磁路点火线圈的结构与特点

传统的点火线圈是开磁式的,其铁芯用0.3 mm左右的硅钢片叠成,铁芯上绕有一、二次绕组,一次绕组放于二次绕组外侧。

开磁路点火线圈按冷却方式的不同分为沥青式和油浸式;按有无附加电阻分为带附加电阻式和不带附加电阻式;按接线柱的多少分为两接线柱式和三接线柱式。开磁路点火线圈结构示意图如图4-31所示。

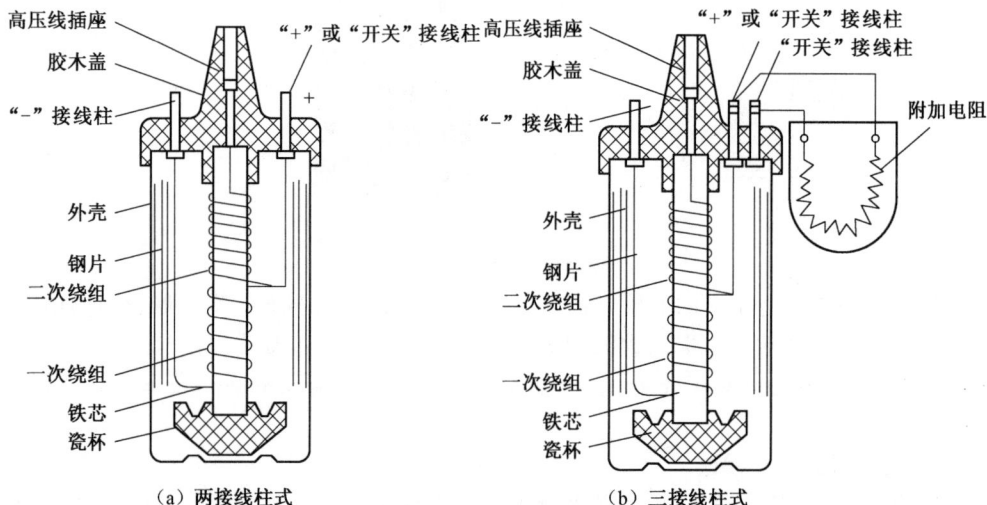

(a) 两接线柱式　　　　　　　　(b) 三接线柱式

图4-31　开磁路点火线圈结构示意图

该点火线圈主要由铁芯、一次绕组、二次绕组、胶木盖、瓷杯、接线柱和外壳等组成。

点火线圈的胶木盖上装有与点火开关、分电器连接的低压接线柱。两接线柱点火线圈的低压接线柱上分别标有"+""-"标记。三接线柱点火线圈的低压接线柱上分别标有"开关""+开关""-"标记,并在"开关"和"+开关"接线柱上接有附加电阻。胶木盖的中央是高压线插座,基周围较高,以防高压电在接线柱间放电。点火线圈的一次绕组两端分别接"+"(或开关)和"-"接线柱,二次绕组的一端接一次绕组,另一端接高压线插座。

开磁路点火线圈特点:产生的高压电稳定,但由于磁路的上下部分都是从空气中通过的,所以漏磁较多,能量损失较大,能量转换率只有60%,如图4-32所示。

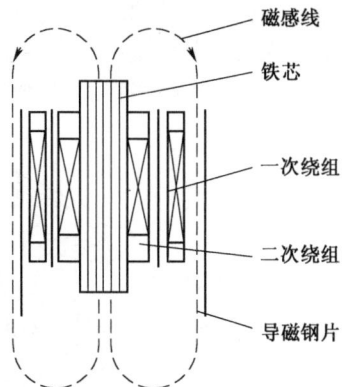

图4-32 开磁路点火线圈的磁路

2. 闭磁路点火线圈的结构与特点

随着现代科学技术的发展,闭磁路固体式点火线圈应运而生,其应用也越来越广泛,大有取代开磁路油浸式点火线圈的趋势。

闭磁路点火线圈又称干式点火线圈,与开磁路点火线圈相比,其铁芯不是条形的,而是"日"字形或"口"字形的。铁芯磁化后,其磁感线经铁芯构成闭合磁路,如图4-33所示。

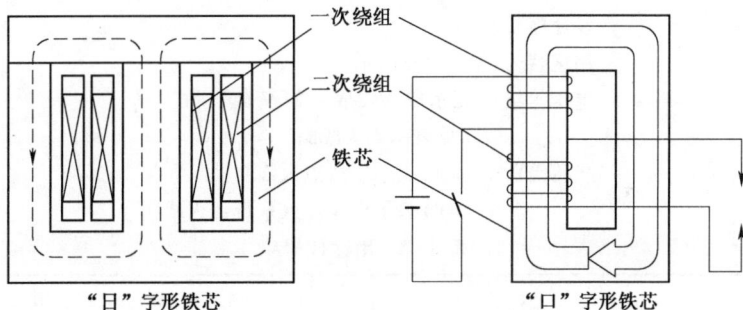

图4-33 闭磁路点火线圈的磁路

与开磁路点火线圈相比,闭磁路点火线圈的铁芯是由"日"字形的硅钢片叠成,绕组是绕在"日"字形硅钢片的中间"一"字上,一次绕组在里面,二次绕组在一次绕组的外面,外面用环氧树脂密封,取消了金属外壳,这样易于散热,如图4-34所示。

由于闭磁路点火线圈漏磁小,磁路的磁阻小,能量损失小,所以能量转换率高达75%,因此称为高能点火线圈。另外,由于闭磁路的铁芯导磁能力强,可在较小的磁动势下产生较强的磁场。因而能有效地减少线圈匝数,使点火线圈小型化。其体积小,可直接装在分电器上,不仅结构紧凑,并可有效地降低次级电容,故在电子点火系统中广泛使用。

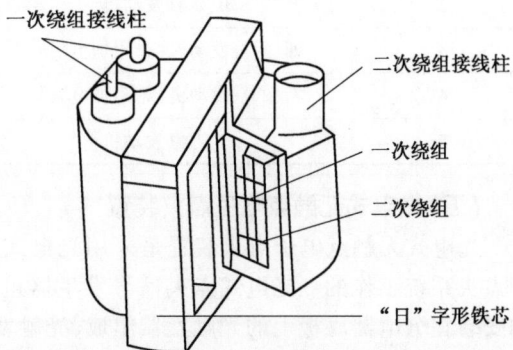

图4-34 闭磁路点火线圈的结构

传统的点火线圈二次绕组的一端接地,而在电子点火系统中,二次绕组的两端都不接地。取而代之的是线圈二次绕组的一端都接到火花塞上,如图4-35所示。每个气缸与相对的气缸组成一对。二次绕组的两端就接在配对气缸即同时处于上止点的两气缸的火花塞上,3个双火花塞插头的点火线圈分别接到点火控制模块上,每个线圈同时为2个点火的火花塞,且可单独维修。

闭磁路点火线圈特点:形成闭合的磁路,减少磁通损失,提高二次电压。

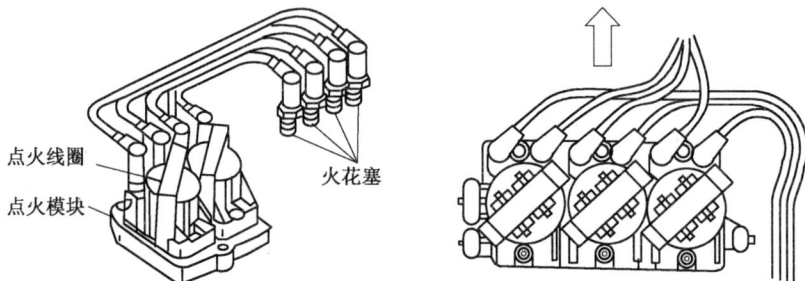

图4-35　电子点火系统用闭磁路点火线圈

(四)点火线圈的型号

根据QC/T 73—1993规定,点火线圈的型号为

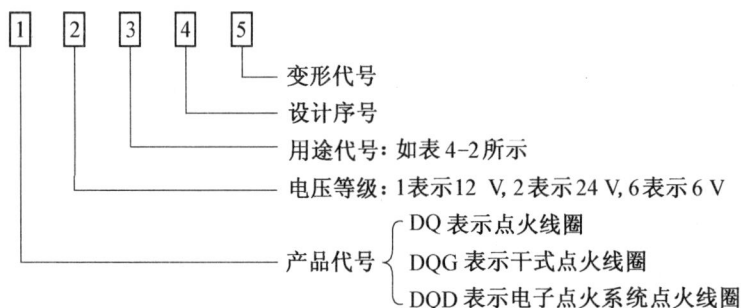

表4-2　用途代号

代　号	用　途	代　号	用　途
1	单、双缸发动机	6	八缸以上的发动机
2	四、六缸发动机	7	无触点分电器
3	四、六缸发动机(带附加电阻)	8	高能
4	六、八缸发动机(带附加电阻)	9	其他(包括三、五、七缸)
5	六、八缸发动机		

(五)光电式无触点电子点火装置

光电式无触点电子点火装置是采用光电式点火信号发生器产生点火信号,控制电子点火器和点火系统工作的。光电式点火信号发生器也安装在分电器内,它由安装在分电器轴上的转盘和安装在分电器底板上的光触发器组成,光触发器由发光二极管和光敏三极管组成,转盘的外缘开有与发电机气缸数相对应的缺口。信号转子由分电器轴驱动,其上的叶片(遮光片)数与发动机的气缸数相等。当信号转子随分电器轴旋转时,叶片和缺口不断地经过光源和光敏二极管之间,光敏二极管在光源照射下,输出低电平;在没有光源的情况下,输出高电平,故产生脉冲信号,经过电子控制器处理后,输出点火信号,如图4-36所示。

特点:输出电压的幅值不受发动机转速的影响,可靠性较高。

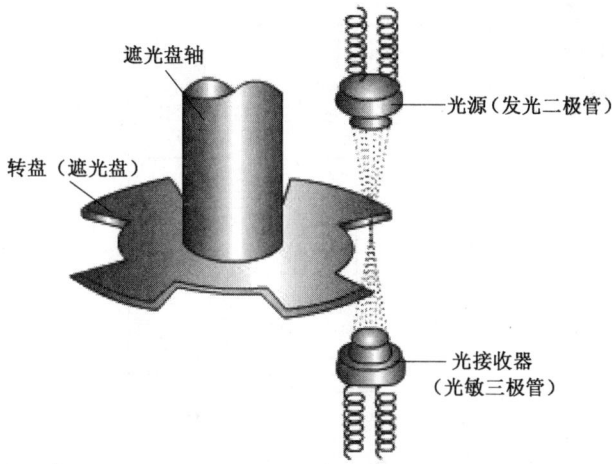

图4-36　光电式点火信号发生器示意图

(六)微机控制点火系统

采用微机控制点火系统,可使发动机实际点火提前角接近理想点火提前角。在各种运转条件下,点火提前角可获得复杂而精确的控制。在怠速时,最佳点火提前角的主要目标是运转平稳、排放污染最低、油耗最小;在部分负荷时,主要要求降低油耗和提高行驶特性;在大负荷时,重点是提高最大转矩和避免工作中产生爆燃。

微机控制点火系统主要由传感器、电子控制器、点火器、点火线圈等组成,如图4-37所示。

(1)传感器。传感器(包括各种开关)主要有曲轴位置传感器、空气流量计(或绝对压力传感器)、水温传感器、进气温度传感器、氧(O_2)传感器、节气门位置传感器、车速传感器、爆燃传感器、空调开关信号等。

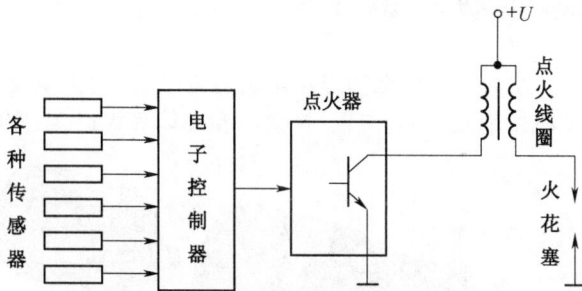

图4-37　微机控制点火系统的组成

(2)电子控制器。电子控制器的作用是根据发电机各传感器输入的信息及内存的数据,进行运算、处理、判断,然后输出指令(信号)控制有关执行器(如点火器)动作,达到快速、准确地控制发动机工作的目的。

电子控制器的基本组成如图4-38所示。包括输入回路、输出回路、A/D转换器、微型计算机(简称“微机”)等。

在微机的直读存储器ROM中,存放着各种程序和该车辆在各种工况下最优化的点火提前角等数据。发动机工作时,微机根据各传感器及开关信号输入的发动机信息,时刻检测曲轴位置及发动机负荷和转速。根据此时的发动机负荷和转速,查出此时此刻的基本点火提前角,并根据此

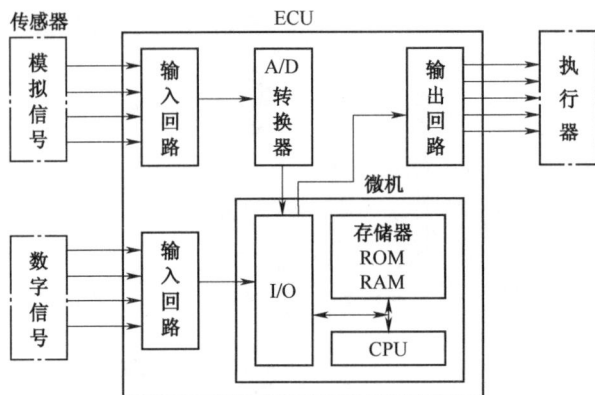

图 4-38　电子控制器的基本组成

时的工况进行修正,计算出最佳点火提前角。微机适时最佳点火提前角向输出回路发出指令,控制点火器切断点火线圈一次电流,产生高压电,并按发动机的点火顺序分配到各缸火花塞进行点火。

(3)点火器。点火器的作用是根据电子控制器输出的指令,通过内部大功率三极管的导通和截止,控制一次电流的通断,完成点火工作。

四、汽车用电动机

电动机是将电能转换为机械能的装置。直流电动机是实现将直流电能转换为机械能的一种旋转电动机。与交流电动机相比,直流电动机结构复杂、成本高,但具有良好的调速性能、较大的启动转矩和过载能力强等很多优点,在汽车上应用广泛。如启动系统中的串励直流电动机、汽车电动车窗使用的直流电动机等。

(一)汽车起动机用直流电动机的结构

1. 直流电动机的结构

直流电动机的作用是产生力矩。一般均采用串励直流电动机。"串励"是指电枢绕组与磁场绕组串联。串励直流电动机由励磁铁芯、电枢、换向器和壳体等组成,结构如图 4-39 所示。

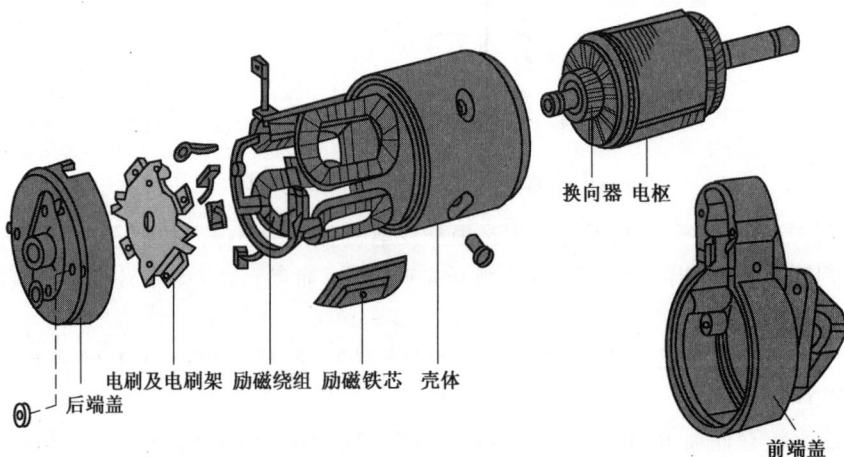

图 4-39　直流电动机的结构

（1）主磁极。磁极的作用是产生磁场。主磁极由磁极、电刷装置和机座等组成。

①磁极。如图4-40所示，励磁铁芯采用0.5～1.5 mm厚的低碳钢板冲片叠压而成。靠近气隙的较宽的部分称为极靴，它的作用是固定励磁绕组，而且使气隙分布均匀；嵌套励磁绕组的那部分铁芯称为极身。励磁绕组采用铜线绕制而成，与铁芯一起经绝缘处理，套装在励磁铁芯上，最后将整个主磁极用螺钉均匀地固定在机座的内圆上。励磁绕组通过电流时产生磁场，磁极N、S交替分布。

②电刷装置。电刷装置如图4-41所示。电刷和换向器配合使用，作用是给旋转的电枢绕组供电，将直流电流引入或引出。电刷装置与固定不动的外电路相连接，并使电枢轴上的电磁力矩保持固定方向。电刷装在端盖上的电刷架中，电刷弹簧使电刷与换向片之间具有适当的压力以保持配合。电刷装置由电刷、刷握、刷杆座组成。

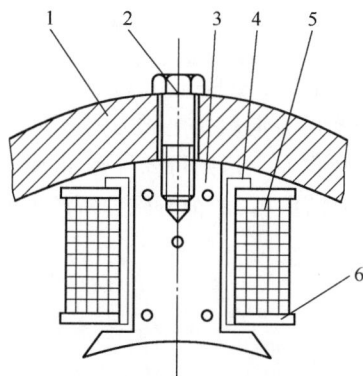

图4-40 直流电动机的磁极
1—机座；2—励磁螺钉；3—励磁铁芯；4—框架；
5—励磁绕组；6—绝缘衬垫

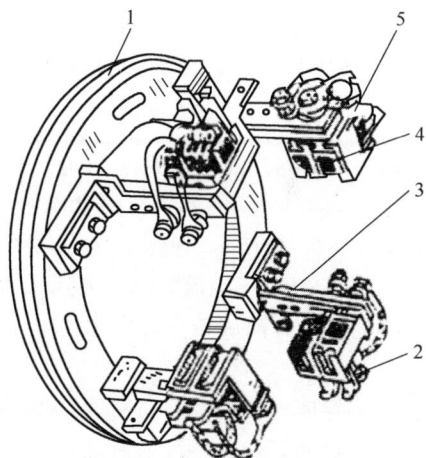

图4-41 电刷装置
1—刷杆座；2—弹簧；3—刷杆；
4—电刷；5—刷握

③机座。机座是电动机磁路的一部分，是用来固定磁极、端盖等零部件的，所以要求它有良好的导磁性能和机械强度，一般采用低碳钢浇注而成，或用钢板焊接而成。

（2）电枢。电枢是电动机的旋转部分。它由电枢铁芯、电枢绕组、换向器等组成。电枢总成如图4-42所示。

①电枢铁芯。电枢铁芯由硅钢片冲制叠压而成，在外圆上有分布均匀的槽用来嵌放绕组。电枢铁芯也作为电动机磁路的一部分。

②电枢绕组。电枢绕组是产生感应电动势或电磁转矩，实现能量转换的主要部件。它是由许多绕组元件构成的，按一定规则嵌放在铁芯槽内和换向片连接成整体。电枢绕组是电路部分，它的作用是产生感应电动势。

③换向器。换向器是直流电动机的关键部件。它由许多楔形换向铜片和间隙0.4～1.0 mm的云母片绝缘组装而成。每片换向片的一端有高出的部分，上面铣线槽供励磁绕组引出端焊接用。换向片下部做成燕尾形，然后用钢制的V形压圈和V形云母环固定，称为换向器，如图4-43所示。

2. 直流电动机的基本工作原理

直流电动机是利用通电导体在磁场中受力而运动的原理工作的。由电磁力可知，通电导体在磁场中要受到电磁力的作用。

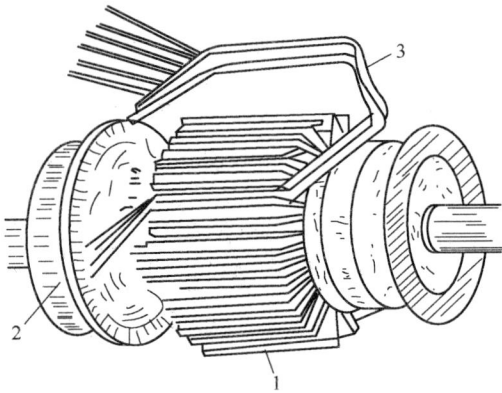

图 4-42　电枢总成

1—电枢铁芯；2—换向器；3—电枢绕组

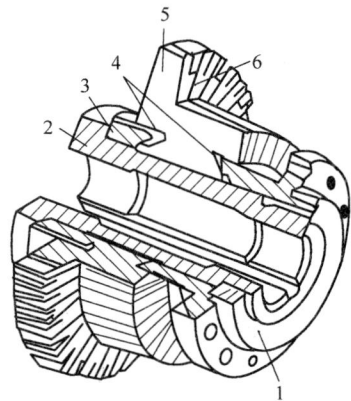

图 4-43　换向器

1—螺旋压圈；2—换向器；3—V 形压圈；
4—V 形云母片；5—换向铜片；6—云母片

电磁力的方向用左手定则来判定。左手定则：将左手伸平，使大拇指与其余四指垂直，并使磁感线的方向指向掌心，四指指向电流的方向，则大拇指所指的方向就是电磁力的方向。

如图 4-44（a）所示，导体 ab 在 N 极下，电流由 a 到 b，根据左手定则可知导体 ab 受力方向向左；导体 cd 在 S 极下，电流方向由 c 到 d，而导体 cd 的受力方向向右，两个电磁力所产生的电磁转矩使电枢逆时针方向旋转。其大小为

$$f = BLi$$

式中：B——导体所在处的磁通密度，Wb/m^2；

L——导体切割磁感线的有效长度，m；

i——导体中流过的电流大小，A。

当转子线圈旋转 180°，转到图 4-44（b）所示位置时，导体 ab 转到 S 极下，电流由 b 到 a，导体的受力方向向右；而导体 cd 在 N 极下，电流方向由 d 到 c，导体 cd 的受力方向向左，故电枢仍按逆时针方向旋转。

由此可知，通过换向器的作用，与电源负极相连的电刷 B 始终和 S 极下导体相连，故 S 极导体中电流方向恒为流出，而与电源正极相连的电刷 A 始终和 N 极下导体相连，故 N 极导体中电流

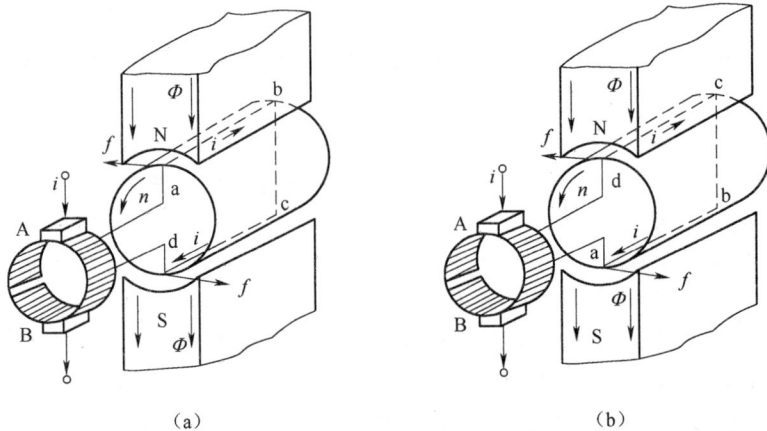

（a）　　　　　　　　　　　（b）

图 4-44　直流电动机的基本工作原理

方向恒为流入。这样当导体 ab 和 cd 不断交替出现在 N 极和 S 极下时,两导体所受电磁力矩始终为逆时针方向,因而使电枢按一定方向旋转。

3. 直流电动机的分类

直流电动机按励磁绕组与电枢绕组的连接方式不同,可分为以下 4 类。

(1)他励直流电动机。这种电动机的励磁绕组 N_f 与电枢绕组 N_a 分别由两个直流电源供电。励磁绕组又称他励绕组。变阻器用来调节励磁电流的大小,励磁电流 I_f 仅取决于他励电源的电动势和励磁电路的总电阻,而不受电枢端电压的影响,如图 4-45(a)所示。

(2)并励直流电动机。它的励磁绕组与电枢绕组并联,由同一直流电源供电。励磁绕组又称并励绕组。可见,励磁电流 I_f 不仅与励磁回路的电阻有关,而且还受电枢两端电压的影响,承受电枢两端的较高电压。为了减小励磁电流及损耗,接有变阻器调节 I_f。励磁绕组必须具有较大的电阻,因此,励磁绕组的匝数较多,且用较细的导线绕制。励磁电流虽小,但绕组匝数较多,仍能使磁极产生一定的磁通。并励直流电动机的电流有 $I = I_a + I_f$ 关系,如图 4-45(b)所示。

(3)串励直流电动机。串励直流电动机的励磁绕组 N_f 与电枢绕组 N_a 串联。励磁绕组又称串励绕组。由于串励绕组电流较大,因此要求串励绕组应具有较小的电阻。为此,所用导线要粗且匝数较少,但由于流过的电流较大,故磁极仍能产生一定的磁通,如图 4-45(c)所示。

(4)复励直流电动机。它的主磁极上有两个励磁绕组,一个同电枢绕组并联,另一个同电枢绕组串联,故称为复励直流电动机如图 4-45(d)所示。两部分励磁绕组产生磁通方向一致时称为积复励;磁通方向相反时称为差复励。工业企业中常用积复励直流电动机,差复励直流电动机只在探照灯、直流电焊机等特殊场合下使用。

励磁电流由电动机自身供给的直流电动机称为自励直流电动机。并励、串励和复励直流电动机都属于自励直流电动机。

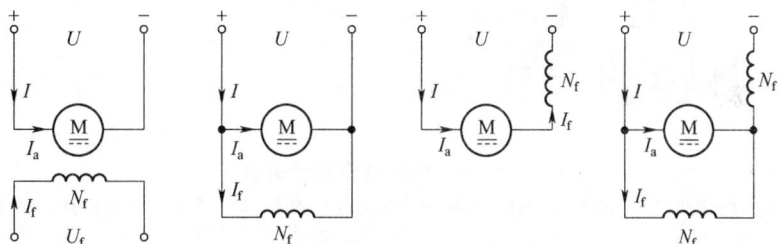

(a)他励直流电动机　(b)并励直流电动机　(c)串励直流电动机　(d)复励直流电动机

图 4-45　直流电动机的 4 种类型

4. 直流电动机的铭牌及额定值

(1)直流电动机的铭牌。每台电动机机座上都会有一块铭牌,上面标有型号和一些数据,是用户合理选择和正确使用电动机的依据,表 4-3 所示为一直流电动机铭牌。

表 4-3　直流电动机的铭牌

型号	Z2-72	励磁方式	并励
额定功率	22 kW	励磁电压	220 V
额定电压	220 V	励磁电流	2.06 A
额定电流	110 A	定额	连续
额定转速	1 500 r/min	温升	80 ℃
出厂编号	⊚⊚⊚	出厂日期	⊚⊚　年　月
⊚　电机厂			

（2）直流电动机的额定值：

①额定功率 P_N。它是指在额定运行状态下，电动机轴上输出的机械功率（$P_N = U_N I_N$）。单位为 W 或 kW。

②额定电压 U_N。它是指在额定运行状态下，加在电动机电枢两端的电源电压，单位为 V。

③额定电流 I_N。它是指电动机按规定的方式运行时，电枢绕组允许流过的最大安全电流，单位为 A。

④额定转速 n_N。它是指在额定运行状态下时电动机的转速，单位为 r/min。

⑤额定励磁电压 U_f。它是指在额定运行状态下，励磁绕组所加的电压，单位为 V。

⑥额定励磁电流 I_f。它是指在额定运行状态下，通过励磁绕组的电流，单位为 A。

额定运行状态是指电动机按照额定值运行。电动机在接近额定的状态下运行，才是最经济的。

（二）刮水器电动机

（1）风窗刮水器结构。风窗刮水器的组成如图 4-46 所示，主要由直流电动机、蜗轮轮箱、曲柄、连杆、摆杆、摆臂和刮水片等组成。一般电动机和蜗杆箱结合成一体组成刮水器电动机总成。曲柄、连杆和摆杆等杆件可以把蜗轮的旋转运动变为摆臂的往复摆动，使摆臂上的刮水片实现刮水动作。

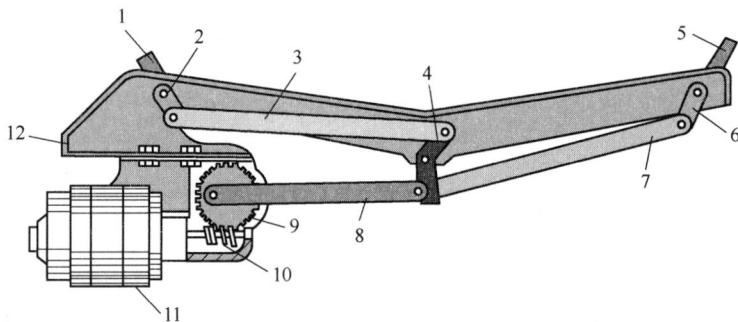

图 4-46　风窗刮水器的组成
1、5—刷架；2、4、6—摆杆；3、7、8—连杆；9—蜗轮；10—蜗杆；11—永磁式电动机；12—底板

一般刮水器电动机有绕线式和永磁式两种。绕线式刮水器电动机的磁极绕有励磁绕组，通电流时产生磁场；而永磁式刮水器电动机的磁极用永久磁铁制成。永磁式刮水器电动机体积小、质量小、结构简单，使用广泛。

（2）永磁式电动机的结构。永磁式电动机的结构如图 4-47 所示，主要由外壳及磁铁总成、电枢、电刷安装板及复位开关、输出齿轮及蜗轮、输出臂（刷架）等组成，通电时电枢转动，经蜗轮和输出齿轮及输出轴后，把动力传递给输出臂。

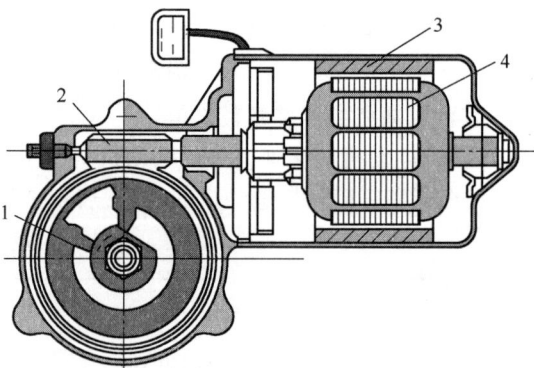

图 4-47　永磁式刮水器电动机的结构
1—蜗轮；2—蜗杆；3—磁极；4—电枢

（3）刮水器电动机变速原理。为了满足实际的使用需要，刮水器电动机有低速和高速刮水两个挡位。永磁式刮水器电动机的变速原理

是利用 3 个电刷来改变正、负电刷之间串联线圈的个数实现变速的,如图 4-48 所示。高速电刷比低速电刷偏移 60°。

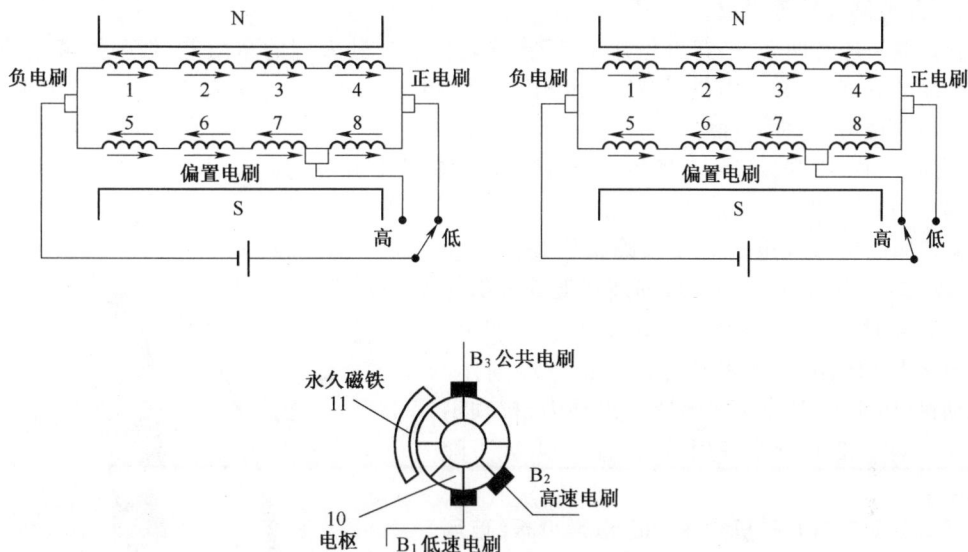

图 4-48 刮水器电动机的变速原理

刮水器电动机变速原理如下:刮水器电动机工作时,在电枢内同时产生反电动势,其方向与电枢电流的方向相反;如要使电枢旋转,外加电压必须克服反电动势的作用。当电动机转速升高时,反电动势增高,只有当外加电压等于反电动势时(忽略电枢压降),电枢的转速才能稳定。

①高速运转。将刮水器开关拉出到 H(高速)位时,电流从蓄电池正极→电源开关→熔断器→电刷 B_3→电枢绕组→电刷 B_2→接线柱Ⅳ→接触片→接线柱Ⅲ→搭铁→蓄电池负极构成回路,电动机以高速运转如图 4-49 所示。

B_1 —— 低速电刷
B_2 —— 高速电刷
B_3 —— 公共电刷

图 4-49 双速雨刮器工作原理

②低速运转。接通电源开关,将刮水器开关拉出到 L(低速)位时,电流从蓄电池正极→电源开关→熔断器→电刷 B_3→电枢绕组→电刷 B_1→接线柱Ⅱ→接触片→接线柱Ⅲ→搭铁→蓄电池负极构成回路,电动机以低速运转如图 4-49 所示。

(三)车窗电动机

(1)电动车窗的组成。电动车窗又称自动车窗,它方便驾驶人及乘客的操作,使驾驶人更加集中精力驾车,轿车普遍装载电动车窗装置。驾驶人操作时,可以使 4 个车窗中的任意一个升降,乘员只能使所在位置的车窗升降。电动车窗主要由车窗玻璃、车窗玻璃升降器、电动机、继电器、断路器和控制开关等组成。

控制开关一般有两套,一套为总开关,装在仪表板或驾驶人侧的车门上,驾驶人可以控制每个车窗玻璃的升降,总开关中包括车窗锁止开关;另一套为分开关,分别安装在每个车窗上,乘员可以控制相应位置车窗的升降。

常见的电动车窗升降机构有绳轮式、交臂式和软轴式等几种,其中绳轮式和交臂式电动车窗升降机构使用较为广泛。

普遍使用的绳轮式电动车窗升降机构是由电动机、减速器、钢丝绳、导向板和玻璃安装托架等零部件组成的。安装时,门窗玻璃固定在玻璃安装托架上,玻璃导向槽与钢丝绳导向板平行,如图 4-50 所示。开启电动机,由电动机带动减速器输出动力,拉动钢丝绳移动玻璃安装托架,迫使门窗玻璃做上升或下降的直线运动。

交臂式电动车窗升降机构主要由扇形齿板、玻璃导轨及调节器等组成。它的工作原理是:扇形齿板利用驱动电动机的棘轮进行转动,从而带动 X 臂运动,而使风窗玻璃做上下移动。

(2)电动车窗的控制电路。该控制电路可以实现手动控制和自动控制,如图 4-51 所示。所谓的手动控制是指按着相应的手动按钮,车窗可以上升或下降,若中途松开手动按钮,上升或下降的动作即停止;而自动控制是指按下自动按钮,松开后,车窗会一直

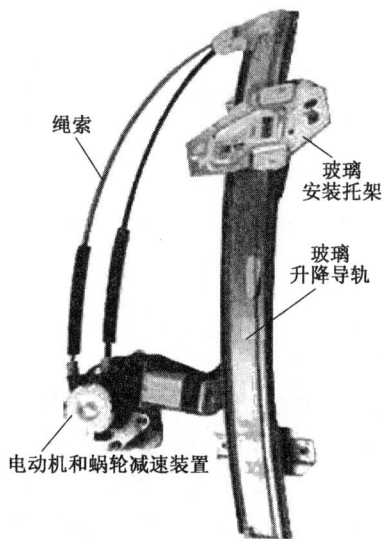

图 4-50　绳轮式电动车窗升降机构总成

上升至最高或下降至最低。下面分别分析手动控制和自动控制过程。

当把自动按钮向前方按下时,触点 A 与 UP 侧相连,电动机按 UP 箭头方向通过电流,车窗玻璃上升;与此同时,检测电阻 R 上的电压降低,此电压加于比较器 1 的一端,它与参考电压 Ref.1 进行比较。Ref.1 的电压值设定为相当于电动机锁止时的电压。所以,通常情况下,比较器 1 的输出为负电位。比较器 2 的基准电压 Ref.2 设定为小于比较器 1 的输出电位,所以比较器 2 的输出电压为正电压,三极管接通,电磁线圈通过较大的电流,其路径为:蓄电池"+"→ 点火开关 → UP→ 触点 A→ 二极管 VD_1→ 电磁线圈→ 三极管 →二极管 VD_4→触点 B→ 电阻 R→ 搭铁(蓄电池"-")。此电流产生较大的电磁吸力,吸引驱动器开关的柱塞,把止板向上顶压,越过止板凸缘的滑销于原来位置被锁定,这时即使把手移开自动按钮,开关仍会保持原来的状态。

当车窗玻璃上升至终点位置,在电动机上有锁止电流流过,检测电阻 R 上的电压降增大,当此电压超过参考电压 Ref.1 时,比较器 1 的输出低电位,此时,电容 C 开始充电,当 C 两端电压上升至超过比较器 2 的参考电压 Ref.2 时,比较器 2 则输出低电位,三极管立即截止,电磁线圈中的电流被切断,止板被弹簧通过滑销压下,自动按钮自动恢复到中立位置,触点 A 搭铁,电动机停转。

在自动上升过程中,若想中途停止,则向反方向扳手动按钮,然后立刻放松。这样触点 B 将短暂脱离搭铁,使电动机因回路被切断而自动停转。同时,通过电磁线圈的电流已被切断,止板

弹簧通过滑销压下,自动按钮自动恢复到中立位置,触点 A,B 均搭铁,电动机停转。

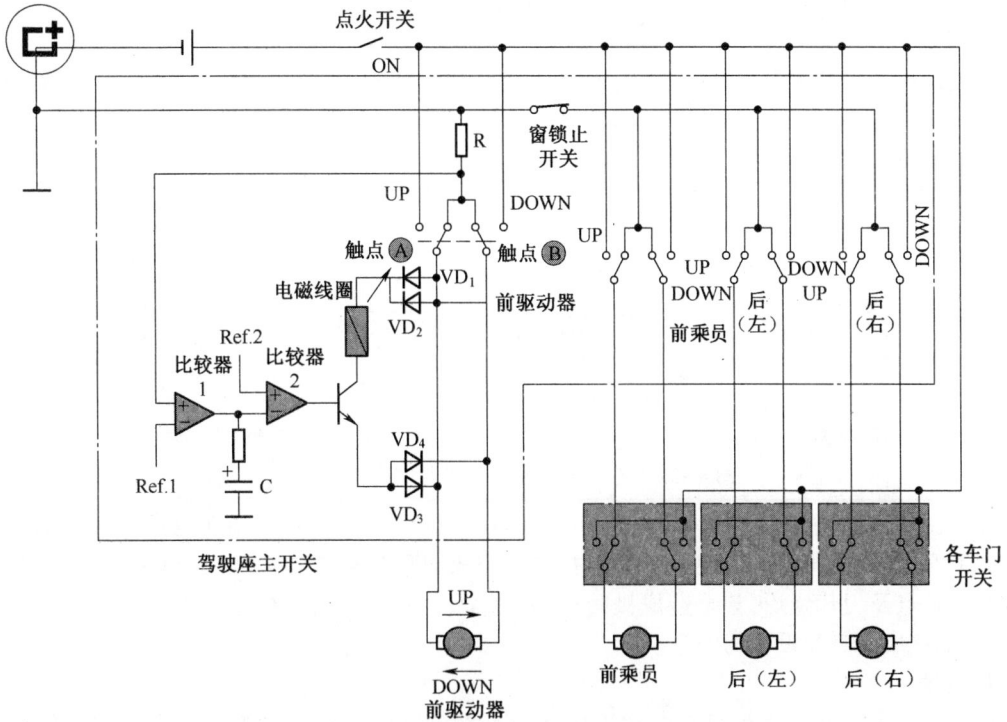

图 4-51 电动车窗的控制电路

五、电气控制

电能是国民经济中应用最广泛的能源,在电力、机械制造、交通运输、农业及医疗等领域,电动机都是不可缺少的动力机械。随着科技的高速发展,自动化程度的提高,各种控制电动机的动作已作为执行、检测、放大和运算元件应用于指定的控制系统中。因此,学习电气控制是非常必要的。

(一)低压电器

低压电器是一种能控制电的工具,能够根据外界信号的要求,手动或自动地接通或断开电路,实现电路或非电对象的切换、控制、保护、检测、变换和调节作用的电气设备。

1. 低压电器的定义及分类

凡是对电能的生产、输送、分配和使用起控制、调节、检测、转换及保护作用的电工器械称为电器。用于交流 50 Hz 或 60 Hz 额定电压 1 200 V 以下,直流额定电压 1 500 V 以下的电路内起接通、断开、保护、控制或调节作用的电器称为低压电器。常用的低压电器有刀开关、转换开关、自动开关、熔断器、接触器、继电器和主令电器等。

低压电器的种类较多,分类方法有多种,就其在电气电路中所处的地位、作用以及所控制的对象可分为低压配电电器、低压控制电器两大类。

(1)低压配电电器:主要用于低压配电系统中。对这类电器的要求是系统发生故障时,动作准确、工作可靠,在规定的时间,通过允许的短路电流时,其电动力和热效应不会损坏电器。如刀开关、断路器和熔断器等。

（2）低压控制电器：主要用于电气传动系统中。对这类电器的要求是有相应的转换能力，操作频率高，电寿命和机械寿命长，工作可靠。如接触器、继电器、主令电器等。

2. 刀开关

刀开关是一种手动配电电器，主要用于手动接通与断开交、直流电路，通常只作电源隔离开关使用，也可用于不频繁地接通与分断额定电流以下的负载，如小型电动机、电阻炉等。

刀开关按极数划分有单极、双极与三极几种。其结构由操作手柄、刀片（动触点）、触点座（静触点）和底板等组成。刀开关的图形符号与文字符号如图4-52所示。

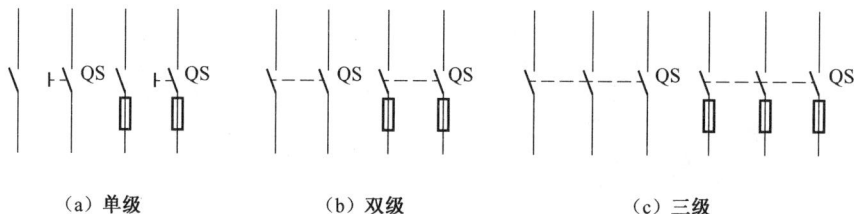

（a）单级　　　　（b）双级　　　　（c）三级

图4-52　刀开关的图形符号与文字符号

刀开关在安装时，手柄要向上，不得倒装或平装。只有安装正确，作用在电弧上的电动力和热空气的上升方向一致，才能促使电弧迅速拉长而熄灭；反之，两者方向相反，电弧就不易熄灭，严重时会使触点及刀片烧灼，甚至造成极间短路。此外，如果倒装，手柄可能因自动下落而误动作合闸，可能造成人身和设备的安全事故。

3. 接触器

接触器是用来频繁接通和切断电动机或其他负载电路的一种自动切换电器。它由触点系统、电磁机构、弹簧、灭弧装置和支架底座等组成。通常分为交流接触器和直流接触器两类。

（1）交流接触器。交流接触器是用于远距离控制电压至380 V、电流至600 A的交流电路，以及频繁起动和控制交流电动机的控制电器。它主要由电磁机构、触点系统、灭弧装置等部分组成。交流接触器的结构及图形与文字符号如图4-53所示。

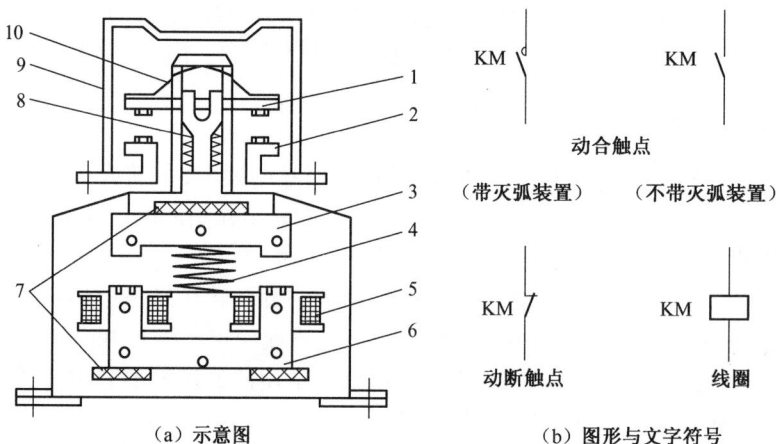

（a）示意图　　　　　　　（b）图形与文字符号

图4-53　交流接触器的结构及图形与文字符号

1—动触桥；2—静触点；3—衔铁；4—缓冲弹簧；5—电磁线圈；6—铁芯；
7—垫毡；8—触点弹簧；9—灭弧罩；10—触点压力弹簧

①电磁机构。电磁机构由铁芯、线圈、衔铁等组成，其作用是产生电磁力，通过传动机构来通

断主、辅触点。当操作线圈断电或电压显著下降时,衔铁在重力和弹簧力的作用下跳闸,主触点切断主电路;当其线圈通电时动作,衔铁吸合,主触点及常开辅助触点闭合。交流接触器的电磁铁常采用单 U 形转动式、双 E 形直动式和双 U 形直动式等。

②触点系统。触点系统是接触器的执行元件,起分断和闭合电路的作用,有双断点桥式触点和单断点指形触点两类。从提高接触器的机械寿命和电寿命出发,采用双断点桥式触点比单断点指形触点有利,对交流接触器更是如此。目前交流接触器的触点形式趋向于双断点桥式触点,但在额定电流大的接触器中,常采用单断点指形触点。

③灭弧装置。触点在分断电流的瞬间,在触点间的气隙中就会产生电弧,电弧的温度很高,能将触点烧损,并可能造成其他事故,因此,应采用适当措施迅速熄灭电弧。

(2)直流接触器。直流接触器用于控制直流供电负载和各种直流电动机,额定电压直流 400 V 及以下,额定电流为 40～600 A,分为 6 个电流等级。直流接触器主要由电磁机构、触点与灭弧系统组成。电磁系统的电磁铁采用拍合式电磁铁,电磁线圈为电压线圈,用细漆包线绕制成长而薄的圆筒状。直流接触器的主触点一般为单极或双极,有动合触点也有动断触点,其触点下方均装有串联的磁吹灭弧线圈。在使用时要注意,磁吹灭弧线圈在轻载时不能保证可靠地灭弧,只有在电流大于额定电流的 20% 时磁吹灭弧线圈才起作用。

4. 熔断器

(1)易熔线。易熔线是一种保护电源电路和大电流电路的器件。易熔线的安装位置接近电源,易熔线通常用在不采用保险或电路断路器的情况下保护较大范围的车辆电路。若发生过载,易熔线较细的导线将熔断,以在发生损坏前断开电路。

(2)熔断器。熔断器广泛用于低压配电电路和电气设备中,主要起短路保护和严重过载保护的作用。它具有结构简单、使用维护方便、价格低廉、可靠性高等特点,是低压配电电路中的重要保护元件之一。熔断器的种类较多,常用的熔断器有瓷插式、螺旋式。其结构及图形与文字符号如图 4-54 所示。

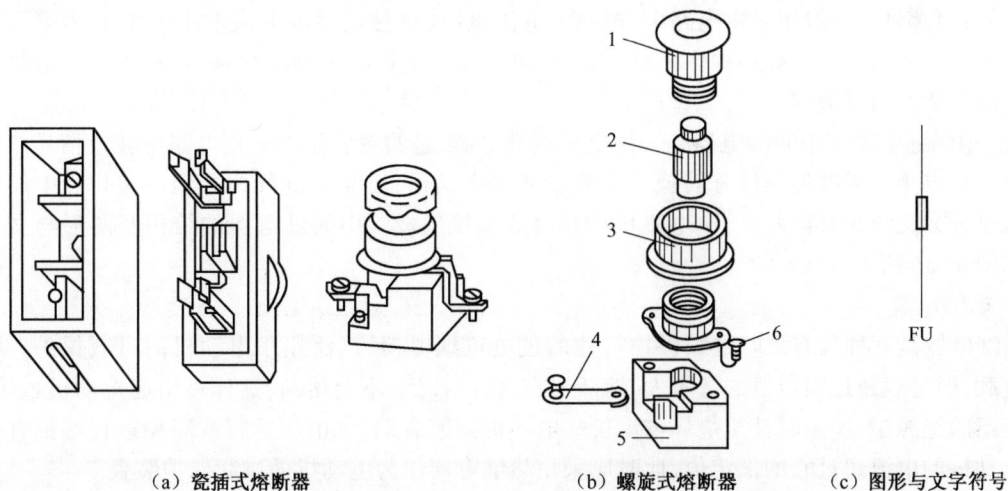

(a)瓷插式熔断器　　　　　(b)螺旋式熔断器　　　(c)图形与文字符号

图 4-54　熔断器结构及图形与文字符号
1—瓷帽;2—熔断管;3—瓷套;4—上接线端子;5—底座;6—下接线端子

熔断器是用低熔点金属丝或金属薄片制成的熔体,串联在被保护的电路中。在正常情况下,熔体相当于一根导线,当发生短路或过载时,电流很大,熔体因过热熔化而切断电路。熔断器作为保护电器,具有结构简单、质量小、体积小、价格低廉、使用和维护方便、可靠性高等优点。

熔断器的选择与维护。熔断器的类型应根据电路的要求、使用场合及安装条件进行选择;熔断器的额定电压必须小于熔断器工作点的电压;熔断器的额定电流根据被保护的电路及设备的额定负载电流选择。熔断器的额定电流必须不小于所装熔体的额定电流。

熔断器在使用维护方面的注意事项。安装前切断电源,检查熔断器的型号、额定电流、额定电压、额定分断能力参数是否符合规定要求;安装时,应该注意熔断器与底座触刀接触良好,避免因接触不良造成温升过高,引起熔断器误动作和周围电气元件损坏;使用时,应经常清除熔断器表面的尘埃,在定期检修设备时,如发现熔断器有损坏,应及时更换。

汽车用的片式熔断器颜色的国际标准,如图 4-55 所示,即 2A 灰色、3A 紫色、4A 粉色、5A 橘黄色、7.5A 咖啡色、10A 红色、15A 蓝色、20A 黄色、25A 透明无色、30A 绿色和40A 深橘

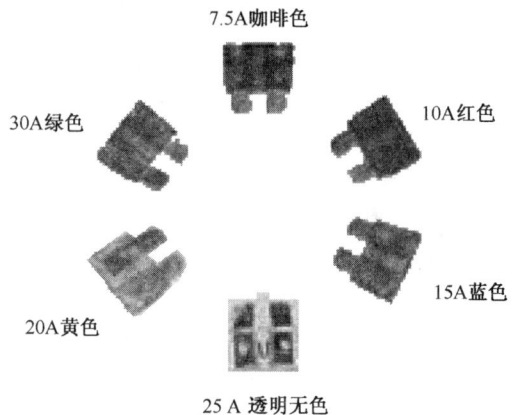

图 4-55　汽车用的片式熔断器颜色的国际标准

色。根据颜色不同,可以很清楚地区分不同熔断器的熔断电流。

5. 继电器

继电器是一种根据电量(电压、电流等)或非电量(热能、时间、转速、压力等)的变化,从而使触点动作,以实现自动控制和保护电力拖动装置的电器。

(1)继电器与接触器的区别。继电器与接触器都是用来自动接通和断开电路的,二者的区别在于:继电器一般用于控制电路中,控制小电流电路,一般触点额定电流不大于 2 A,所以不需要灭弧装置;而接触器一般用于主电路中,控制大电流电路,主触点额定电流不小于 5 A,需要灭弧装置。电磁式继电器的形式多种多样,可以检测电量或非电量等多种变化量,而接触器一般只能对电压的变化做出反应。

(2)中间继电器。中间继电器是一种电压式继电器,它的主要作用是在电路中转换信号。中间继电器可将小功率的控制信号转换为大容量的触点动作,以驱动电气执行元件工作。中间继电器也可分为交流和直流两种,由电磁机构和触点系统组成。中间继电器的结构及图形与文字符号如图 4-56 所示。

6. 热继电器

热继电器是一种具有延时过载保护特性的过电流继电器,广泛用于电动机的过载保护。电动机过载,但过载超过额定值的量不大,熔断器在这种情况下不会熔断,这样将引起电动机过热,损坏绕组的绝缘层,严重时甚至烧坏电动机。电动机频繁启动、欠电压运行或断相运行等都有可能使电动机的电流超过它的额定值,此时应采用热继电器作为电动机的过载保护装置。

双金属片式热继电器的结构如图 4-57 所示。双金属片 2 是使用两种不同膨胀系数的金属片碾压在一起制成的,当双金属片的温度升高时,由于两种金属的膨胀系数不同,双金属片会弯曲,热元件 3 串联在电动机定子绕组中,电动机定子绕组的电流即为流过热元件的电流。

当电动机正常运行时,热元件产生的热不能使双金属片弯曲,也不能使继电器动作;当电动机过载时,热元件产生的热量会增大,使双金属片弯曲量增大,双金属片弯曲推动导板 4,并通过

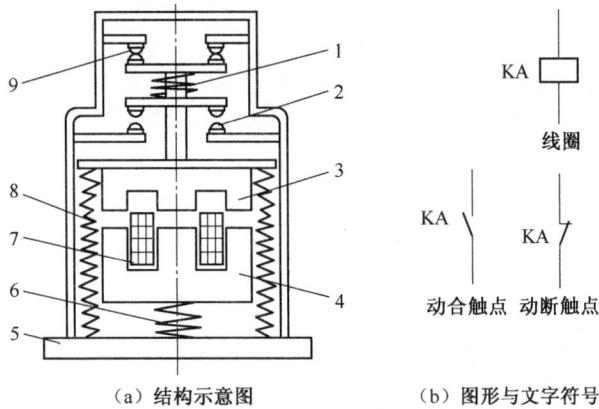

（a）结构示意图　　　　（b）图形与文字符号

图 4-56　中间继电器的结构及图形与文字符号

1—触点弹簧;2—常开触点;3—衔铁;4—铁芯;5—底座;6—缓冲弹簧;

7—线圈;8—释放弹簧;9—常闭触点

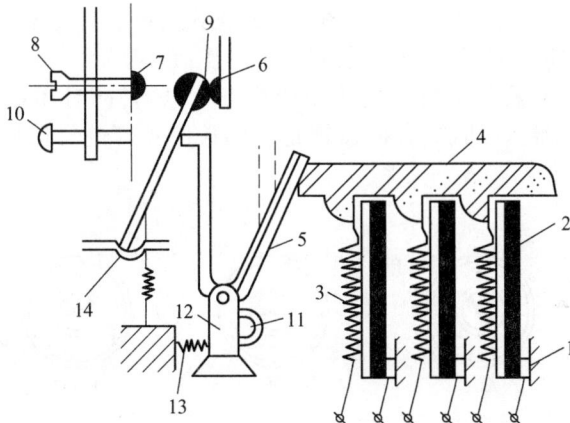

图 4-57　双金属片式热继电器的结构

1—双金属片固定支点;2—双金属片;3—热元件;4—导板;5—补偿双金属片;6—动断触点;

7—动合触点;8—复位螺钉;9—动触点;10—复位按钮;11—调节旋钮;12—支撑架;13—压簧;14—推杆

补偿双金属片 5 与推杆 14 将动触点 9 和动断触点 6 分开,动断触点断开,断开后使接触器断电,接触器的动合触点断开电动机负载回路,保护了电动机。

补偿双金属片 5 作用在规定的范围内,补偿环境温度对热继电器的影响。如周围温度升高,双金属片向左弯曲程度加大,然而补偿双金属片也向左弯曲,使导板与补偿双金属片之间的距离保持不变,故继电器特性不受环境温度变化的影响,反之亦然。热继电器的图形与文字符号如图 4-58 所示。

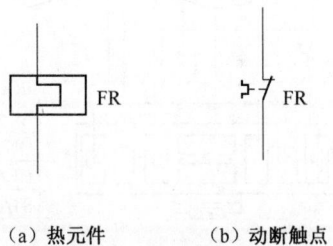

（a）热元件　　　（b）动断触点

图 4-58　热继电器的图形与文字符号

7. 主令电器

主令电器是用于发送控制指令的控制电器,对各种电气系统发出控制指令,使继电器和接触器动作,从而改变拖动装置的工作状态,以获得远距离控制。主令电器应用广泛,种类繁多,有控制按钮、点火开关、行程开关等。

（1）控制按钮。控制按钮是一种手动的开关，能发出控制指令和信号，用于对电磁启动器、接触器、继电器及其他电气电路发出控制指令信号。

控制按钮结构及图形与文字符号如图4-59所示，由按钮帽、复位弹簧、动触点、动断静触点、动合静触点和外壳等组成，通常制成具有动合触点和动断触点的复式结构。

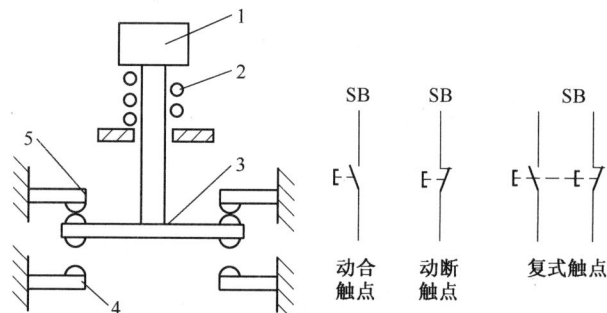

图4-59 控制按钮结构及图形与文字符号
1—按钮帽；2—复位弹簧；3—动触点；4—动断静触点；5—动合静触点

按钮的结构形式有多种，适用于不同的场合。紧急式按钮装有突出的蘑菇形按钮帽，以便紧急操作；指示灯式按钮在透明的按钮内装入信号灯，用作信号显示。

（2）点火开关。点火开关主要用来接通和切断点火电路，同时还用以控制发动机、发动机励磁、收音机、空调、刮水器、点烟器、方向盘锁止、仪表、信号灯进气预热和其他电器设备电路。图4-60为点火开关的挡位与接线柱关系。

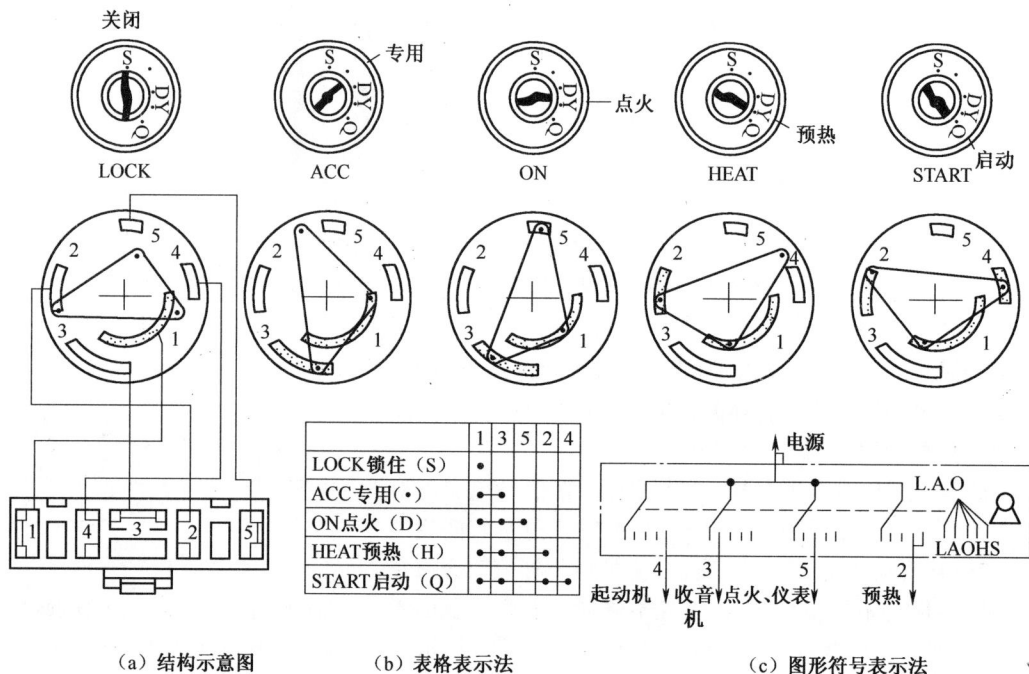

	1	3	5	2	4
LOCK锁住（S）	•				
ACC专用（·）	•	•			
ON点火（D）	•	•	•		
HEAT预热（H）	•	•	•		•
START启动（Q）	•		•	•	

（a）结构示意图　　（b）表格表示法　　（c）图形符号表示法

图4-60 点火开关的挡位与接线柱关系

（3）行程开关。行程开关是按照生产机械的行程发出命令以控制其运行方向的主令电器，如将行程开关安装于生产机械的行程终点处，以限制其行程，则称为限位开关。

行程开关触点结构及运动示意图如图4-61所示。当工作机械碰撞传动头时,经传动机构使推杆向下移动,到达一定行程时,改变了弹簧力的方向,其垂直方向力由向下变为向上,则动触点向上跳动,使动断触点分断,动合触点闭合;当外力去掉后,在弹簧的作用下顶杆上升,动触点又向下跳动,恢复初始状态。

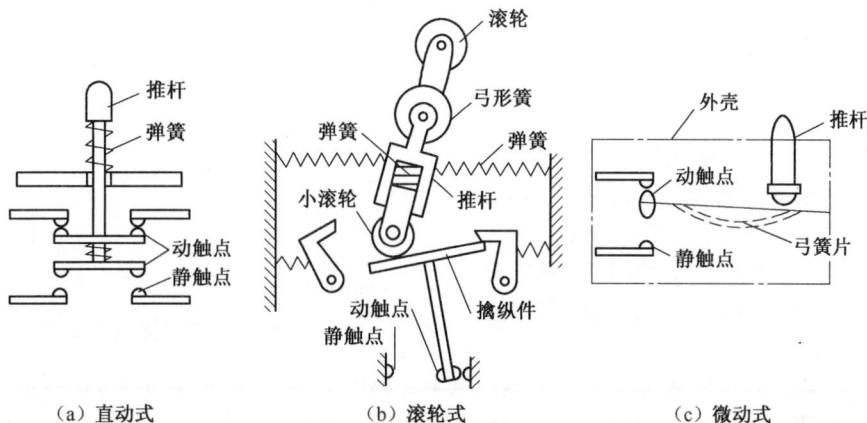

（a）直动式　　　　　（b）滚轮式　　　　　（c）微动式

图4-61　行程开关触点结构及运动示意图

行程开关的种类很多,按运动形式分为直动式、微动式和转动滚轮式(单滚轮和双滚轮);按触点性质分为有触点式和无触点式。目前生产的产品有LX19系列、LX22系列、LX32系列及LX33系列,还有JLXK1系列。

（二）三相异步电动机的结构和工作原理

1. 三相异步电动机的结构

三相异步电动机又称三相感应电动机,它具有结构简单、坚固耐用、造价低廉、便于维护的优点,被广泛采用。

三相异步电动机种类繁多,按转子结构可分为笼形和绕线型异步电动机两大类;按机壳的防护形式可分为防护式、封闭式、开启式。三相异步电动机的分类方法虽然不同,但各类三相异步电动机的基本结构却是相同的。三相笼形异步电动机的结构如图4-62所示。

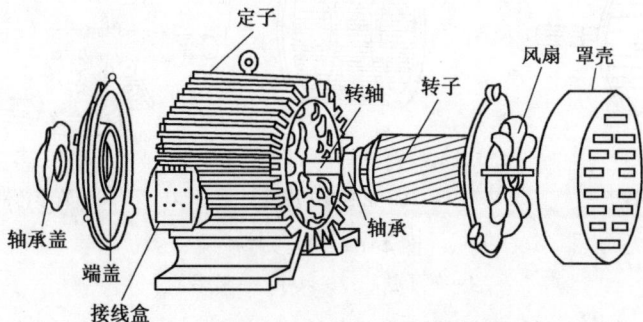

图4-62　三相笼形异步电动机的结构

（1）定子。定子是三相异步电动机静止不动的部分,主要由定子铁芯、定子绕组和机座组成。

①定子铁芯。定子铁芯是三相异步电动机主磁路的一部分,常采用两面涂有绝缘漆的硅钢片叠压而成。定子铁芯内圆上有均匀分布的槽,用来嵌放三相定子绕组。槽的形状有开口槽、半开口槽和半闭口槽等。

②定子绕组。定子绕组是三相异步电动机的电路部分,一般用高强度漆包铜线按一定规律绕制成线圈,嵌入定子槽内,用以建立旋转磁场,是能量转换的核心部分。三相绕组 6 个出线端引到机座上的接线盒内与 6 个接线柱相连。可接成星形或三角形,如图 4-63 所示。

③机座。机座主要用于固定和支撑定子铁芯和端盖,常用铸钢或铸铁制成,大型电动机常用钢板焊接而成;小型封闭式异步电动机表面有散热筋片,以增加散热面积。

(2) 转子。转子是三相异步电动机的旋转部分,主要有转子铁芯、转子绕组和转轴等组成。

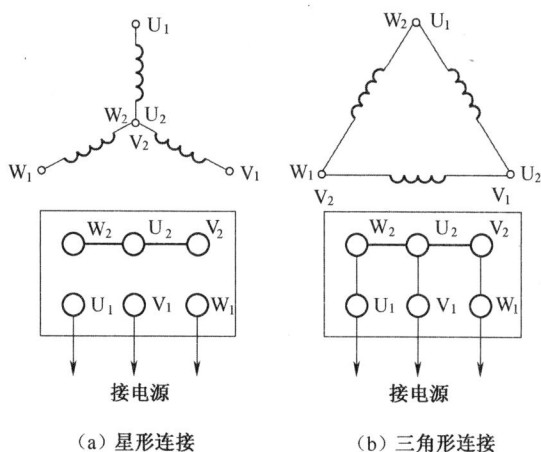

(a) 星形连接　　　　(b) 三角形连接

图 4-63　定子绕组的连接

①转子铁芯。转子铁芯是三相异步电动机主磁路的另一部分,采用 0.5 mm 厚硅钢片冲片叠压而成。转子铁芯外圆上均匀分布的槽,用以嵌放转子绕组。一般小型异步电动机转子铁芯直接压装在转轴上。笼形转子槽是沿轴向扭斜了一个角度,以改善启动性能和降低电磁噪声。

②转子绕组。转子绕组是三相异步电动机电路的另一部分,用来产生转子电磁转矩和电动势。转子绕组有笼形和绕线型两种。笼形转子绕组是在转子铁芯每个槽内插入等长的裸铜导条,两端用铜端环焊接而成,形成闭合回路;若去掉转子铁芯,很像一个松鼠的笼子,故称为笼形转子,如图 4-64(a) 所示。一般中小型异步电动机笼形转子槽内常采用铸铝,将导条、端环同时一次浇注成形,如图 4-64(c) 所示。绕线型转子绕组与定子绕组类似,采用绝缘导体绕制成三相绕组嵌入转子铁芯槽内,一般将它接成星形,三相绕组始端分别固定在转轴上的 3 个相互绝缘的滑环上,再经压在滑环上的 3 组电刷与外电路的电阻相连,3 个绕组的另一端也接成星形,如图 4-65 所示。

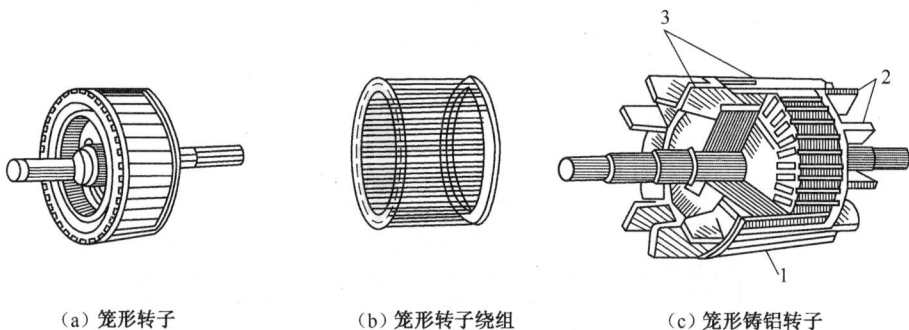

(a) 笼形转子　　　　(b) 笼形转子绕组　　　　(c) 笼形铸铝转子

图 4-64　笼形转子

1—转子铁芯;2—风叶;3—铸铝条

③气隙。异步电动机定、转子之间留有一定的均匀气隙,气隙的大小对异步电动机性能的影响很大。因为气隙越大,磁阻越大,产生同样大的磁通,所需的励磁电流越大,电动机的功率因此就会越低。但如果气隙过小,将给装配造成困难,运行时定、转子发生摩擦,使电动机运行不可靠。中小型异步电动机的气隙一般为 0.2~1.5 mm。

2. 三相异步电动机的工作原理

三相异步电动机与直流电动机一样,也是根据电磁感应原理制成的。图 4-66 为一台两极三相笼形异步电动机的剖面图,其基本工作原理如下:三相对称绕组中通入三相对称电流,产生圆形旋转磁场,而转子导体切割圆形旋转磁场而感应出电动势和电流,转子载流导体在磁场中受到电磁力的作用,从而形成电磁转矩,驱使三相异步电动机转动。

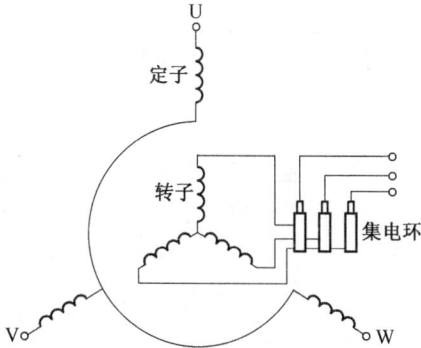

图 4-65　绕线型转子

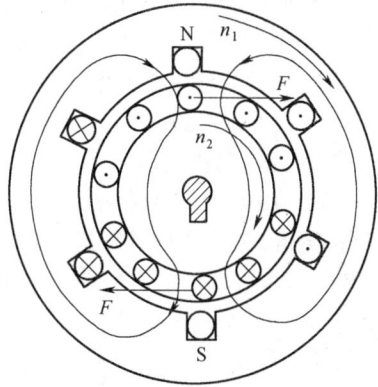

图 4-66　两极三相笼形异步电动机的剖面图

由图 4-66 可知,转子的转向与旋转磁场的转向相同。若要使三相异步电动机反转改变旋转磁场转向,只需要对调电动机任意两根电源线。在没有其他外力作用下,转子的转速 n_2 略小于同步转速 n_1。异步电动机转子转速与同步转速总是存在差异,异步电动机因此而得名。

3. 转差率 s

异步电动机工作的必要条件是转子的转速 n 小于同步转速 n_1,即 $n<n_1$,二者之差称为转差,即 $n_2 = n_1-n$。将异步电动机的转差 n_2 与同步转速 n_1 的比值称为转差率 s,即

$$s = (n_1 - n)/n_1$$

s 是异步电动机的重要物理量,根据 s 的大小可判断异步电动机工作于不同状态:$0<s<1$ 为电动状态,$s>0$ 为发电状态,$s>1$ 为制动状态。异步电动机处于电动状态时,s 的微小变化也会引起转速较大的变化,即 $n = (1 - s)n_1$。

(1)异步电动机定子刚接上电源的瞬间,转子未动,$n=0$,则转差率 $s=1$。

(2)异步电动机转速 $n=n_1$,则转差率 $s=0$。

(3)异步电动机转速 $0<n<n_1$,则转差率 s 在 0~1 之间变化。

(4)空载时,n 接近 n_1,则 $s_N \approx 0.000\,5 \sim 0.005$。

(5)异步电动机额定运行时,$n=n_N$,则 $s_N \approx 0.02 \sim 0.06$。

(三)伺服电动机

控制电动机是特殊功能的小功率电动机,不在以传递能量为主要目的,而是在自动控制系统中作为执行、放大、检测及运算等控制元件。伺服电动机又称执行电动机,是控制电动机的一种,是把输入的电信号转变为电动机轴上的角速度或角位移等机械信号输出。伺服电动机分为直流伺服电动机和交流伺服电动机。伺服电动机的特点是有电信号就动作,没有电信号就停止,启动、制动和调速非常频繁,并且经常工作在转速为零或低速等过渡状态。

1. 直流伺服电动机

(1)直流伺服电动机的结构和工作原理。直流伺服电动机的结构与他励直流电动机的结构完全相同,由定子和转子两大部分组成。其工作原理与他励直流电动机相同,如图 4-67(a)所示。当励磁绕组中有励磁电流流过产生磁通,电枢绕组有电流流过时,电枢电流在磁通作用下产生电磁转矩,使电动机转动。

（2）直流伺服电动机的控制方式。直流伺服电动机有电枢控制和磁场控制两种控制方式。

①电枢控制。励磁绕组中的励磁电流保持恒定，从而磁场恒定，通过改变电枢绕组上的电压来改变伺服电动机的转速和转向。也就是说，电枢的控制电压升高（下降）则转速升高（下降）；改变电枢控制电压的电压方向则电动机反转。这种控制方式的优点是没有控制信号时，电枢电流为零，电枢中无损耗，只有很小的励磁损耗。

②磁场控制。电枢的控制电压保持恒定，通过改变励磁电压的大小和极性来改变电动机的转速和转向。这种控制方式的优点是控制功率小。

2. 交流伺服电动机

（1）交流伺服电动机的结构和工作原理。交流伺服电动机一般就是两相异步电动机，其定子槽内是两相绕组，一个是励磁绕组，另一个是控制绕组，二者空间相差 90°电角度。转子有两种形式，分为笼形和空心杯形。一般转子的电阻做得比较大，用来防止自转，其工作原理图如图 4-67（b）所示。

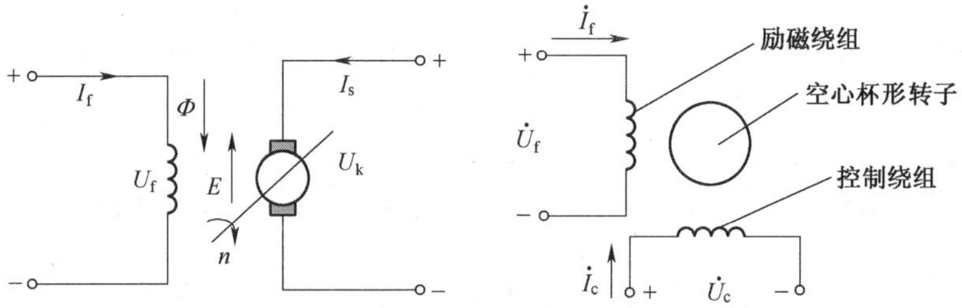

（a）直流伺服电动机的工作原理图　　　（b）交流伺服电动机的工作原理图

图 4-67　伺服电动机的工作原理图

（2）交流伺服电动机的控制方式。交流伺服电动机有以下 3 种控制方式：

①幅值控制：控制电压和励磁电压保持相位差 90°，改变控制电压幅值的控制方法。

②相位控制：控制电压和励磁电压均为额定电压，通过改变控制电压和励磁电压相位差对伺服电动机进行控制的方法。

③幅相控制：同时对幅值和相位差都进行控制，通过改变控制电压的幅值及控制电压和励磁电压的相位差来控制伺服电动机的转速。

(四)步进电动机

步进电动机也是控制电动机的一种，利用电脉冲信号进行控制。也就是向定子绕组输送一个电脉冲信号，转子就转过某一角度。步进电动机是把电脉冲信号转变成机械角位移或直线位移的装置，实现对生产过程或设备的数字控制。

步进电动机的工作原理如图 4-68 所示。步进电动机由定子和转子两部分组成。在定子上有 3 对磁极，磁极上装有励磁绕组，励磁绕组分为 A、B、C 三相。步进电动机的转子由软磁材料制成，在转子上均匀分布 4 个凸极，极上不装绕组。当 A 相通电，B、C 相不通电时，由于 A 相绕组产生的磁通形成的闭合磁路磁阻最小，则将转子齿 1、3 和定子 A 相对齐，如图 4-68（a）所示；当 B 相通电，A、C 相不通电时，如图 4-68（b）所示；当 C 相通电，A、B 相不通电时，如图 4-68（c）所示。若按照 A—B—C—A 的顺序通电，则步进电动机转子将按一定速度沿逆时针方向旋转，转速快慢取决于三相控制绕组的通、断电源的频率。若改变三相通电的顺序，则步进电动机的转向随之改变。

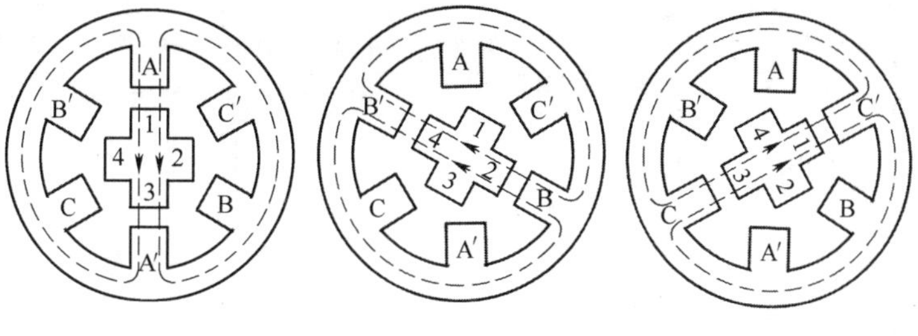

　　(a) A相通电　　　　　　(b) B相通电　　　　　　(c) C相通电

图 4-68　步进电动机的工作原理图

(五)电气控制电路

1. 电气控制系统图的分类

按用途和表达方式的不同,电气控制系统图可分为电气控制原理图、电器布置图和电气安装接线图等。

(1)电气控制原理图。电气控制原理图(简称"电气原理图")是为了便于阅读与分析控制电路,根据清晰、简单的原则,采用电气元件展开的形式绘制而成的图。电气原理图包括电气元件的导电部件和接线端点,但不是按照电气元件的实际布置位置来绘制的,不反映电气元件的大小,其作用是便于详细了解电路工作原理,指导设备的安装、调试与维修。

(2)电器布置图。电器布置图是用来表明电气设备上所有电气元件的实际位置,为生产机械电气控制设备的制造、安装提供必要的资料。电器布置图与电气安装接线图组合在一起,既起到电气安装接线图的作用,又能清晰地表示出电器的布置情况。

(3)电气安装接线图。电气安装接线图是为了安装电气设备和对电气元件进行配线和检修电器故障服务的。它是用规定的图形符号,按各电气元件相对位置绘制的实际接线图,清楚地绘制出各电气元件的相对位置和它们之间的电路连接。

2. 点动控制电气原理图

点动是指按下按钮后电动机启动运转,松开按钮后电动机失电停转。点动控制电路如图 4-69 所示。其中,主电路包含三相电源、刀开关 QS、熔断器 FU_1 和 FU_2、接触器主触点 KM、电动机 M;控制电路包含按钮 SB 和接触器线圈 KM。

电路工作过程如下:合上刀开关 QS→按下按钮 SB→接触器线圈 KM 得电→接触器主触点 KM 闭合→电动机 M 得电运行;松开按钮 SB→接触器线圈 KM 失电→接触器主触点 KM 恢复常开→电动机 M 失电停转。

3. 连续运行控制电气原理图

连续运行控制是指按下按钮后电动机得电启动运转,松开按钮后电动机仍继续运转。连续运行控制电路如图 4-70 所示。

连续运行就是在点动控制电路中启动按钮 SB_2 的两端并联一个接触器的动合触点 KM,同时要添加停止按钮 SB_1。这种依靠接触器动合触点而使其线圈保持通电的现象,称为自锁。

电路工作过程如下:合上刀开关 QS→按下按钮 SB_2→接触器线圈 KM 得电→接触器主触点 KM 闭合→电动机 M 得电运行;接触器动合触点 KM 闭合→自锁,此时即使松开按钮 SB_2,电动机 M 仍继续运转;按下停止按钮 SB_1→接触器线圈 KM 失电→接触器主触点 KM 恢复常开→电动机 M 失电停转。

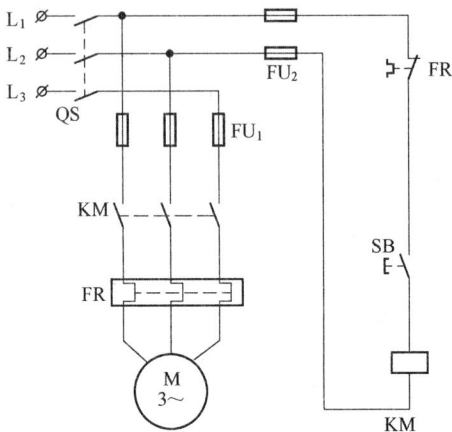

图 4-69　点动控制电路

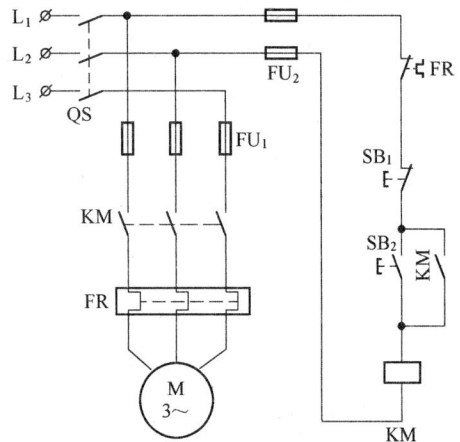

图 4-70　连续运行控制电路

4. 正、反转控制电气原理图

图 4-71 所示为正、反转控制电路。图中，KM_1、KM_2 分别为正、反转接触器，它们的主触点接线的相序不同，KM_1 按 U—V—W 相序接线，KM_2 按 W—V—U 相序接线，即将 U、W 两相对调，所以两个接触器分别工作时，电动机的旋转方向不一样，可实现电动机的可逆运行。

电路工作过程如下：先合上电源开关 QS。

电动机正转：按下按钮 SB_2→接触器线圈 KM_1 得电→接触器主触点 KM_1 闭合→电动机 M 正转运行，接触器 KM_1 动合触点闭合自锁。

停止：按下停止按钮 SB_1→接触器线圈 KM_1 失电，主触点 KM_1 和动合辅助触点 KM_1 断开，电动机 M 失电停止正转。

反转时的工作过程可以按照正转类推。

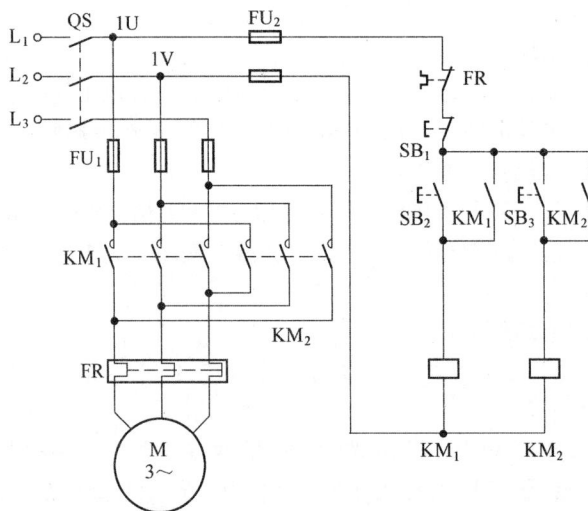

图 4-71　正、反转控制电路

图 4-71 所示控制电路虽然可以完成正、反转控制任务，但这个电路是有缺点的，在按下正转按钮 SB_2 时，KM_1 线圈得电并自锁，接通正序电源，电动机正转。若发生误操作，在按下 SB_2 后又

按下反转按钮 SB_3，KM_2 线圈得电并自锁，此时在主电路中将发生 W、U 两相电源短路事故。为了避免事故的发生，就要求保证两个接触器不能同时工作。这种在同一时间内两个接触器只允许一个工作的控制作用称为互锁。图 4-72 所示为带接触器联锁保护的正、反转控制电路。该图为利用两个接触器的动断触点 KM_1、KM_2 起相互控制作用，即利用一个接触器通电时，其动断辅助触点的断开来锁住对方线圈的电路。这种利用两个接触器的动断辅助触点互相控制的方法称为互锁，而两对起互锁作用的触点称为互锁触点。

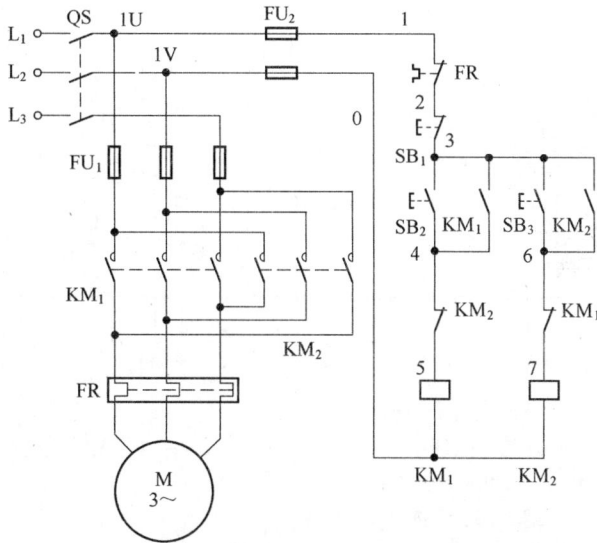

图 4-72　带接触器联锁保护的正、反转控制电路

主电路中接触器 KM_1 和 KM_2 构成正反转相序接线。图 4-72 中，按下正转按钮 SB_2，接触器 KM_1 线圈得电动作，其主触点 KM_1 闭合，电动机正转，同时互锁触点 KM_1 断开，切断反转电路；按下停止按钮 SB_1，接触器 KM_1 线圈失电，主触点 KM_1 断开，互锁触点 KM_1 闭合；按下反转按钮 SB_3，接触器 KM_2 线圈得电动作，其主触点 KM_2 闭合，主电路定子绕组变正转相序为反转相序，电动机反转，同时互锁触点 KM_1 断开，切断正转电路。

上述正、反转控制电路，由正转到反转仍旧要按下停止按钮，如果采用双重联锁就可以直接进行正、反转控制，即采用复合按钮和接触器动断触点进行即可，这里不再介绍。

六、汽车喇叭电路的连接

(一)汽车喇叭的类型与发声原理

喇叭作为重要的汽车配件之一，在警示方面发挥着重要的作用。常用的汽车喇叭有电喇叭和气喇叭两种。电喇叭外形多是蜗牛形和盆形，多用于轻型乘用车。蜗牛形汽车电喇叭附带扬声筒，扬声筒卷成蜗牛形以压缩体积，音质优美响亮；盆形汽车电喇叭不带扬声筒，形状扁平，体积较小，质量小且安装方便，音质略差但应用广泛。

蜗牛形和盆形汽车电喇叭的工作原理一样，如图 4-73 所示，都是当喇叭按钮按下时，电流经触点通过线圈，线圈产生磁力而吸下衔铁，强制振动片移动，衔铁移动使触点断开，电流中断磁力消失，振动片在本身的弹性和弹簧片作用下又同衔铁一起恢复原位。触点闭合电路接通，电流再通过触点经线圈产生磁力，重复上述动作。如此反复循环，膜片不断振动，从而发出响声。共鸣片与振动片刚性连接，可使振动平顺，发出的声音更加悦耳。

气喇叭利用压缩空气的气流使金属膜片产生振动,外形多是长喇叭形(筒形),声音大且声调高,传播距离远,多用在长途行驶的大、中型汽车上。

(二)无触点电喇叭

有触点电磁振动式电喇叭由于触点易烧蚀、氧化,从而影响电喇叭的工作可靠性,故障率高。因此,无触点电喇叭应运而生,它利用三极管控制电路来激励膜片振动产生声响。无触点电喇叭主要由多谐振荡电路和功率放大电路组成,如图4-74所示。

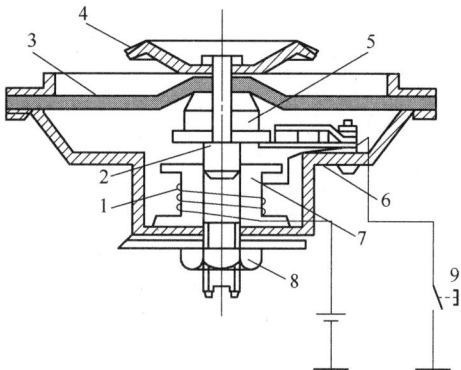

图4-73　盆形汽车电喇叭的工作原理

1—磁化线圈;2—衔铁;3—膜片;4—共鸣片;
5—振动片;6—外壳;7—铁芯;8—锁紧螺母;9—按钮

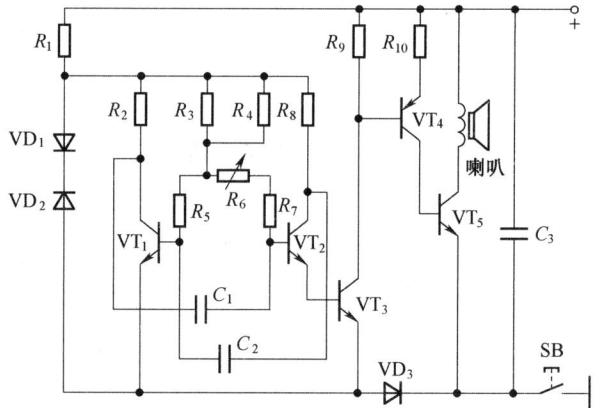

图4-74　无触点电喇叭电路图

工作原理如下:由VT_1、VT_2、VT_3和C_1、C_2及$R_1 \sim R_9$组成多谐振荡电路。当按下喇叭按钮后,电路即通电。由于VT_1和VT_2的电路参数总有微小差异,两个三极管的导通程度不可能完全一致。假设在电路接通瞬间,VT_1先导通,VT_1的集电极电位首先下降,于是,多谐振荡电路通过C_1、C_2正反馈电路形成正反馈过程,使VT_1迅速饱和导通,而VT_2则迅速截止,VT_3也截止,电路进入暂稳态。此时,C_1充电,使VT_2的基极电位升高,当达到VT_2的导通电压时,VT_2开始导通,VT_3也随之导通;多谐振荡电路又形成正反馈过程,使VT_2迅速导通,而VT_1迅速截止,电路进入新的暂稳态。这时,C_2的充电又使VT_1的基极电位升高,使VT_1又导通,多谐振荡电路又产生一个正反馈过程,使VT_1迅速饱和导通,而VT_2、VT_3则迅速截止。如此周而复始,形成振荡。此振荡电流信号经VT_4、VT_5的直流放大,控制喇叭线圈电流的通断,从而使喇叭发出声响。

电路中,C_3是喇叭的电源滤波电容器,以防其他电路瞬变电压的干扰;VD_2、R_1为多谐振荡器的稳压电路,可使振荡频率稳定;VD_1用作温度补偿;VD_3起电源反接保护作用;R_6可用于调节喇叭的音量。

(三)汽车电喇叭的维护和调整

喇叭的安装固定方法对其发音影响较大。为了保证喇叭声音正常,喇叭不作刚性安装,在喇叭固定架之间装有片状弹簧或橡胶垫。

技术良好的喇叭,发音响亮、清晰,无沙哑声。喇叭触点应保持清洁且接触良好。电喇叭的调整包括音调和音量的调整。

1. 音调的调整

音调的高低取决于膜片振动的频率,改变铁芯间隙可以改变膜片的振动频率,从而改变音调(有的在制造时已经调好,工作中不用调整)。调整的方法是:松开锁紧螺母8(见图4-73),转动下铁芯,使上、下铁芯间的间隙调至合适量,通常为 0.5~1.5 mm,拧紧锁紧螺母即可。

2. 音量的调整

音量的大小与通过线圈的电流大小有关,通过的工作电流大,喇叭发出的音量也就大。线圈通过的电流大小,可以通过改变喇叭触点的接触压力来调整(压力增大,通过线圈的电流增大,喇叭的音量增大;反之,音量减小)。

盆形电喇叭音量的调整可以通过调整螺钉来调整触点压力,进而实现对音量的调整。

项目实施

任务 4-1　点火线圈的检测

(一)任务要求

1. 教学组织

任务分组训练:全班_____人,每_____人一组,分为_____组,使用_____套实训器材,每组小组长一名。

2. 职责分工

教师职责:课堂纪律与安全管理、任务训练器材管理、指导与巡查。

学生职责:班长协助教师对班级全面管理与监控,学习委员负责器材管理和检查,团委书记负责安全、纪律及素质评价,副班长负责收集和反馈学生意见,实训小组长负责指导组内学习和交流。

3. 6S 要求

整理、整顿、清扫、清洁、素养、安全。

(二)任务训练步骤

1. 任务训练器材的认识及检查

认识和检查相关实训器材。

2. 点火线圈的检测

点火线圈的检测主要包括外部检查,一、二次绕组短路、断路、搭铁的检查,附加电阻以及点火强度的检测。点火线圈的结构原理如图 4-31 所示。

(1)外观检查。查看点火线圈外部,若绝缘盖破裂或外壳有裂纹,则易使点火线圈受潮而失去点火能力,应予以更换。

(2)用万用表测量点火线圈的一、二绕组以及附加电阻的阻值,应符合相应的汽车维修技术标准,否则应进行更换。

①检查一次绕组电阻:用万用表电阻挡测量点火线圈"+"与"-"端子间的电阻。若万用表指示阻值为无穷大,则说明一次绕组断路;若不用表指示阻值小于标准值或为零时,则说明一次绕组匝间有短路;若阻值在 1.2~1.7 Ω 内,则为正常。

②检查二次绕组电阻:用万用表电阻挡测量点火线圈"+"与中央高压端子间的电阻。用万用表 R×1 kΩ 挡测量,若万用表指示阻值无穷大,则说明二次绕组断路;若万用表指示阻值小于标准值或为零时,则说明二次绕组匝间有短路;其正常阻值为 8~16 kΩ(有触点式点火线圈)或 2.4~3.5 kΩ。

(3)检查附加电阻的阻值:用万用表电阻挡直接接于附加电阻的两端子上测量其阻值(接线端子参考图 4-31)。用万用表 R×1 Ω 挡测得一次绕组附加电阻应为 1.2~1.8 Ω。

(4)附加电阻的检查。点火系统不工作,附加电阻温度低,阻值高;点火系统工作一段时间后,附加电阻温度高,阻值低。

3. 点火线圈搭铁的检测

用数字万用表 20 MΩ 挡测量,点火线圈任一端与外壳间的电阻均应为无穷大,否则说明存在搭铁故障,应及时进行更换。

4. 任务训练过程检查

检查项目	结果与数据	检查项目	结果与数据	检查项目	结果与数据
连线 是否规范		一次线圈 用 200 Ω 挡测量		是否单独 完成工作	
二次线圈 是否用正常		是否出现 异常现象		是否严格 执行 6S 管理	

5. 评价与反馈

考核项目	评分标准	分数	学生自评(10%)	小组互评(50%)	教师评价(40%)	小计
团队合作	是否协调信任					
活动参与	是否积极主动					
安全训练	有无安全隐患					
现场 6S	是否做到					
任务方案	是否正确、合理					
任务训练过程	是否独立完成					
	工作完成情况					
任务完成情况	是否圆满完成					
工具设备使用	是否规范、标准					
问答	是否能够回答正确					
任务训练设备	是否完好					
总　分		100				
任务训练小组学生:			年　　月　　日		得分	
教师签名:			年　　月　　日		得分	

任务 4-2　汽车继电器的检测

(一)任务要求

1. 教学组织

任务分组训练:全班_____人,每_____人一组,分为_____组,使用_____套实训器材,每组小组长一名。

2. 职责分工

教师职责:课堂纪律与安全管理、任务训练器材管理、指导与巡查。

学生职责:班长协助教师对班级全面管理与监控,学习委员负责器材管理和检查,团委书记负责安全、纪律及素质评价,副班长负责收集和反馈学生意见,实训小组长负责指导组内学习和交流。

3. 6S 要求

整理、整顿、清扫、清洁、素养、安全。

(二)任务训练步骤

1. 任务训练器材的认识及检查

认识和检查相关任务训练器材。

2. 汽车继电器的检测

继电器实物图如图 4-75 所示,在 85、86 两端子间加直流可调电压,电压逐渐增大,继电器触点闭合时的电压为闭合电压;然后逐渐减小电压,继电器触点断开时的电压为释放电压。继电器的工作原理图如图 4-76 所示。

图 4-75　继电器实物图

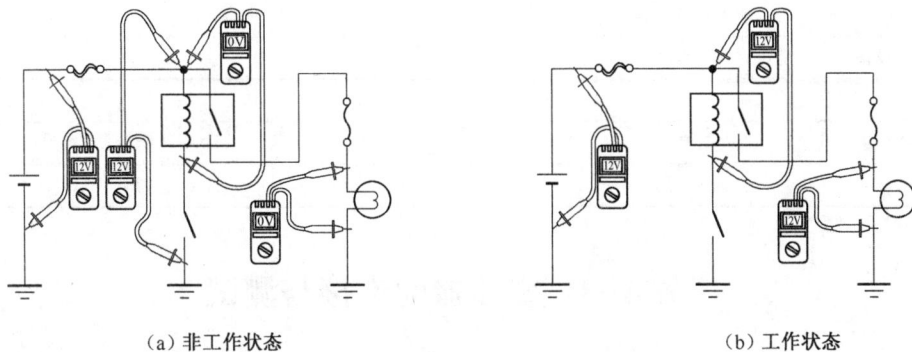

(a) 非工作状态　　　　　　　　　　(b) 工作状态

图 4-76　继电器的工作原理图

(1)检测继电器 4 个插脚之间的电阻。

(2)如图 4-76 所示,检测继电器工作状态与非工作状态下的情况。

3. 检测结果

将检测结果填入表 4-4 中。

表 4-4　继电器的检测结果

状 态	端子及电压				电压	
	30	87	85	86		
非工作状态						
工作状态					吸合电压	
					释放电压	

4. 任务训练过程检查

检查项目	结果与数据	检查项目	结果与数据	检查项目	结果与数据
连线是否规范		非工作状态电压是否正常		是否单独完成工作	
工作状态电压是否用正常		是否出现异常现象		是否严格执行 6S 管理	

5. 评价与反馈

考核项目	评分标准	分数	学生自评(10%)	小组互评(50%)	教师评价(40%)	小计
团队合作	是否协调信任					
活动参与	是否积极主动					
安全训练	有无安全隐患					
现场6S	是否做到					
任务方案	是否正确、合理					
任务训练过程	是否独立完成					
	工作完成情况					
任务完成情况	是否圆满完成					
工具设备使用	是否规范、标准					
问答	是否能够回答正确					
任务训练设备	是否完好					
总　分		100				
任务训练小组学生:				年　　月　　日	得分	
教师签名:				年　　月　　日	得分	

任务 4-3　变压器的连接与测试

(一)任务要求

1. 教学组织

任务分组训练:全班_____人,每_____人一组,分为_____组,使用_____套实训器材,每组小组长一名。

2. 职责分工

教师职责:课堂纪律与安全管理、任务训练器材管理、指导与巡查。

学生职责:班长协助教师对班级全面管理与监控,学习委员负责器材管理和检查,团委书记负责安全、纪律及素质评价,副班长负责收集和反馈学生意见,实训小组长负责指导组内学习和交流。

3. 6S要求

整理、整顿、清扫、清洁、素养、安全。

(二)任务训练步骤

1. 任务训练器材的认识及检查

认识和检查相关训练器材。

2. 变压器的检测

(1)变压器的检测原理。一只变压器都有一个一次绕组和一个或多个二次绕组。如果一只变压器有多个二次绕组,那么,在某些情况下,通过改变变压器各绕组端子的连接方式,常可满足一些临时性的需求。

如图 4-77 所示的变压器,有两个 8.2 V、0.5 A 的二次绕组。现在,如果想得到一组稍低于 8 V 的电压,用这只变压器(不能拆它),能实现吗?

要降低(或升高)变压器二次绕组的输出电压,有3种方法:

①降低(或升高)一次电压——这需要用到调压器,还受到额定电压的限制。

②减少(或增加)二次绕组匝数。

③增加(或减少)一次绕组匝数。

后两种方法似乎都要拆变压器才能做到。但是,针对上述的问题,不拆变压器也能实现:只要把15 V绕组串入一次绕组(注意同名端,应头尾相串),再接入220 V电源,则变压器的另一个二次绕组的输出电压就会改变。

变压器一、二次绕组的每伏匝数基本上是相同的,设为 N,则该变压器一、二次绕组的匝数为220N,两个二次绕组的匝数分别为15N和5N。把一个二次绕组正串入一次绕组后,一次绕组匝数就变成(220+15)N。当变压器一次绕组的匝数改变时,由于变压器二次绕组的输出电压与一次绕组的匝数成反比,所以将15 V绕组串入一次绕组后,5 V绕组的输出电压(U_{o1})就变为

$$U_{o1} = \left[\frac{220N}{(220 + 8.2)N} \times 8.2 \right] \text{V} = 7.91 \text{ V}$$

同理,如果把15 V绕组反串入一次绕组,再接入220 V电源,则5 V绕组的输出电压(U_{o2})就变为

$$U_{o2} = \left[\frac{220N}{(220 - 8.2)N} \times 8.2 \right] \text{V} = 8.52 \text{ V}$$

(2)将此变压器的两个二次绕组头尾相串,就可以得到 U_{o3}=(8.2+8.2) V=16.4 V的二次电压;反之,如果将它的两个二次绕组反向串联,其输出电压 U_{o4}=(8.2-8.2) V=0 V。

(3)还可以将两个或多个输出电压相同的二次绕组相并联(注意应同名端相并联),以获得较大的负载电流。本例中,如果将两个二次绕组同相并联,则其负载电流可增至1 A。

(4)在将一个变压器的各个绕组进行串、并联使用时,应注意以下几个问题:

①两个或多个二次绕组,即使输出电压不同,均可正向或反向串联使用,但串联后的绕组允许流过的电流应小于或等于其中最小的额定电流值。

②两个或多个输出电压相同的绕组,可同相并联使用,并联后的负载电流可增加到并联前各绕组的额定电流之和,但不允许反相并联使用。

③输出电压不相同的绕组,绝对不允许并联使用,以免由于绕组内部产生环流而烧坏绕组。

④有多个抽头的绕组,一般只能取其中一组(任意两个端子)来与其他绕组串联或并联使用。并联使用时,该两端子间的电压应与被并绕组的电压相等。

⑤变压器的各绕组之间的串、并联都为临时性或应急性使用。长期性的应用仍应采用规范设计的变压器。

3. 变压器检测具体过程、结果记录

(1)用交流法判别变压器各绕组的同名端。

(2)将变压器的1、2两端接交流220 V,测量并记录两个二次绕组的输出电压。

(3)将变压器的1、3两端连通,2、4两端接交流220 V,测量并记录5、6两端的电压。

(4)将变压器的1、4两端连通,2、3两端接交流220 V,测量并记录5、6两端的电压。

(5)将变压器的4、5两端连通,1、2两端接交流220 V,测量并记录3、6两端的电压。

(6)将变压器的3、5两端连通,1、2两端接交流220 V,测量并记录4、6两端的电压。

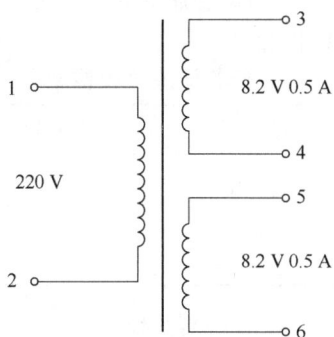

图 4-77 变压器工作原理图

(7)将变压器的 3、5 两端连通,4、6 两端连通,1、2 两端接交流 220 V,测量并记录 3、4 两端的电压。

4. 任务训练过程检查

检查项目	结果与数据	检查项目	结果与数据	检查项目	结果与数据
连线 是否规范		5、6 两端电压 是否正常		是否单独 完成工作	
3、4 两端电压 是否正常		是否出现 异常现象		是否严格 执行 6S 管理	

5. 评价与反馈

考核项目	评分标准	分数	学生自评(10%)	小组互评(50%)	教师评价(40%)	小计
团队合作	是否协调信任					
活动参与	是否积极主动					
安全训练	有无安全隐患					
现场 6S	是否做到					
任务方案	是否正确、合理					
任务训练过程	是否独立完成					
	工作完成情况					
任务完成情况	是否圆满完成					
工具设备使用	是否规范、标准					
问答	是否能够回答正确					
任务训练设备	是否完好					
总　分		100				
任务训练小组学生:				年　月　日	得分	
教师签名:				年　月　日	得分	

任务 4-4　电动机控制电路的安装

(一)任务要求

1. 教学组织

任务分组训练:全班_____人,每_____人一组,分为_____组,使用_____套实训器材,每组小组长一名。

2. 职责分工

教师职责:课堂纪律与安全管理、任务训练器材管理、指导与巡查。

学生职责:班长协助教师对班级全面管理与监控,学习委员负责器材管理和检查,团委书记负责安全、纪律及素质评价,副班长负责收集和反馈学生意见,实训小组长负责指导组内学习和交流。

3. 6S 要求

整理、整顿、清扫、清洁、素养、安全。

(二)任务训练步骤

1. 任务训练器材的认识及检查

认识和检查相关实训器材。

2. 电动机控制电路的安装

（1）三相笼形异步电动机刀开关直接启动电路的安装：

①将铭牌数据记入表4-5中。

②按图4-78所示电路,清理并检测所需元件,将各电气元件型号、规格、质量检查情况等记入表4-6中,接好电路。

表4-5　铭牌数据

型号		功率/kW		电压/V	
电流/A		转速/(r/min)		接法	

表4-6　电动机刀开关直接启动电路电气元件清单

电气元件名称	型　号	额定电流/A	数　量	是否适用
隔离开关				
电动机				
熔断器				

③在安装完毕并检查电路后,通电试运转。

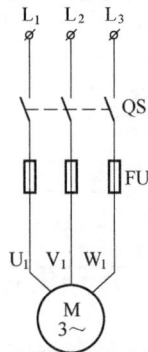

图4-78　电动机刀开关直接启动电路

（2）点动控制电动机运转电路的安装：

①按照图4-69所示电路,清理并检测所需元件,并将电气元件型号、规格、质量检测情况等记入表4-7中,接好电路。

表4-7　电动机点动控制电路电气元件清单

电气元件名称	型　号	额定电流/A	数　量	是否适用
接触器				
启动按钮				
主电路熔断器				
控制电路熔断器				
隔离开关				
电动机				

②在事先准备好的配电板上,按图4-69所示布置元件,然后接好电路。对检查合格的电路

通电运行。

（3）具有自锁的电动机单向运转控制电路的安装：

①按图4-70所示电路，清理并检测所需元件，并将电气元件型号、规格、质量检测情况等记入表4-8中。

表4-8　电动机单向运转控制电路电气元件清单

电气元件名称	型　号	额定电流/A	数　量	是否适用
接触器				
启动按钮				
主电路熔断器				
控制电路熔断器				
隔离开关				
电动机				

②在事先准备好的配电板上，按图4-70所示布置元件，然后接好电路。对检查合格的电路通电运行。

3. 任务训练过程检查

检查项目	结果与数据	检查项目	结果与数据	检查项目	结果与数据
连线是否规范		SB两端电压是否正常		是否单独完成工作	
FU两端电压是否正常		是否出现异常现象		是否严格执行6S管理	

4. 评价与反馈

考核项目	评分标准	分数	学生自评（10%）	小组互评（50%）	教师评价（40%）	小计
团队合作	是否协调信任					
活动参与	是否积极主动					
安全训练	有无安全隐患					
现场6S	是否做到					
任务方案	是否正确、合理					
任务训练过程	是否独立完成					
	工作完成情况					
任务完成情况	是否圆满完成					
工具设备使用	是否规范、标准					
问答	是否能够回答正确					
任务训练设备	是否完好					
总　分		100				
任务训练小组学生：			年　月　日		得分	
教师签名：			年　月　日		得分	

测试与练习

1. 汽车点火系统中为什么需要变压器？它的用途是什么？

2. 变压器由哪几部分组成？各起什么作用？

3. 变压器能否变换直流电压，为什么？

4. 单相变压器一次电压为 6 kV，电压比为 30，求二次电压。

5. 单相变压器一次电压为 3 kV，电压比为 15，当二次电流为 60 A 时，求一次电流。

6. 简述直流电动机在汽车上的应用情况。

7. 简述直流电动机的结构及各部分的作用和工作原理。

8. 一台直流电动机的额定功率为 75 kW，额定电压为 220 V，额定转速为 1 500 r/min，额定效率为 89%，试求该电动机的额定电流。

9. 一台三相异步电动机，有 4 个磁极，额定转速为 1 440 r/min，电源频率为 50 Hz，试求额定转差率？

项目 5　晶体管在汽车电路中的应用

项目背景

随着汽车电子技术的发展,电子电路的维修在汽车修理中越来越重要。印制电路板的检修、仪表的调校、音响的解码,以及控制单元的维修编程等都需要对相关电子电路进行检修处理。本项目主要介绍电子电路的基础知识,二极管、三极管的特性、原理及简单测试,以及三极管的放大原理。学会识别常用电子器件与检测;学会整流二极管与整流电路的检测;能够学会集成运放电路应用。

知识目标

(1)掌握 PN 结单向导电特性,整流电路工作原理。

(2)掌握二极管的分类、型号和主要参数。

(3)了解常用的几种特殊二极管的功能和使用常识。

(4)了解三极管的结构。

(5)掌握三极管的分类和型号;掌握三极管的电流分配和放大作用;掌握三极管的输入、输出特性曲线及其 3 个工作区域的划分。

技能目标

(1)能进行二极管和三极管的简易测试。

(2)能进行整流二极管检测和整流电路的检测。

相关知识

一、半导体二极管和三极管

(一)半导体二极管

1. 二极管的单向导电性

半导体器件的种类很多,用途各异,它们在各类电子电路中起着重要作用。最简单的半导体器件是晶体二极管(简称"二极管"),它的外形如图 5-1(a)所示。在一个密封的管体两端有两根电极引线,一个是正极(又称阳极),另一个是负极(又称阴极)。通常在管体外壳上都印有一定的标记,用来区分这两个电极。

画电路图时,一般用图 5-1(b)所示的图形符号表示二极管,它的文字符号用 VD 表示。

二极管的导电性能可用图 5-2 所示的实验来说明。把二极管 VD、直流电源 E、开关 QS、指示灯 EL 按图 5-2(a)所示的电路用导线连接,闭合开关后指示灯发光,说明此时二极管的电阻很小,导电性能良好,称为"导通"状态;若保持原电路不变,把二极管的正、负极反向接入电路,如图 5-2(b)所示,闭合开关后,指示灯不发光,说明此时二极管的电阻很大,导电性能极差,称为"截止"状态。分析上述实验可知,二极管导通时,其正极电位高于负极电位,此时的外加电压称为正向电压,二极管处于正向偏置,简称"正偏"状态;二极管截止时,其正极电位低于负极电位,此时的外加电压称为反向电压,二极管处于反向偏置,简称"反偏"状态。

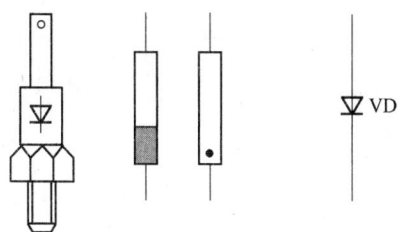

| (a) 外形 | (b) 图形与文字符号 | (a) 加正向电压导通 | (b) 加反向电压截止 |

图 5-1 二极管的外形和图形与文字符号   图 5-2 二极管的导电性能实验

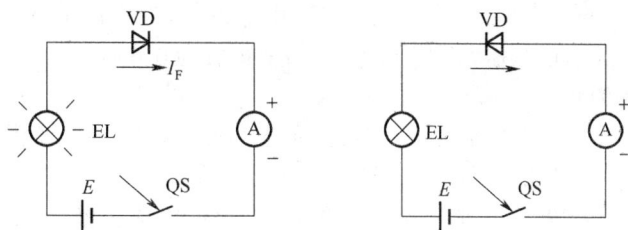

二极管加一定的正向电压时导通,加反向电压时截止,这一导电特性称为二极管的单向导电性。

2. PN 结

二极管是用半导体材料硅(Si)或(Ge)制成的。所谓半导体是指导电性能介于导体和绝缘体之间的物体。半导体理论证实,在半导体中存在两种带电物体,一种是带负电的自由电子(有时简称"自由电子"),另一种是带正电的空穴(有时简称"空穴"),它们在外电场的作用下都有定向移动的效应,都能运载电荷形成电流,通常称为载流子,如图 5-3 所示。金属导体内的载流子只有一种,就是自由电子,并且金属导体的导电性能远比半导体好。

不加杂质的纯净半导体称为本征半导体。在本征半导体中加入不同杂质,可形成两种类型的杂质半导体,它们是 P 型半导体和 N 型半导体。

(1)P 型半导体。P 型半导体又称空穴型半导体,其内部空穴数量远多于自由电子的数量,即空穴是多数载流子,自由电子是少数载流子。例如,在硅单晶体中加入微量的硼元素,便可得到 P 型硅。

(2)N 型半导体。N 型半导体又称电子型半导体,其内部自由电子是多数载流子,空穴是少数载流子。例如,在硅单晶体中加入微量的磷元素,便可得到 N 型硅。

二极管的内部结构如图 5-4 所示,它在硅或锗单晶基片上,加工出 P 型和相邻的 N 型区。二极管的正极从 P 型区引出,负极从 N 型区引出。两个电极之间,即 P 型区和 N 型区有个结合部,它是个特殊的薄层,称为 PN 结。图 5-2 已经证明,PN 结有单向导电特性,当 PN 结加正向电压,即电源正极接到 P 区,负极接到 N 区时,电阻很小,处于导通状态;当 PN 结加反向电压,即电源负极接到 P 区,正极接到 N 区时,电阻很大,处于截止状态。

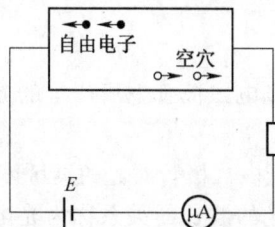

图 5-3 半导体的两种载流子   图 5-4 二极管的内部结构

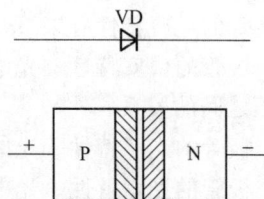

综上所述,二极管是用硅或锗半导体材料制造的半导体器件,它的内部是一个具有单向导电性的 PN 结。

3. 二极管的伏安特性及主要参数

(1)二极管的伏安特性。图 5-5 所示为硅二极管的伏安特性曲线。由图可见,图 5-5 中 OA

段,当正向电压大于 0.5 V 后,电流增长很快,这个转折点 A 点的电压称为死区电压,一般硅管为 0.5~0.7 V,锗管为 0.2~0.3 V。

二极管加反向电压时,反向电流大小基本稳定;而与反向电压的高低无关,但随温度的上升而增加。图 5-5 中 OC 段,当外加反向电压过高时,反向电流突然增大,二极管失去单向导电性,这种现象称为击穿。图 5-5 中 CD 段,二极管被击穿后,一般不能恢复原来的性能,使二极管损坏,产生击穿时加在二极管上的反向电压称为反向击穿电压,即 C 点电压 U_{REF}。

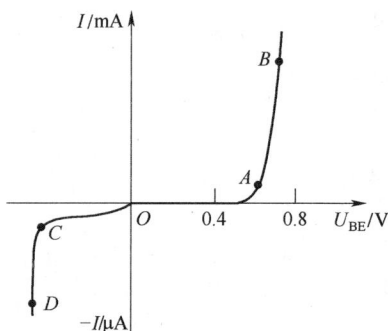

图 5-5 硅二极管的伏安特性曲线

(2)二极管的主要参数:

①最大整流电流 I_{FM}。指二极管长期使用时,允许流过二极管的最大正向平均电流。

②反向工作峰值电压 U_{RM}。为保证不被击穿而给出的反向峰值电压,一般是反向击穿电压的 1/2 或 1/3。

③反向峰值电流 I_{RM}。指在二极管上加反向工作峰值电压时的反向最大允许电流值。

4. 光电二极管和发光二极管

(1)光电二极管。光电二极管是将光信号变成电信号的半导体器件。它的核心部分也是一个 PN 结,与普通二极管相比,在结构上不同的是,为了便于接收入射光,PN 结面积尽量做得大一些,电极面积尽量小一些,而且 PN 结的结深很浅,一般小于 1 μm。

光电二极管是在反向电压作用下工作的,没有光照射,反向电流很小(一般小于 0.1 μA),称为暗电流;当有光照射时,携带能量的光子进入 PN 结后,把能量传给共价键上的束缚电子,使部分电子挣脱共价键,从而产生电子-空穴对,称为光生载流子。

它们在反向电压作用下参加漂移运动,使反向电流明显变大;光的强度越大,反向电流也越大,这种特性称为"光电导"。光电二极管在一般照度的光线照射下,所产生的电流称为光电流。如果在外电路上接上负载,负载上就获得了电信号,而且这个电信号随着光的变化而相应变化。

光电二极管、光电三极管是电子电路中广泛采用的光敏器件。光电三极管除具有光电转换的功能外,还具有放大功能,在电路图中的文字符号一般为 VT。光电三极管因输入信号为光信号,所以通常只有集电极和发射极两个引脚线。与光电二极管一样,光电三极管外壳也有一个透明窗口,以接收光线照射。

光电二极管的主要特性有以下几方面:

①光电二极管的伏安特性。光电二极管的伏安特性是指光电二极管上所产生的光电流与其两端所加电压之间的关系。

②光电二极管的光照特性。光电二极管的光照特性是指光电二极管对光的灵敏度。

③光电二极管的光谱特性。光电二极管的光电流与入射光的波长的关系称为光电二极管的光谱特性。光子能量的大小与光的波长有关;波长越长,光子具有的能量越小;相反,波长越短,光子具有的能量越大。

(2)发光二极管。发光二极管是半导体二极管的一种,它可以把电能转换为光能,常简写为 LED。发光二极管与普通二极管一样,是由有关 PN 结组成的,也具有单向导电性。电流从正向负流动,此时二极管可发光;反向时,二极管截止,不发光。当给发光二极管加上正向电压后,从 P 区注入 N 区的空穴和从 N 区注入 P 区的电子,在 PN 结附近数微米内分别与 N 区的电子和 P 区的空穴复合,产生自发辐射的荧光。不同的半导体材料中,电子和空穴所处的能量状态不同。当电子和空穴复合时,释放出的能量有多有少。释放出的能量越多,则发出的光的波长越短。常用的是发红光、绿光或黄光的发光二极管。

(二)半导体三极管

1. 三极管的结构、分类与符号

(1)三极管的结构。三极管的结构如图5-6所示。由图可见,三极管内部分成基区、发射区与集电区,分别引出基极(B),发射极(E)与集电极(C)。基区与发射区之间的PN结称为发射结,基区与集电区之间的PN结称为集电结。

三极管具有电流放大作用的内部条件:

①发射区掺杂浓度大;

②基区薄而且掺杂浓度低;

③集电区体积大而且掺杂少。

(2)三极管的分类。三极管分为NPN型和PNP型两类,如图5-6所示。

(3)三极管的符号。两类三极管在符号上的区别仅仅是发射极箭头的方向不同(见图5-6),箭头方向代表了三极管集电极电流的正方向。符号中箭头方向为发射结正向导通的方向。

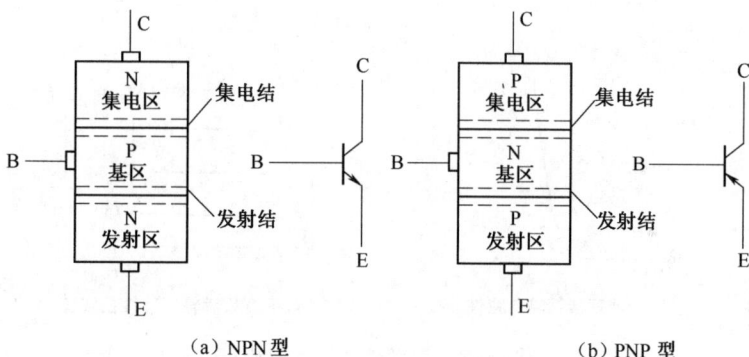

(a) NPN型　　　　　　　　　　　　　(b) PNP型

图5-6　三极管的分类和符号

2. 三极管的电流放大作用

三极管的电流放大作用是指基极电流的微弱变化,引起集电极电流较大的变化。

为了定量了解三极管的放大原理,先做一个简单的实验,如图5-7所示。将图5-7中NPN型三极管接成两部分,一部分为基极加可调电源E_B;另一部分为集电极加固定电源E_C。改变E_B,则基极电流I_B,集电极电流I_C及发射极电流I_E都发生变化,其电流方向如图5-7所示,实验结果如表5-1所示。

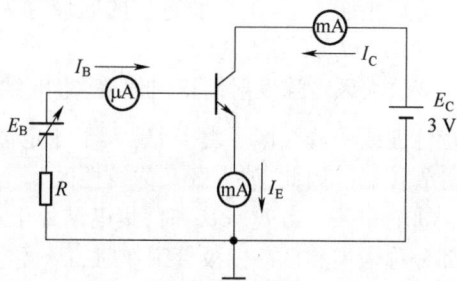

图5-7　三极管的电流放大作用

表5-1　三极管的电流放大作用实验结果

I_B/mA	0	0.02	0.04	0.06	0.08	0.10
I_C/mA	<0.000 1	0.70	1.50	2.30	3.10	3.95
I_E/mA	<0.001	0.72	1.54	2.36	3.18	4.05
I_C/I_B	—	35	37.5	38.3	38.7	39.5

由表 5-1 中的数据可得如下结论：

(1) $I_E = I_B + I_C$，符合基尔霍夫电流定律。

(2) I_C 与 I_E 比 I_B 大得多，I_C 与 I_B 的比值反映了三极管的电流放大作用。

$$\bar{\beta} = \frac{I_C}{I_B} \qquad\qquad \beta = \frac{\Delta I_C}{\Delta I_B}$$

式中 $\bar{\beta}$，β 表示了三极管的电流放大系数。

要使三极管有电流放大作用，发射结必须正向偏置，集电结必须反向偏置。在实际应用中，判断三极管是否处在放大状态，往往就是根据这一原理进行判断的。

3. 三极管的特性曲线

(1) 输入特性曲线。图 5-8(a) 所示为三极管输入特性曲线。输入特性曲线是指当集-射极电压 U_{CE} 为常数时，输入电路中 I_B 与 U_{BE} 的对应关系。

室温下，三极管发射结正向偏置时硅管 U_{BE} 约为 0.7 V，锗管 U_{BE} 约为 0.3 V。

当 $U_{CE} = 0$ V 时，相当于两个二极管并联正向导通的情况。

(2) 输出特性曲线。图 5-8(b) 所示为三极管输出特性曲线。输出特性曲线是指当基极电流 I_B 为常数时，输出电路中集电极电流 I_C 与集-射极电压 U_{CE} 之间的关系曲线。

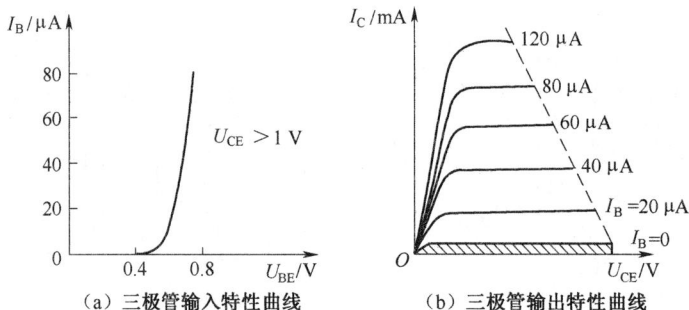

(a) 三极管输入特性曲线   (b) 三极管输出特性曲线

图 5-8　三极管的特性曲线

实际运用时，常将三极管输出特性曲线划分为 3 个工作区域：

① 截止区。$I_B = 0$，曲线以下的区域称为截止区。$I_B = 0$ 时，相当于基极开路或发射极反向偏置，此时 $I_C = I_{CEO}$ (穿透电流)。

② 放大区。当发射结正向偏置，集电结反向偏置时，三极管处于放大状态，对应于三极管输出特性曲线的放大区。由于 U_{CE} 大于一定值后曲线平坦，I_C 与 U_{CE} 几乎无关，呈恒流特性，$I_C = \bar{\beta} I_B$ 只受 I_B 控制。因此，放大区又称线性区。

③ 饱和区。当 $U_{CB} < U_{BE}$ 时，集电结处于正向偏置，三极管输出特性曲线左侧 I_C 近似直线上升的部分称为饱和区。三极管工作时，U_{CES} (饱和管压降) 对应的状态称为饱和工作状态，集-射极之间呈低阻态，三极管工作在开关状态下，CE 集-射极之间相当于开关接通。

4. 三极管的主要参数

(1) 共发射直流电流放大系数 $\bar{\beta}$。共发射极放大电路中，集电极电流 I_C 与基极电流 I_B 之比称为共射直流电流放大系数，用 $\bar{\beta}$ 表示，即

$$\bar{\beta} = \frac{I_C}{I_B}$$

β 分为动态电流放大系数 β 和静态电流放大系数 $\bar{\beta}$，但在计算时可以看成 β 与 $\bar{\beta}$ 相等。常用三极管的 β 在 20～200 之间。

（2）集-基极反向截止电流 I_{CBO}。I_{CBO} 是当发射极开路，集电结处于反向偏置时，所形成的反向截止电流，它受温度影响较大。

（3）集-射极反向截止电流 I_{CEO}。I_{CEO} 是当基极开路，集电结处于反向偏置时的集电极电流，又称穿透电流。I_{CEO} 与 I_{CBO} 之间的关系为

$$I_{CEO} = (1 + \beta)I_{CBO}$$

因此，处于正常放大工作状态时的集电极电流 I_C 应为

$$I_C = \bar{\beta}I_B + I_{CEO}$$

由于 I_{CBO} 受温度的影响很大，当温度上升时，I_{CBO} 增加很快，而 I_{CEO} 为 I_{CBO} 的 $(1+\beta)$ 倍，故 I_{CEO} 增加得更快，因而 I_C 也相应增加。I_{CBO} 越高的三极管，其稳定性愈差。因此，在选取三极管时，要求 I_{CBO} 尽可能小些。

（4）极限参数：

①集电极最大允许电流 I_{CM}。集电极电流超过一定值时，三极管的 β 值要下降。当 β 值下降到正常值的 2/3 时的集电极电流，称为集电极最大允许电流 I_{CM}。

②集-射极反向击穿电压 $U_{(BR)CEO}$。基极开路时，加在集电极与发射极之间的最大允许电压，称为集-射极反向击穿电压 $U_{(BR)CEO}$。当三极管的 $U_{CE} > U_{(BR)CEO}$ 时，I_{CEO} 会突然大幅上升，说明三极管已被击穿。

③集电极最大允许耗散功率 P_{CM}。图 5-9 所示为集电极最大允许耗散功率曲线。由于集电极电流在流过集电结时将产生热量，使结温升高，从而引起三极管参数改

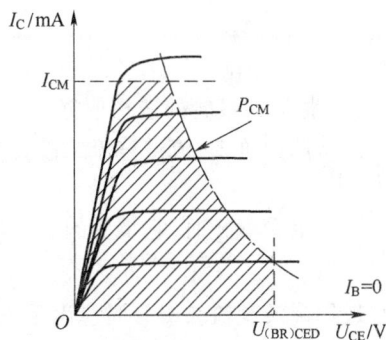

图 5-9　集电极最大允许耗散功率曲线

变。当三极管因受热而引起的参数变化超过允许值时，集电极所消耗的最大功率称为耗散功率。

P_{CM}、I_{CM}、$U_{(BR)CEO}$ 三个极限参数可共同确定三极管的安全工作区。

5. 光电三极管

光电三极管的工作原理分为两个部分：一是光电转换；二是光电流放大。

光电三极管的光电转换过程与一般光电二极管相同，在集-基 PN 结区内进行。光激发产生的电子-空穴对在反向偏置的 PN 结内电场的作用下，电子流向集电区，被集电极所收集，而空穴流向基区与正向偏置的发射结发射的电子复合，形成基极电流，基极电流将被集电极放大，这与一般三极管的放大原理相同。不同的是，一般三极管是由基极向发射结注入空穴载流子，控制发射极的扩散电流，而光电三极管是注入发射结的光生电流控制的。

（三）整流电路

1. 单相半波整流电路

（1）电路。图 5-10 所示为单相半波整流电路。

（2）工作原理。设整流变压器二次电压 $u_2 = \sqrt{2}U_2\sin\omega t$，波形如图 5-11 中 u_2 所示。

在变压器二次电压 u_2 为正半周时，其极性为上正下负，二极管正偏而导通，有电流流过二极管与负载，$u_L = u_2$；在 u_2 为负半周时，二极管反偏而截止，无电流流过，R_L 上电压为零。此时，$u_V = u_2$，这种电源正半周有电流流过负载，而负半周无电流流过，称为半波整流。此时，负载 R_L 上得到

半波脉动直流电压,如图 5-11 中 u_L 所示。

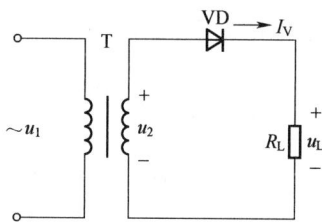

图 5-10　单相半波整流电路

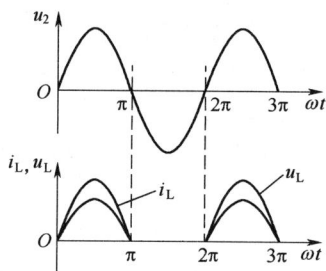

图 5-11　单相半波整流波形图

(3)负载上的平均直流电压和电流:

负载 R_L 上的平均直流电压为

$$U_{L(AV)} = 0.45 U_2$$

平均直流电流为

$$I_{L(AV)} = 0.45 \frac{U_2}{R_L}$$

(4)整流二极管的选择依据:

由电路图可知,流过整流二极管的正向工作电流 I_V 和流过负载 R_L 的电流 I_L 相等,即

$$I_V = I_{L(AV)}$$

当二极管截止时,它承受的反向峰值电压 U_{RM} 是 U_2 的最大值,即

$$U_{RM} = \sqrt{2} U_2$$

选用半波整流二极管时应满足下列两个条件:

(1)二极管允许的最大反向电压应大于承受的反向峰值电压;

(2)二极管允许的最大整流电流应大于流过二极管的实际工作电流。

2. 单相全波整流电路

(1)电路。图 5-12 所示为单相全波整流电路。

(2)工作原理。设整流变压器二次电压 $u_2 = \sqrt{2} U_2 \sin\omega t$,波形如图 5-13 中 u_2 所示。

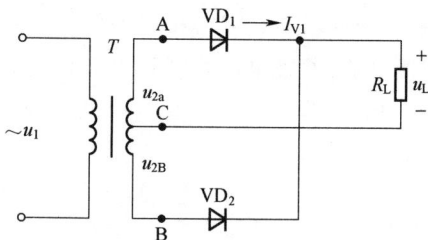

图 5-12　单相全波整流电路

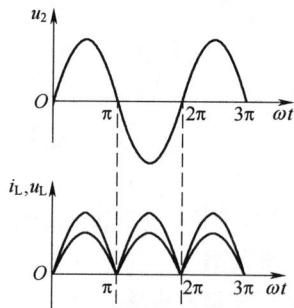

图 5-13　单相全波整流波形图

在变压器二次电压 u_2 为正半周时,其极性为上正下负,二极管 VD_1 正偏导通,VD_2 反偏截止,有电流流过二极管与负载,$u_L = u_{2A}$;在 u_2 为负半周时,二极管 VD_1 反偏截止,VD_2 正偏导通,有电流流过二极管与负载,$u_L = u_{2B}$,这种电源正、负半周都有电流流过负载,称为全波整流。此时,负载 R_L 上得到全波脉动直流电压,如图 5-13 中 u_L 所示。

（3）负载上的平均直流电压和电流：

负载 R_L 上的平均直流电压为

$$U_{L(AV)} = 0.9U_2$$

平均直流电流为

$$I_{L(AV)} = 0.9\frac{U_2}{R_L}$$

（4）整流二极管的选择依据：

由电路图可知，流过整流二极管的正向工作电流 I_V 和流过负载 R_L 的电流 I_L 相等，即

$$I_V = \frac{1}{2}I_L = \frac{0.45U_2}{R_L}$$

当二极管截止时，它承受的反向峰值电压 U_{RM} 是 U_2 的最大值，即

$$U_{DM} = 2\sqrt{2}U_2 \approx 1.41U_2$$

选用半波整流二极管时应满足下列两个条件：

（1）二极管允许的最大反向电压应大于承受的反向峰值电压；

（2）二极管允许的最大整流电流应大于流过二极管的实际工作电流。

3. 单相桥式整流电路

（1）电路。图 5-14 所示为单相桥式整流电路。

（2）工作原理。设变压器二次电压 $u_2 = \sqrt{2}U_2\sin\omega t$，波形如图 5-15 中 u_2 所示。

在变压器二次电压 u_2 为正半周时，a 端为正，b 端为负，二极管 VD_1、VD_3 因正偏而导通，电流由 a 端流出，经 VD_1、R_L、VD_3 回到 b 端；u_2 为负半周时，b 端为正，a 端为负，二极管 VD_2、VD_4 因正偏而导通，电流由 b 端流出，经 VD_2、R_L、VD_4 回到 a 端，负载上得到上正下负的半波电压，可见在电源电压的整个周期内，由于 VD_1、VD_3 和 VD_2、VD_4 各工作半个周期，两组二极管轮流导通，负载上得到如图 5-15 所示的全波整流直流脉冲电压波形。

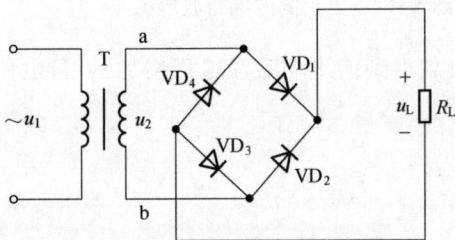

图 5-14　单相桥式整流电路

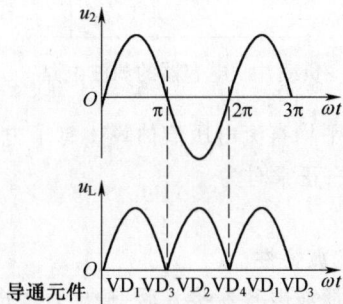

图 5-15　单相桥式整流波形图

（3）负载上的平均直流电压和电流：

负载 R_L 上的平均直流电压为

$$U_{L(AV)} = 0.9U_2$$

平均直流电流为

$$I_{L(AV)} = 0.9\frac{U_2}{R_L}$$

（4）整流二极管的选择依据：

桥式整流电路中，每个二极管在电源电压变化一周期内只有半个周期导通，因此，每个二极管的平均电流值是负载电流的一半，即

$$I_V = \frac{1}{2}I_L$$

如图 5-14 所示，每个二极管在截止时承受的反向峰值电压是 U_2 的峰值，即

$$U_{RM} = \sqrt{2}U_2$$

桥式全波整流电路与变压器中心抽头式全波整流电路相比，所使用的整流二极管多了一倍，但二极管承受的反向峰值电压低了一半，而且变压器无需中心抽头，因而获得广泛应用。

（四）滤波电路

1. 电容滤波电路

图 5-16 所示为负载并联电容器的最简单的滤波电路。

（1）工作原理。如果不接电容器滤波，输出电压为半波脉冲电压，如图 5-17（a）所示。打开电源，在二极管导通时，一方面供电给负载，同时对电容器充电，充电电压 u_C 与上升的正弦电压 u_2 一致（OM 段），然后 u_2 和 u_C 都开始下降，u_2 按正弦规律下降，当 $u_2 < u_C$ 时，二极管承受反向电压而截止。电容器对负载 R_L 放电，负载中仍有电流（MN 段）。在 u 的下一个正半周内。当 $u_2 > u_C$ 时，二极管再次导通，电容器再次充电，重复上述过程，电容器两端电压 u_C 即为输出电压 u_L，波形如图 5-17（b）所示。

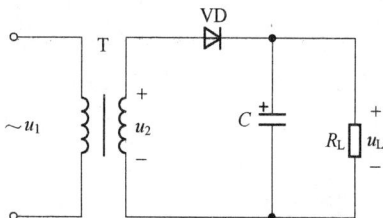

图 5-16　负载并联电容器的滤波电路

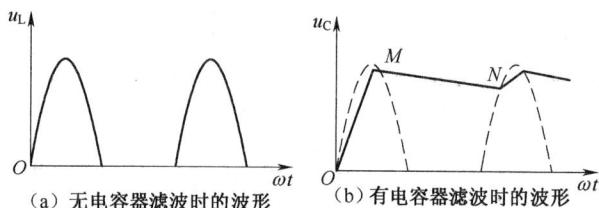

（a）无电容器滤波时的波形　　（b）有电容器滤波时的波形

图 5-17　电容滤波电路波形图

（2）平均直流电压值估算。有了电容器滤波后，负载得到的平均直流电压增加，而且电压与负载有关，正常时为

$$U_{L(AV)} = U_2$$

2. 滤波特性

（1）滤波电容器接入后，输出直流电压会升高。

（2）电容器 C 的容量越大或负载电阻 R_L 越大，电容器 C 放电越慢，输出直流电压就越平滑，并越接近于 U_2 的峰值。

（3）接通电源瞬间有浪涌电流通过二极管。

（4）电容器的耐压应大于 $\sqrt{2}U_2$。

3. 桥式整流电容滤波电路

（1）电路。图 5-18 所示为桥式整流电容滤波电路。

（2）波形图。桥式整流电容滤波的波形图如图 5-19 所示。

平均直流电压值估算：由于桥式整流为全波整流，给电容器充电的频率增加一倍，所以平均

直流电压也同时增加,即

$$U_{L(AV)} = 1.2U_2$$

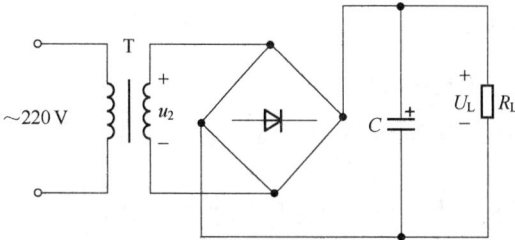

图 5-18 桥式整流电容滤波电路

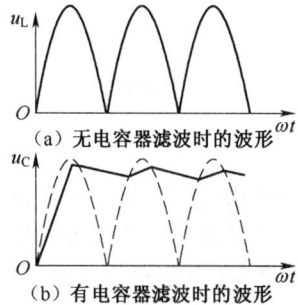

(a) 无电容器滤波时的波形

(b) 有电容器滤波时的波形

图 5-19 桥式整流电容滤波电路波形图

二、基本放大电路

(一)单级交流小信号放大电路

1. 放大电路中各元件的作用

三极管:放大元件,用以电流放大。若输入电压变化 Δu_i,将引起基极电流变化 Δi_b,三极管把 ΔI_b 放大 β 倍,集电极电流变化 $\Delta I_C = \beta \Delta I_b$。

集电极电源 V_{CC}:除了为输出信号提供能量外,还保证集电结处于反向偏置,以使三极管起到放大作用。V_{CC} 一般为几伏至几十伏。

集电极电阻 R_C:又称集电极负载电阻,作用是将集电极电流的变化转换成电压的变化,以实现电压放大。R_C 的阻值一般为几千欧至几十千欧。

基极电源 V_{BB} 与基极电阻 R_B:使发射结处于正向偏置,并提供适当的基极电流,以保证放大电路有合适的工作点。R_B 的阻值一般为几十千欧至几百千欧。

耦合电容器 C_1、C_2:隔直通交。C_1、C_2 的容量一般较大,为几微法至几十微法,常采用带极性的电解电容器。使用时,须注意极性。

用 V_{CC}、V_{BB} 两个电源对放大电路供电很不方便,实际中一般不予采用。可用 V_{CC} 代替 V_{BB},由于一般 $V_{CC} > V_{BB}$,但只要适当调节 R_B 的大小,仍可保证发射结正偏,维持基极电流 I_B 不变,图 5-20 所示电路即为用单电源 V_{CC} 供电的共发射极放大电路。

图 5-20 中,符号"⊥"表示接机壳或接底板,常称"接地",必须指出,它并不表示真正接到大地的地电位,而表示电路的参考零电位,它只是电路中各点电压的公共端。这样,电路中各点的电位,实际上就是该点与公共端之间的电压(即电位差)。

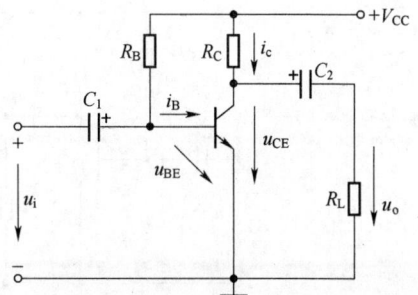

图 5-20 单电源 V_{CC} 供电的
共发射极放大电路

2. 放大电路的基本工作原理

放大电路中电流和电压的波形如图 5-21 所示。

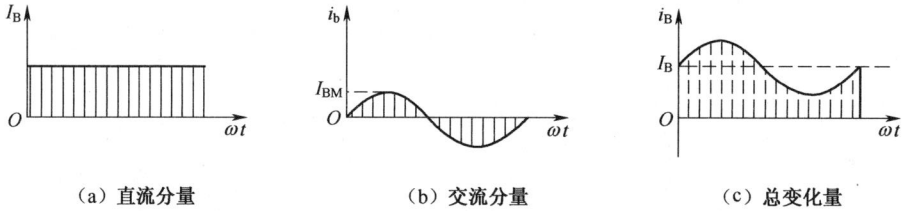

（a）直流分量　　　　　　（b）交流分量　　　　　　（c）总变化量

图 5-21　放大电路中电流和电压的波形

从以上元件介绍中,初步了解到,放大电路中既含有直流又含有交流。直流就是偏置,为放大建立条件;交流就是要放大的变化信号。

为了便于弄清概念和公式的讨论,下面对放大电路中电压和电流的符号进行如下规定(见表 5-2)。

表 5-2　放大电路中电压和电流的符号规定

名　称	静态值	交流分量		总电压或总电流	
		瞬时值	有效值	瞬时值	平均值
基极电流	I_B	i_b	I_b	i_B	$I_{B(AV)}$
集电极电流	I_C	i_c	I_c	i_C	$I_{C(AV)}$
发射极电流	I_E	i_e	I_e	i_E	$I_{E(AV)}$
集-射极电压	U_{CE}	u_{ce}	U_{ce}	u_{CE}	$U_{CE(AV)}$
基-射极电压	U_{BE}	u_{be}	U_{be}	u_{BE}	$U_{BE(AV)}$

3. 电路中的直流通路和静态工作点

在放大电路中,通常存在着电抗元件,如图 5-20 中的 C_1 和 C_2,因此,电路的直流通路和交流通路往往是不同的。直流通路是放大电路中直流通过的途径,而交流通路则是放大电路中交流通过的路径。

由于电容器具有隔离直流的作用,所以画直流通路时,电容器 C_1、C_2 相当于开路,于是对于图 5-22(a)它的直流通路如图 5-22(b)所示。

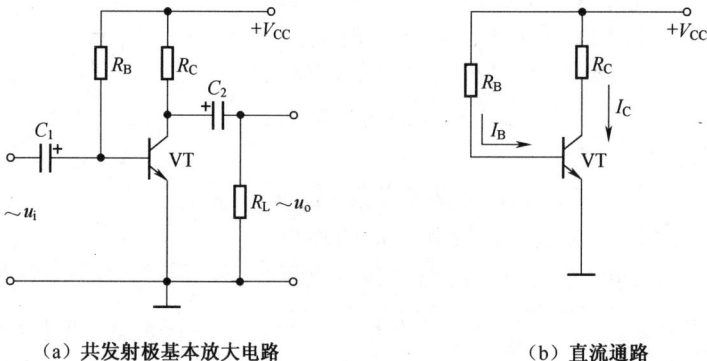

（a）共发射极基本放大电路　　　　　　（b）直流通路

图 5-22　电路中的直流通路

对于频率不是太低的交流信号来说,耦合电容器的容抗很小,一般可将它看成对交流短路,另外,直流电源 V_{CC} 两端无交流电压(因为电源内阻往往很小,其上产生的交流压降可以忽略不计),对交流信号来说,直流电压源可以认为是短路的,于是,电路的交流通路如图 5-23 所示。

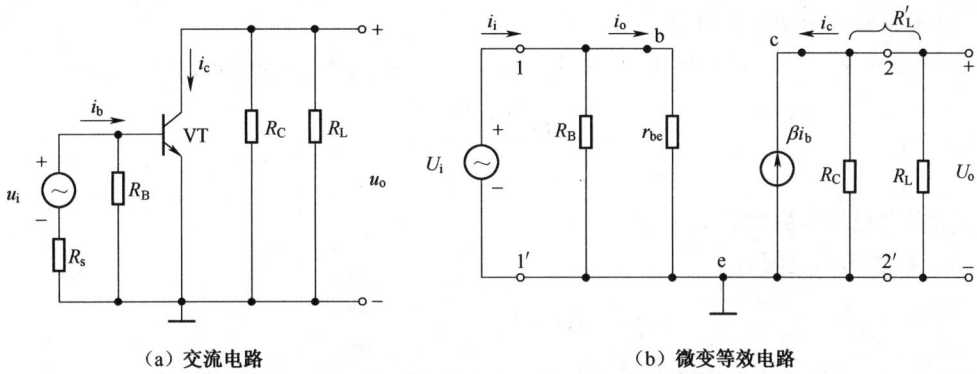

(a)交流电路　　　　　　　　　(b)微变等效电路

图 5-23　电路中的交流通路及其微变等效电路

静态工作情况的分析:

放大电路在没有输入信号时($u_i = 0$),如图 5-24(a)所示,称为静态。由于静态时电路中的电流和电压都是直流量,所以分析时只需要画出直流通路,如图 5-24(b)所示。

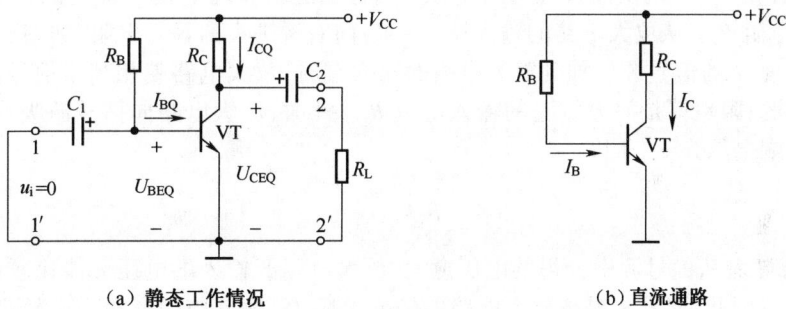

(a)静态工作情况　　　　　　　(b)直流通路

图 5-24　静态工作情况分析

由图 5-24(b)可得

$$U_{CEQ} = V_{CC} - I_{CQ}R_C$$

显然,这是一个直线方程,它的横轴截距为 V_{CC},纵轴截距为 V_{CC}/R_C,其斜率为 $\tan\alpha = -\dfrac{1}{R_C}$。正因为其斜率与集电极直流负载电阻 R_C 有关,故称为放大电路的直流负载线,如图 5-25 所示。

实际上,V_{CC}、R_C 支路是与三极管连接在一起的,因此直流负载线与三极管 $I_B = I_{BQ}$ 的一条输出特性曲线的交点 Q,就称为静态工作点 Q,它代表三极管的直流工作状态,Q 点所对应的 I_{BQ}、I_{CQ} 和 U_{CEQ} 就是放大电路静态工作时的电流、电压值。

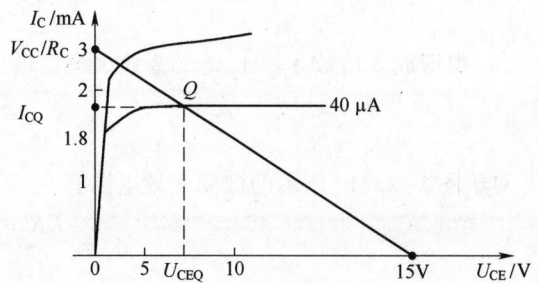

图 5-25　输出回路的图解分析

由此可见,用图解法求静态工作点 Q 的步骤为:由直流通路求得基极电流 I_{BQ}→确定 I_{BQ} 所对应的输出特性曲线→在给定的输出特性曲线坐标系中作直流负载线→交点即为静态工作点 Q,从而确定静态值。

4. 放大电路的主要性能参数

放大电路的放大倍数用对数表示,称为增益 G,其功率、电压、电流的增益分别为

功率增益 $\qquad G_P = 10\lg A_P (dB)$

电压增益 $\qquad G_u = 20\lg A_u (dB)$

电流增益 $\qquad G_i = 20\lg A_i (dB)$

5. 动态交流指标的估算

(1)三极管输入电阻 r_{be}:

$$r_{be} = 300 + (1 + \beta)\frac{26(mV)}{I_{EQ}(mA)}$$

把电路的交流通路改画成微变等效电路,如图 5-23(b)所示,可估算交流分量 i_b、i_c 和 u_o 等。

$$i_b = \frac{u_{be}}{r_{be}} = \frac{u_i}{r_{be}}$$

$$i_c = \beta i_b$$

$$u_o = u_{ce} = -i_c R'_L$$

式中,u_o 是负值,表示 u_o 的实际极性与图 5-23 中标的相反,体现了 u_o 与 u_i 的倒相关系。

(2)输入电阻 R_i。从放大电路的输入端(1-1′)向右看进去的等效电阻,如图 5-23 所示。如果把一个内阻为 R_S 的信号源 u_s 加到放大电路的输入端时,放大电路就相当于信号源的一个负载电阻,这个负载电阻也就是放大电路的输入电阻 R_i。此时,放大电路向信号源吸取电流为 i_i,而放大电路输入端电压为 u_i,所以

$$R_i = \frac{u_i}{i_i}$$

R_i 愈大,意味着从信号源中分得的电压愈大,放大电路的输入端电压 u_i 能比较准确地反映信号源的电压 u_s。因此,要设法提高放大电路的输入电阻 R_i,尤其当信号源内阻较高时更应如此。例如,测量仪器用的前置放大器输入电阻愈高,其测量精度愈高。

在微变等效电路中分析 R_i 时,$R_i = R_b // r_{be}$,由于通常 $R_b \gg r_{be}$,因此 $R_i \approx r_{be}$。

(3)输出电阻 R_o。从放大电路的输出端(2-2′)往左看,整个放大电路可以看成一个内阻为 R_o 的信号源,R_o 就是放大电路的输出电阻,即

$$R_o = R_C$$

(4)电压放大倍数 A_u。A_u 定义为放大电路输出电压 U_o 与输入电压 U_i 之比,即

$$A_u = \frac{U_o}{U_i}$$

对于图 5-23(b)所示的微变等效电路有

$$A_u = \frac{I_c R'_L}{I_b r_{be}} = -\frac{\beta R'_L}{r_{be}}$$

A_u 为负值,表示输出电压与输入电压的相位相反。

当不接负载 R_L 时,电压放大倍数为

$$A_u = -\frac{\beta R_C}{r_{be}}$$

由于 $R'_L = R_C \mathbin{/\mkern-5mu/} R_L$，其值比 R_C 小，所以不接负载时的电压放大倍数 A_u 较大，接上负载 R_L 后的电压放大倍数 A_u 下降。

(二)射极输出器

1. 电路组成

共集电极放大电路如图 5-26(a)所示。它是由基极输入信号，由发射极输出信号。在它的交流通路[见图 5-26(b)]上可以看到，集电极是输入回路与输出回路的公共端，故称为共集电极放大电路。又由于是从发射极输出信号的，故又称射极输出器。

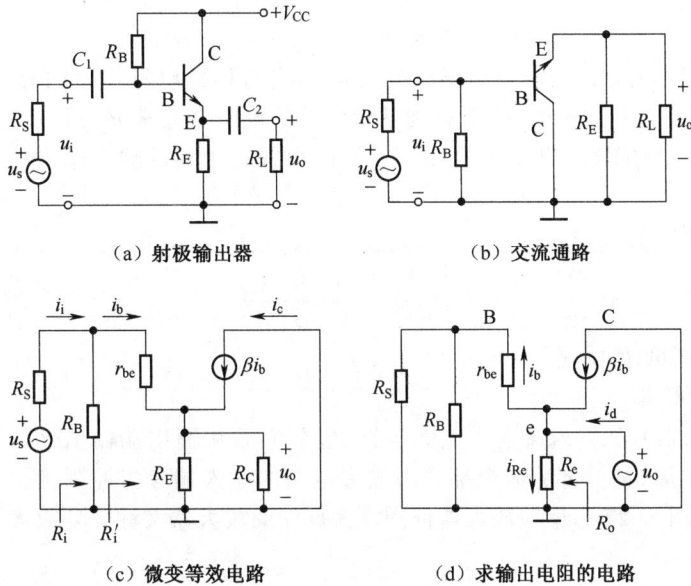

(a)射极输出器　　　　　　　　(b)交流通路

(c)微变等效电路　　　　　　(d)求输出电阻的电路

图 5-26　共集电极放大电路

2. 射极输出器的特点和分析

(1)静态工作点稳定。由图 5-26(a)所示的直流通路可得：$V_{CC} = I_{BQ}R_B + U_{BEQ} + I_{EQ}R_E$，于是得

$$I_{CQ} \approx I_{EQ} = \frac{V_{CC} - U_{BEQ}}{R_E + \dfrac{R_B}{1 + \beta}}$$

而

$$U_{CEQ} \approx V_{CC} - I_{CQ}R_E$$

射极输出器的电阻 R_E，具有稳定静态工作点的负反馈作用。例如，当温度升高时，由于 I_{CQ} 增大，使压降 $U_{RE} = U_{EQ}$ 上升，可导致 U_{BEQ} 下降，从而限制了 I_{CQ} 的上升。

(2)电压放大倍数恒小于 1(近似为 1)。由图 5-26(a)可直接看出

$$u_o = u_i - u_{BE}$$

上式说明，u_o 总是小于 u_i 的。

由微变等效电路[见图 5-26(c)]列出 u_o 和 u_i 的表达式，可得 A_u。

$$u_o = (1 + \beta) i_b R'_L$$

式中

$$R'_L = R_E \mathbin{/\mkern-5mu/} R_L。$$

$$u_i = i_b [r_{be} + (1 + \beta)R'_L]$$

得

$$A_u = \frac{u_o}{u_i} = \frac{(1 + \beta) R'_L}{r_{be} + (1 + \beta) R'_L} < 1$$

在上式中,一般有 $(1+\beta) R'_L \gg r_{be}$,故 A_u 略小于1(接近于1)。正因为输出电压接近输入电压,两者的相位又相同,故射极输出器又称射极跟随器,简称"射随器"。

应当指出,尽管射极输出器的电压放大倍数略小于1,但射极电流 I_C 是基极电流 I_B 的 $(1+\beta)$ 倍,所以仍能够将输入电流加以放大,也就是说,它具有一定的电流放大和功率放大作用。

(3)输入电阻高。由图5-26(c)、(d)可知

$$R'_i = r_{be} + (1 + \beta) R'_L$$

$$R_1 = R_B /\!/ R'_i = R_B /\!/ [r_{be} + (1 + \beta) R'_L]$$

可见,射极输出器的输入电阻是由偏置电阻 R_B 和基极回路电阻 $[r_{be}+(1+\beta)R'_L]$ 并联而得的,其中 $(1+\beta) R'_L$ 可以认为是射极的 R'_L 折算到基极回路的电阻。通常 R_B 阻值较大(几十千欧到几百千欧),同时 $[r_{be}+(1+\beta)R'_L]$ 也比 r_{be} 大得多,因此,射极输出器的输入电阻高,可达几十千欧到几百千欧。

(4)输出电阻低。输出电阻为

$$R_o \approx \frac{r_{be} + (R_S /\!/ R_B)}{1 + \beta}$$

(三)放大电路中的负反馈

1. 反馈的基本概念

在放大电路中,信号从输入端进入放大电路,经放大后从输出端输出,信号为正向传输。若将输出量(电压或电流)的一部分或全部送回放大电路的输入端参与控制,则这种反向传输信号的过程称为反馈。图5-27为反馈放大器框图。无反馈的放大器又称开环放大器,反馈放大器又称闭环放大器。

2. 反馈的分类

(1)正反馈和负反馈。与开环相比,如果引入反馈使净输入量增加,则称为正反馈;如果使净输入量减小,则称为负反馈。判断正、负反馈采用"瞬时极性法":首先假设将反馈支路在与输入端连接处断开,假定输入"+"信号(电位升高),然后沿信号通路,看输出极性,并由此判断,看净输入量是增加还是减小。

(2)电压反馈和电流反馈。反馈从输出端的采样信号可以是输出电压,也可以是输出电流,如图5-28所示。

图5-27 反馈放大器方框图

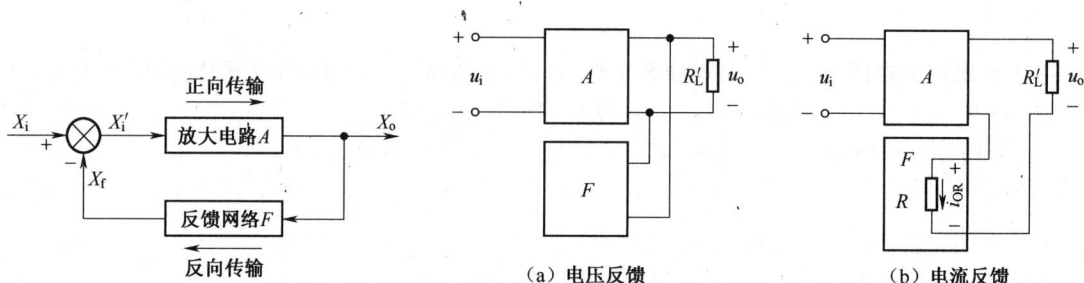

(a)电压反馈   (b)电流反馈

图5-28 电压反馈和电流反馈

图5-28(a)反馈从输出电压采样,反馈量与输出电压成正比,称为电压反馈。

图5-28(b)反馈对输出电流采样,反馈量与输出电流成正比,称为电流反馈。

负反馈能稳定被采样的量,电压负反馈能稳定输出电压,电流负反馈能稳定输出电流。电压

反馈和电流反馈的判别采用"负载短路法"：假设将 R_L 短接，则 u_o 变为0，如果反馈量也因此变为0(反馈消失)，就是电压反馈；如果反馈依然存在，则是电流反馈。

（3）串联反馈和并联反馈：

在输入端，反馈信号与输入信号串联连接，称为串联反馈。串联反馈以电压比较的方式来反映反馈对输入信号的影响。

在输入端，反馈信号与输入信号并联连接，称为并联反馈。并联反馈以电流比较的方式来反映反馈对输入信号的影响。

图5-29(a)中，$u_i' = u_i - u_f$，其中 u_i 和 u_f 是串联关系，称为串联反馈。

图5-29(b)中，$i_i' = i_i - i_f$，其中 i_i 和 i_f 是并联关系，称为并联反馈。

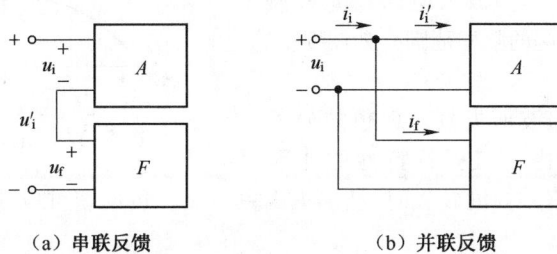

（a）串联反馈   （b）并联反馈

图5-29 反馈网络在输入端的连接方式

串联反馈和并联反馈可以从电路结构进行判别：反馈信号和输入信号分别加在两个输入端上属串联反馈；反馈信号和输入信号加在同一个输入端上属并联反馈。

综合输出端不同采样对象和输入端不同接法，共有4种组态：电压串联反馈、电压并联反馈、电流串联反馈、电流并联反馈。

【例5-1】 判别图5-30所示电路的反馈极性和反馈类型。

解 应用瞬时极性法，假设 u_i 瞬时极性为(+)，经 VT_1 倒相放大后 $u_{C1} = u_{b2}$ 为(−)，经 VT_2 再次倒相放大后 u_{C2} 为(+)，R_f 与 R_{E1} 串联对 u_o 分压，因此 R_{E1} 上电压也为(+)。由于净输入电压 $u_i' = (u_{b1} - u_{e1})$ 减小，可见，与无反馈时相比，引入反馈后反馈信号 u_{e1} 的变化会使净输入量 u_i' 减小，因此是负反馈。由于电容器 C_2 的隔直作用，反馈信号只有交流量，因此是交流反馈。

假设将输出端短路，则 R_f 与 R_E 相当于并联接地，两极间的反馈消失，因此是电压反馈。

从输入端结构和上面的分析都可以看出，信号在输入端以电压形式比较，因此是串联反馈。

综合起来，该电路引入的是电压串联交流负反馈。

【例5-2】 判别图5-31所示电路的反馈极性和反馈类型。

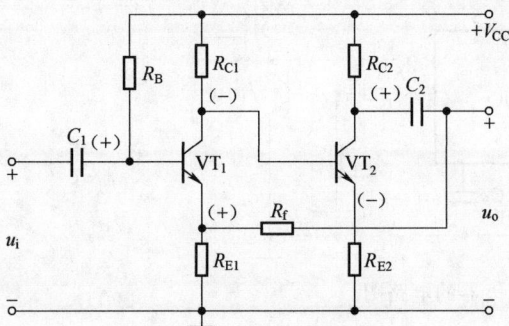

图5-30 例5-1电路图   图5-31 例5-2电路图

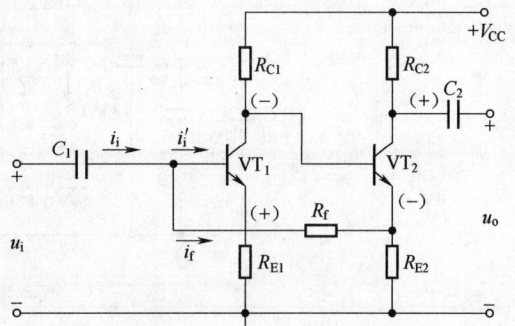

解 应用瞬时极性法,从图 5-31 中所标的各点的瞬时极性可以看出,引入反馈后净输入电流 $i'_i = (i_i - i_f)$ 减小,因此是负反馈。

假设输出端交流短路,即 $u_o = 0$,但输出电流 $i_{e2} \neq 0$,故反馈仍存在,因此是电流反馈;又因为输入信号和反馈信号都加在同一输入端(VT_1 的基极),因此为并联反馈。

综合起来,该电路引入的是电流并联负反馈。

3. 负反馈对放大器性能的影响

(1)改善放大器的频率特性。一般放大器在低频区和高频区放大倍数都要下降。引入负反馈能使下限截止频率减小,上限截止频率增大,从而可以展宽通频带(通频带是指放大电路在允许波动范围内电压放大倍数对应的频率范围),如图 5-32 所示。

(2)减小了放大器的波形失真。理想的放大器应能实现线性放大。由于三极管特性的非线性,故存在失真,特别在信号幅度较大时,波形失真更明显。负反馈可以改善波形失真,但不能完全消除。

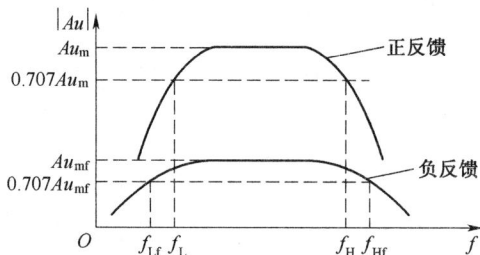

图 5-32 负反馈展宽通频带

(3)改变了放大器的输入、输出电阻。负反馈对输入电阻的影响取决于输入端的连接方式:串联负反馈使输入电阻增大,并联负反馈使输入电阻减小。负反馈对输出电阻的影响取决于在输出端的采样方式:电压负反馈使输出电阻减小,输出电阻减小输出电压趋于稳定;电流负反馈使输出电阻增大,输出电阻增大使输出电流较稳定。

集成运放及许多放大电路的开环性能比较差,必须引入适当负反馈以改善电路性能。

(四)共发射极电压放大电路在汽车电路中的应用

共发射极电压放大电路在汽车电路中的应用比较广泛,应用范围包括汽车电子点火器、汽车前照灯自动变光控制器及汽车发动机电子调节器等。

(1)汽车电子点火器。图 5-33 为汽车电子点火器的电路图。该汽车电子点火器的电路由稳压滤波电路、无稳态多谐振荡器和放大电路组成。从 IC 输出的点火振荡脉冲信号经三极管驱动放大后,通过升压变压器产生高压脉冲,作为点火电压。由点火信号、三极管及火花塞组成了一个共发射极电压放大电路。

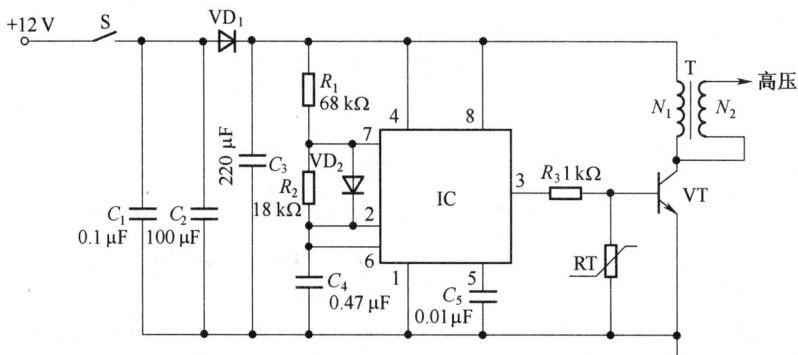

图 5-33 汽车电子点火器的电路图

(2)汽车转向闪光灯电路。图 5-34 为汽车转向闪光灯电路图。该汽车转向闪光灯电路由多谐振荡器、音响驱动电路和闪光控制电路组成。其中,音响驱动电路采用了共发射极放大电路。

（3）汽车发电机电子调节器。图 5-35 为汽车发电机电子调节器电路图。该汽车发电机电子调节器电路由稳压管、小功率三极管和大功率三极管等元件组成。发电机电压通过电阻的分压作用,将一定比例的电压施加到稳压管 VS 上,使 VS 根据发电机电压的变化而导通或截止;小功率三极管 VT_1 的导通或截止受控于 VD,起到了放大作用;大功率三极管 VT_2 串联于发电机磁场绕组的电路中,用于控制电流大小。在 VT_2 导通时,发电机磁场绕组电路通路;VT_2 截止时,则断路。

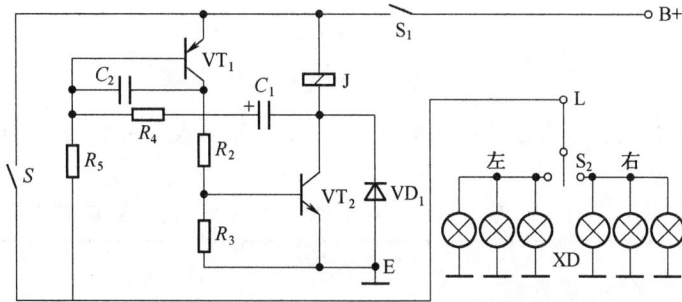

图 5-34　汽车转向闪光灯电路图

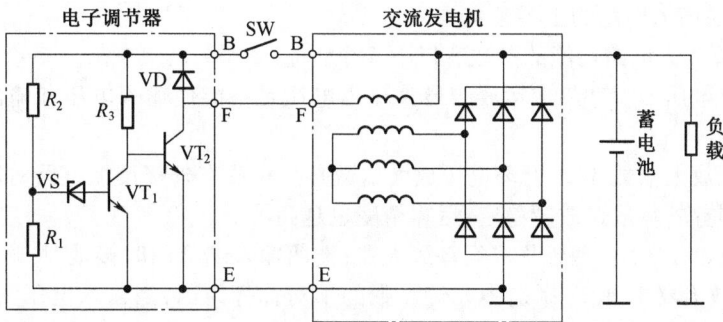

图 5-35　汽车发电机电子调节器电路图

三、集成运算放大电路的应用

集成电路是一种将"管"和"路"紧密结合的器件,它以半导体单晶硅为芯片,采用专门的制造工艺,把三极管、场效应管、二极管、电阻器和电容器等元件及它们之间的连线所组成的完整电路制作在一起,使之具有特定的功能。集成电路最初用于各种模拟信号的运算(如比例、求和、求差、积分、微分等)中,故称为集成运算放大电路,简称"集成运放"。

集成运放具有以下几个特点:

（1）电路元件制作在一块很小的芯片(面积为零点几至几平方毫米)上,元件参数偏差及温度变化一致性好,容易制成特性和参数相同的元件。

（2）集成电路中电阻元件由硅半导体的体电阻构成,不能制造大电阻,范围通常在几十欧至几十千欧,高阻值动态电阻用三极管有源元件代替或引出电极外接高阻值电阻。

（3）集成电路中只能制造几十皮法以下小电容,常用 PN 结电容构成,不能制造大电容,故采用直接耦合方式。

（4）为制造方便，二极管一般用三极管的发射结构成。

（5）为使电路性能优良，尽可能采用对称结构的电路。

（一）集成运算放大电路的组成

集成运算放大电路可分为 4 个基本部分，分别是输入级、中间级、输出级和偏置电路，如图 5-36 所示。

图 5-36　集成运算放大电路的结构

（1）输入级是提高运算放大器作用的关键部分，要求其输入电阻高、静态电流小、共模抑制比高，常采用差分放大电路。

（2）中间级的作用是进行电压放大，要求其电压放大倍数高，一般由共发射极放大电路组成。

（3）输出级与负载连接，要求其线性范围宽、输出电阻小（即带负载能力强）、非线性失真小等。一般由互补共集放大电路构成。

（4）偏置电路的作用是为上述各部分电路提供稳定和合适的偏置电流，决定各级的静态工作点，由各种恒流源电路构成。

（二）集成运算放大电路的主要参数

评价集成运算放大电路性能的参数有以下几个：

（1）最大输出电压 U_{OPP}。集成运放的最大输出电压是指能使输入电压和输出电压保持不失真关系的最大输出电压。

（2）开环电压放大倍数 A_{uo}。开环电压放大倍数是指在没有外接反馈电路时所测出的差分电压放大倍数。A_{uo} 越高，集成运放越稳定，运算精度也越高。

（3）输入失调电压 U_{IO}。理想集成运算放大器，把两输入端都同时接地时，输出电压为 0。但在实际集成运算放大器中，由于制造中元件参数的不对称等原因，当输入电压为 0 时，输出电压不为 0。

（4）输入失调电流 I_{IO}。输入失调电流是指输入信号为 0 时，两输入端静态基极电流之差。I_{IO} 一般零点零几到零点几毫安，其值越小越好。

（5）输入偏置电流 I_{IB}。输入偏置电流是指输入信号为 0 时，两输入端静态基极电流的平均值。其值的大小主要和电路中三极管的性能有关，这个电流也是越小越好。

（6）开环输入阻抗 r_i。电路开环情况下，差模输入电压与电流之比。r_i 大的集成运放性能好。一般 r_i 为几兆欧。

（7）开环输出阻抗 r_o。电路开环情况下，输出电压与电流之比。r_o 小的性能好。一般 r_o 在几百欧左右。

（三）理想运算放大器及其分析依据

在分析集成运算放大器时，一般可将它看成是理想集成运算放大器。用理想集成运算放大器代替实际集成运算放大器所引起的误差并不严重，在工程上是允许的，这样能够使分析过程大大简化。理想化的条件主要如下：开环电压放大倍数 $A_{uo} \to \infty$；差分输入电阻 $r_{id} \to \infty$；开环输出电阻 $r_o \to 0$；共模抑制比 $K_{CMR} \to \infty$。

集成运算放大器的图形符号如图 5-37 所示，反相输入端用"−"表示，同相输出端用"＋"表示,它们与"地"之间的电压分别用 u_-、u_+、u_o 表示。"∞"表示开环电压放大倍数理想化的条件。

从集成运算放大器的传输特性图(见图5-38)中可以看出,其工作区域分为线性区和饱和区。下面介绍在集成运算放大器两种不同区域的分析方法。

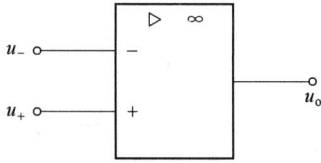

图5-37　集成运算放大器的图形符号　　图5-38　集成运算放大器的传输特性图

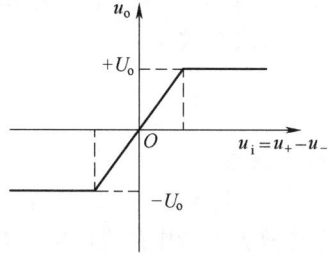

(1)工作在线性区。当集成运算放大器工作在线性区时,u_o 和 (u_+-u_-) 具有线性关系,可表示为

$$u_o = A_{uo}(u_+ - u_-)$$

由于集成运算放大器的开环电压放大倍数 A_{uo} 很高,很容易使输出电压饱和,其饱和值 $+U_o$ 或 $-U_o$ 达到接近电源的电压值或负电源电压值。

由于理想集成运算放大器中 $A_{uo} \to \infty$,所以 $u_+-u_- \approx u_o/A_{uo} \approx 0$,即集成运算放大器的两个输入端之间的电压差非常接近于零,但不是短路,故称为"虚地"。

(2)工作在饱和区。当集成运算放大器工作在饱和区时,输出电压只有两种可能,等于 $+U_o$ 或等于 $-U_o$,而 u_+ 与 u_- 不一定相等:

当 $u_+ > u_-$ 时,$u_o = +U_o$;

当 $u_+ < u_-$ 时,$u_o = -U_o$。

(四)集成运算放大电路的应用

集成运算放大电路的应用非常广泛,下面从其在信号运算、信号处理等方面的应用进行介绍。

集成运算放大电路能完成比例、加减、积分、微分及乘除等运算。

1. 反相比例器

图5-39所示为反相比例器电路。输入信号 u_i 经输入端电阻 R 送到反相输入端,而同相输入端通过电阻 R_B 接"地"。反馈电阻 R_F 接在输出端和反相输入端之间。

根据集成运算放大器的线性工作条件可得

$$u_- = 0$$

又因为

$$i = \frac{u_i - u_-}{R} = \frac{u_i - 0}{R} = \frac{u_i}{R}$$

$$i_F = \frac{u_i - u_o}{R_F} = \frac{0 - u_o}{R_F} = \frac{u_o}{R_F}$$

由于"虚地",理想集成运放的输入电流为0,即 $i_- = 0$,则

$$i = \frac{u_i}{R} = i_F = -\frac{u_o}{R_F}$$

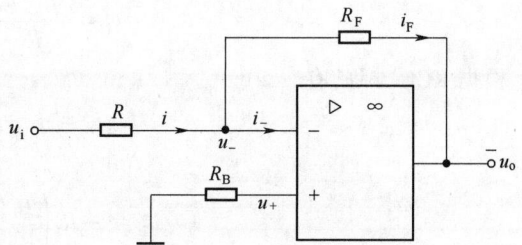

图5-39　反相比例器电路

由此可得

$$u_o = -\frac{R_F}{R}u_i$$

由此可见，可以通过改变电阻 R、R_F 的大小，从而使得电路的比例系数发生改变。

闭环电压放大倍数为

$$A_{uf} = -\frac{R_F}{R}$$

2. 同相比例器

图 5-40 所示为同相比例器电路。

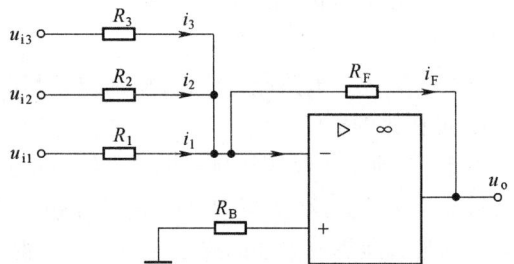

根据运算放大器工作在线性区的条件：

$$u_- \approx u_+ = u_i$$
$$i_i \approx i_F$$

可列出

$$i_i = \frac{u_-}{R} = -\frac{u_i}{R}$$

$$i_F = \frac{u_- - u_o}{R_F} = \frac{u_i - u_o}{R_F}$$

由此得出

图 5-40 同相比例器电路

$$u_o = \left(1 + \frac{R_F}{R}\right)u_i$$

闭环电压放大倍数为

$$A_{uf} = \frac{u_o}{u_i} = 1 + \frac{R_F}{R}$$

3. 加法器

加法器电路如图 5-41 所示。

由图 5-41 可列出以下方程：

$$i_3 = \frac{u_{i3} - 0}{R_3} = \frac{u_{i3}}{R_3}$$

$$i_2 = \frac{u_{i2} - 0}{R_2} = \frac{u_{i2}}{R_2}$$

$$i_1 = \frac{u_{i1} - 0}{R_1} = \frac{u_{i1}}{R_1}$$

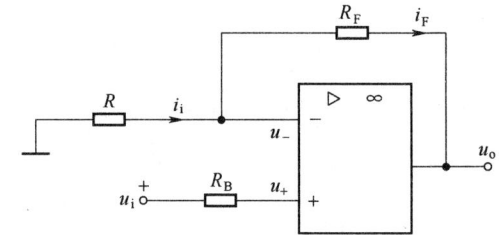

图 5-41 加法器电路

$$i_F = \frac{0 - u_o}{R_F} = -\frac{u_o}{R_F}$$

根据 KCL 方程，有

$$i_F = i_1 + i_2 + i_3$$

所以

$$u_o = -R_F\left(\frac{u_{i1}}{R_1} + \frac{u_{i2}}{R_2} + \frac{u_{i3}}{R_3}\right)$$

由此可见，当 $R_1 = R_2 = R_3 = R_F$ 时，$u_o = -(u_{i1} + u_{i2} + u_{i3})$。该电路为一个由集成运放构成的反相

加法器。

4. 减法器

图 5-42 为减法器电路,该电路在测量和控制系统中应用很多,由图 5-42 可得

$$u_- = u_{i1} - R_1 i_1 = u_{i1} - \frac{R_3}{R_1 + R_F}(u_{i1} - u_o)$$

$$u_+ = \frac{R_3}{R_2 + R_3} u_{i2}$$

由于 $u_- \approx u_+$,故由以上两式可得出

$$u_o = \left(1 + \frac{R_F}{R_1}\right) \frac{R_3}{R_2 + R_3} u_{i2} - \frac{R_F}{R_1} u_{i1}$$

当 $R_1 = R_2$ 和 $R_F = R_3$ 时,上式变为

$$u_o = \frac{R_F}{R_1}(u_{i2} - u_{i1})$$

当 $R_F = R_1$ 时,则

$$u_o = u_{i2} - u_{i1}$$

图 5-42 减法器电路

由上两式可见,输出电压 u_o 与两个输入电压的差值成正比,故可进行减法运算。

闭环电压放大倍数为

$$A_{uf} = \frac{u_o}{u_{i2} - u_{i1}} = \frac{R_F}{R_1}$$

5. 积分器

与反相比例器比较,用电容器代替 R_F 作为反馈元件,就是积分器电路,如图 5-43(a)所示。

由于 $u_- \approx 0$,所以

$$i_1 = i_F = \frac{u_i}{R_1}$$

当 u_i 为阶跃电压信号时,则有

$$u_o = -\frac{U_i}{R_1 C_F} t$$

由上式可以看出,u_o 与 u_i 成积分比例关系。$R_1 C_F$ 为积分常数。

阶跃电压信号波形如图 5-43(b)所示。

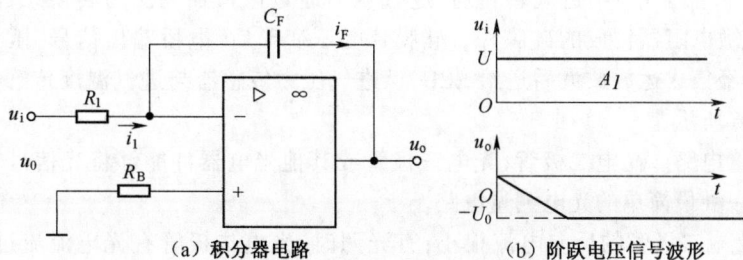

(a) 积分器电路   (b) 阶跃电压信号波形

图 5-43 积分运算电路及阶跃电压信号波形

积分器除用于信号运算外,在控制和测量系统中的应用也很广泛。

6. 微分器

微分运算是积分运算的逆运算,只需把输入电阻和反馈电容调换位置即可得到微分器电路,

如图 5-44 所示。

由图 5-44 可得

$$i_i = C_i \frac{\mathrm{d}u_C}{\mathrm{d}t} = \frac{\mathrm{d}u_i}{\mathrm{d}t}$$

$$u_o = -R_F i_F = -R_F i_i$$

故

$$u_o = -R_F C_i \frac{\mathrm{d}u_i}{\mathrm{d}t}$$

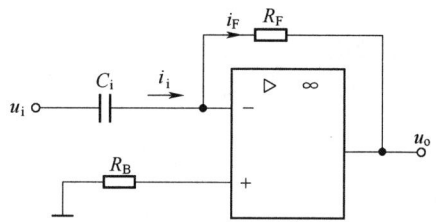

图 5-44　微分器电路

即输出电压和输入电压与时间的关系是一次微分正比关系。

由于这种电路的工作稳定性不高,故很少使用。

（五）集成运算放大电路在汽车电路中的应用

前面介绍了集成运算放大电路的基本构成、工作原理及其应用。下面将介绍其在汽车电路中的应用。集成运放的工作区域可分为线性区和非线性区,集成运放工作在线性区时,其主要作用是将微弱的信号进行放大;反之,如果它工作在非线性区,其主要作用是构成各种比较器。

1. 集成运放工作于线性区

（1）电桥信号放大电路。如果需要对温度、压力或形变等进行检测,则可采用图 5-45 所示的电桥信号放大电路。图中电桥的一个臂是由传感器构成的。

当传感器的阻值没有变化时,即 $\Delta R = 0$ 时,电桥平衡,电路输出电压 $u_o = 0$;当传感器因温度、压力或其他变化而使传感元件的阻值发生变化时(用 ΔR 表示),电桥就失去平衡,变化量变成了电信号而产生输出电压 u_o。输出电压 u_o 一般很小,需要经过放大器进行放大。

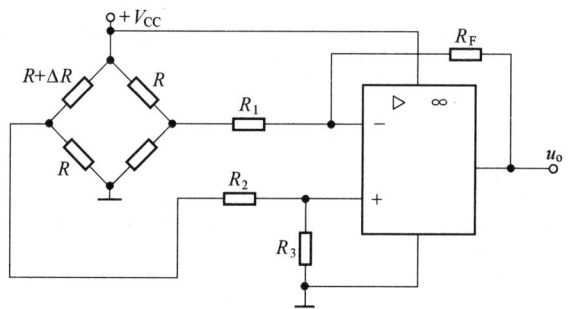

图 5-45　电桥信号放大电路

在汽车电喷发动机中,用来测量进气量的进气压力传感器就是由压敏电阻器和集成运放制成的。这种传感器被美国通用汽车公司、日本丰田汽车公司等汽车公司广泛采用,捷达型轿车也采用了该传感器。

该传感器有一个通气口与进气管相通,进气压力通过该口加到压力转换元件上。压力转换元件是由 4 个压敏电阻器构成的硅膜片。硅膜片受压变形后,电桥输出信号,压力越大,输出信号越强。该信号经集成运放放大后送给 ECU,该进气压力传感器与进气温度传感器制成一体,其结构图如图 5-46 所示。

（2）光电测量电路。光电二极管、光电三极管或其他光电器件能够将光信号转变为电信号。图 5-47 所示为一种最简单的光电测量电路。

无光照时,光电二极管的反向电流很小;有光照时,光电二极管有光电流流过。光的照度越大,光电流越大。经过集成运放后,输出电压 $u_o = iR_F$。在汽车自动空调控制系统中,用作检测日照量的传感器就是经过设置在 ECU 内部的上述电路进行信号放大的。

2. 集成运放工作于非线性区

当集成运放工作在非线性区时,它就构成了各种电压比较器。在汽车电路中,最常见的应用

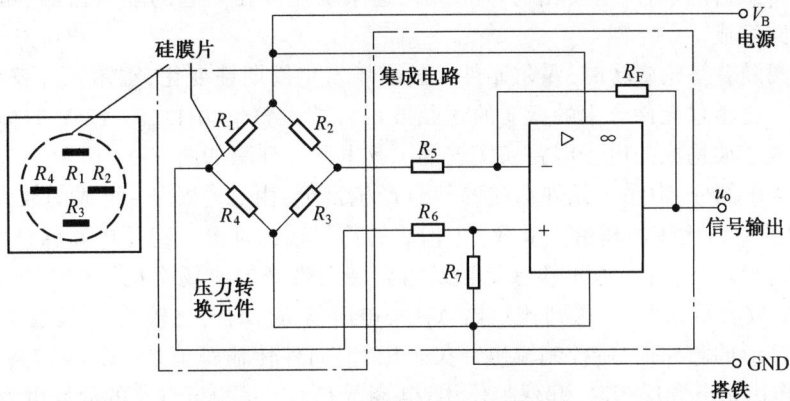

图 5-46　汽车进气压力传感器结构图

是简单电压比较器、滞回电压比较器和窗口电压比较器。

（1）简单电压比较器在汽车电路中的应用。图 5-48 所示的氧传感器与 ECU 连接电路和图 5-49 所示的蓄电池电压过低报警电路，都是简单电压比较器在汽车电路中的应用。

（2）滞回电压比较器在汽车电路中的应用。在简单电压比较器的基础上加上正反馈就构成了滞回电压比较器，电路结构及传输特性如图 5-50 所示。

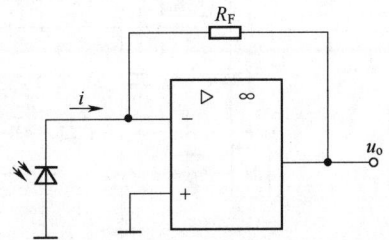

图 5-47　光电测量电路

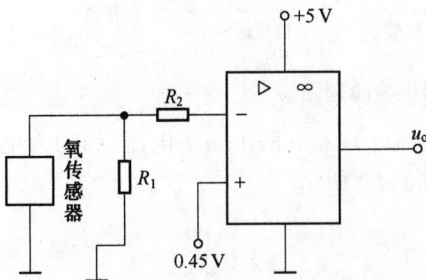

图 5-48　氧传感器与 ECU 连接电路

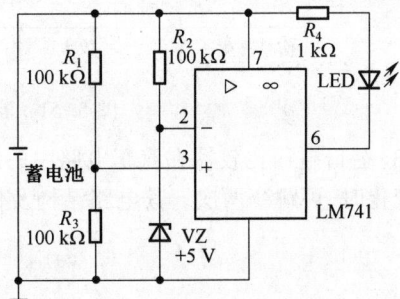

图 5-49　蓄电池电压过低报警电路

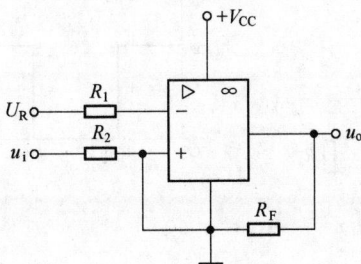

（a）电路结构

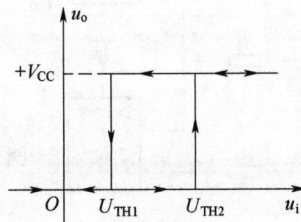

（b）传输特性

图 5-50　滞回电压比较器电路结构及传输特性

在汽车 ABS（防抱死制动系统）中，车轮的速度是靠轮速传感器传递给 ECU 的。霍尔轮速传感器就是轮速传感器的一种,主要由与车轮或传递系统连接在一起的触发齿圈、霍尔元件、永久磁铁和电子电路组成。

当触发齿圈随着车轮旋转时,霍尔元件上的磁场发生周期性变化,霍尔元件就会产生毫伏级的正弦波电压。将霍尔元件产生的微弱的正弦波信号放大整形为 11.5～12 V 的标准脉冲信号,就是通过由集成运放构成的电子电路来实现的。其电路原理图如图 5-51 所示。

电路分为 4 个部分:由霍尔元件构成的信号产生部分;由 A_1、R_1、R_{F1} 组成的放大部分;由 A_2、R_2、R_3、R_{F2} 组成的滞回比较器和由三极管 VT 构成的信号输出部分。稳压电路保证霍尔元件和比较器基准电压的稳定不变;霍尔元件感受触发齿轮转动带来的磁场变化而产生微弱的正弦波信号,该信号经 A_1 放大器放大后,送到比较器 A_2 中,电阻器 R_2、R_3 向比较器 A_2 提供了基准电压,A_2 输出经过滞回整形的脉冲信号;控制输出开关三极管,向外传输幅值达 11.5～12 V 的脉冲信号;二极管 VD 的作用是电源反接时,起保护作用;电容器 C_1、C_2 是稳压电路的滤波电容器。

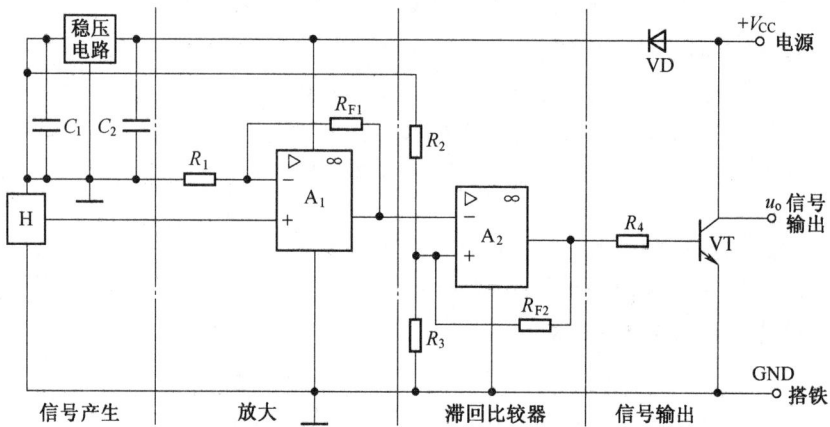

图 5-51　霍尔转速传感器电路原理图

(3)窗口电压比较器在汽车电路中的应用。窗口电压比较器有两个阈值电压,当输入电压单方向变化时,可跳变两次。其电路结构及传输特性如图 5-52 所示。

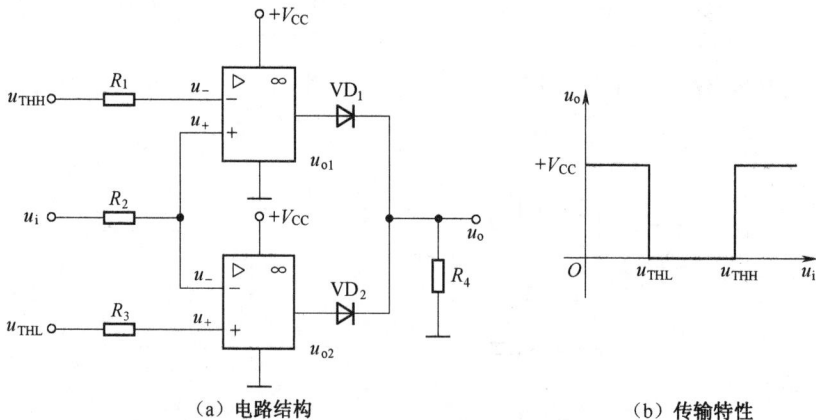

(a)　电路结构　　　　　　　(b)　传输特性

图 5-52　窗口电压比较器电路结构及传输特性

在汽车充电系统电路中,当电压过高或过低时,报警器会发出警报,这就是汽车充电系统电压监视器电路,如图 5-53 所示。

图 5-53 中各部分电路的作用如下:

(1)滤波稳压电路(点画线框部分):为比较器 A_1、A_2 提供基准电压,电压值为稳压管 VZ 的稳定电压。

(2)分压电路:将电源充电系统电压分压后形成 A_1、A_2 的输入信号。

(3)比较器 A_1、A_2:将输入信号与基准电压进行比较。比较器 A_1、A_2 的功能是监视汽车充电系统的电压,当电压过低(小于 12 V)或过高(大于 14.5 V)时,报警器发出警报。

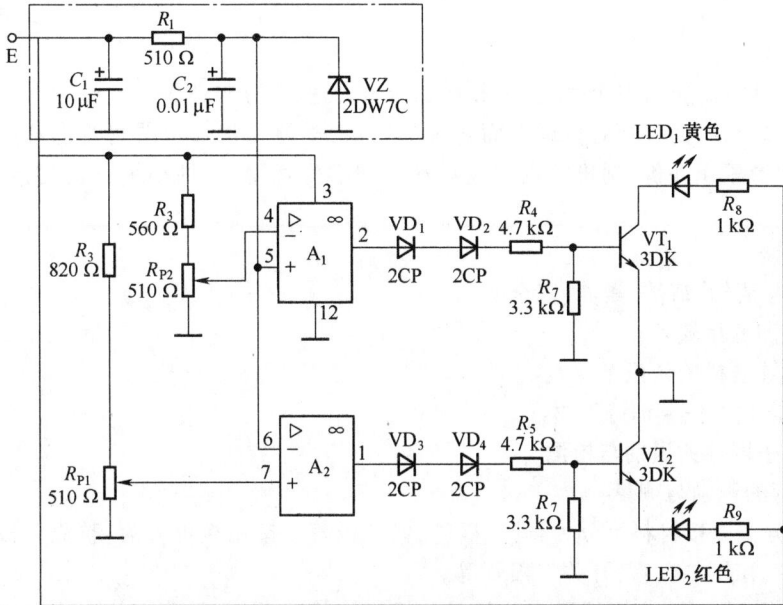

图 5-53 汽车充电系统电压监视器电路

(4)驱动电路 VT_1、VT_2:驱动报警器工作。

(5)警报器 LED_1、LED_2:充电系统电压异常时发出警报。

汽车充电系统电压监视器电路的工作原理如下:

当充电系统电压大于 14.5 V 时,A_1 反相端检测到的电压和同相端检测到的电压都大于基准电压,比较器 A_1 输出电压为 0,三极管 VT_1 不能导通,LED_1(黄色)不亮;比较器 A_2 输出电压为电源电压,驱动三极管 VT_2 导通,LED_2(红色)发光,指示电压过高。

当充电系统电压小于 12 V 时,A_1 反相端检测到的电压和 A_2 同相端检测到的电压都小于基准电压,比较器 A_2 输出电压为 0,三极管 VT_2 不能导通,LED_2(红色)不亮;比较器 A_1 输出电压为电源电压,驱动三极管 VT_1 导通,发光二极管 LED_1(黄色)发光,指示电压过低。

当充电系统电压介于 12~14.5 V 之间时,A_1 反相端检测到的电压大于基准电压,比较器 A_1 输出电压为 0,三极管 VT_1 不能导通;A_2 同相端检测到的电压小于基准电压,比较器 A_2 输出电压为 0,三极管 VT_2 不能导通。LED_1(黄色)和 LED_2(红色)都不亮,指示电压正常。

集成运放在汽车上的应用还有很多,这里只供入门的参考和学习,更深入的内容需要读者自行进一步学习研究。

🚗 项目实施

任务 5-1　常用电子器件的识别与检测

(一)任务要求

1. 教学组织

任务分组训练:全班_____人,每_____人一组,分为_____组,使用_____套实训器材,每组小组长一名。

2. 职责分工

教师职责:课堂纪律与安全管理、任务训练器材管理、指导与巡查。

学生职责:班长协助教师对班级全面管理与监控,学习委员负责器材管理和检查,团委书记负责安全、纪律及素质评价,副班长负责收集和反馈学生意见,实训小组长负责指导组内学习和交流。

3. 6S 要求

整理、整顿、清扫、清洁、素养、安全。

(二)任务训练步骤

1. 任务训练器材的认识及检查

认识和检查相关任务训练器材。

2. 常用电子器件的识别与检测

(1)二极管的识别与测量:

二极管的分类。按材料可分为:硅二极管,锗二极管。按用途可分为:整流二极管,检波二极管,发光二极管,稳压二极管,开关二极管等。

①二极管的识别。有色环或色点的极是二极管的负极,无色环或色点的极为二极管的正极。

②用万用表测量二极管。用万用表测量二极管的等效电路如图 5-54 所示。

测量步骤:把万用表电阻挡调在 R×100 挡或 R×1 k挡,两个表笔分别接二极管两个极,如果电阻很大,说明二极管反偏,黑表笔所接的是负极,红表笔所接的是正极;如果电阻较小,说明二极管正偏,黑表笔所接的是正极,红表笔所接的是负极。如果两次测量电阻都很大或都很小,差别不大,说明二极管损坏。

图 5-54　用万用表测量
二极管的等效电路

(2)三极管的判别:

①判别三极管的好坏。三极管内部有两个 PN 结,即集电结和发射结,PN 结具有单向导电性。不论何种管型,只要两个 PN 结都具有单向导电性,这个三极管就为好三极管。把万用表电阻挡调在 R×100 挡或 R×1 k挡,两个表笔分别对三极管的 3 个引脚按排列组合进行 6 次测量,好的三极管应该 2 次导通,4 次截止。

②判别基极 B。在 6 次测量中,有 2 个引脚正反 2 次测量都截止,那么剩余的那个引脚为基极。

③判别管型。黑表笔接基极,红表笔分别搭试另外两个引脚,如果导通,为 NPN 型三极管;如

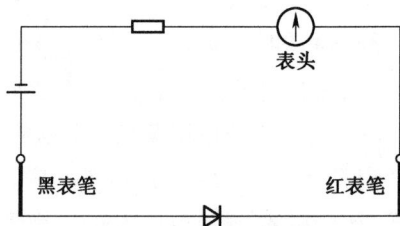

果截止为 PNP 型三极管。

④判别集电极和发射极。三极管具有电流放大作用,可以利用这个原理判别集电极和发射极。在判别管型和基极的基础上,对余下两个引脚,假设任意一个为集电极(C),另一个为发射极(E),用手指代替 R_B,将集电极和基极捏在一起,但两个引脚不能相碰。万用表两表笔分别与 C、E 相连,连接极性视管型来定,对于 NPN 型三极管,黑表笔与假设的 C 极相连,红表笔与假设的 E 极相连,然后观察指针偏转角度;再假设另一引脚为 C 极,重复测一次,比较两次指针偏转情况,偏转大的表明 I_C 大,三极管处于放大状态,则这次所设 C、E 极是正确的。对于 PNP 型三极管,只要根据三极管的电流放大作用原理,把万用表两表笔颠倒进行测量即可。

3. 任务训练过程检查

检查项目	结果与数据	检查项目	结果与数据	检查项目	结果与数据
二极管的识别是否规范		B 极的测量和管型的测量是否规范		是否单独完成工作	
三极管的识别是否规范		集电极、发射极的判别是否规范		是否严格执行 6S 管理	

4. 评价与反馈

考核项目	评分标准	分数	学生自评(10%)	小组互评(50%)	教师评价(40%)	小计
团队合作	是否协调信任					
活动参与	是否积极主动					
安全训练	有无安全隐患					
现场 6S	是否做到					
任务方案	是否正确、合理					
任务训练过程	是否独立完成					
	工作完成情况					
任务完成情况	是否圆满完成					
工具设备使用	是否规范、标准					
问答	是否能够回答正确					
任务训练设备	是否完好					
总　　分		100				
任务训练小组学生:			年　　月　　日		得分	
教师签名:			年　　月　　日		得分	

任务 5-2　整流二极管检测和整流电路的检测

(一)任务要求

1. 教学组织

任务分组训练:全班_____人,每_____人一组,分为_____组,使用_____套实训器材,每组小组长一名。

2. 职责分工

教师职责:课堂纪律与安全管理、任务训练器材管理、指导与巡查。

学生职责:班长协助教师对班级全面管理与监控,学习委员负责器材管理和检查,团委书记负责安全、纪律及素质评价,副班长负责收集和反馈学生意见,实训小组长负责指导组内学习和交流。

3. 6S 要求

整理、整顿、清扫、清洁、素养、安全。

(二)任务训练步骤

1. 任务训练器材的认识及检查

认识和检查相关任务训练器材。

2. 整流二极管检测和整流电路的检测

(1)检测正极二极管。用万用表 R×1 挡检测正极二极管,红表笔接引线,黑表笔接外壳,将测量结果填入表 5-3 中,本次测量的阻值应大于 10 Ω;将红、黑表笔对调再次测量,将测量结果填入表 5-3 中,本次测量的阻值应为 8~10 Ω。

(2)检测负极二极管。用万用表 R×1 挡检测负极二极管,红表笔接引线,黑表笔接外壳,将测量结果填入表 5-3 中,本次测量的阻值应大于 8~10 Ω;将红、黑表笔对调再次测量,将测量结果填入表 5-3 中,本次测量的阻值应大于 10 Ω。

注意:在整流二极管的检测过程中,若测得的正反向阻值均为零,说明二极管已被击穿;若测得的正反向阻值均为无穷大,说明二极管开路。

表 5-3　检测整流二极管

万用表表笔接法和挡位		测得的电阻值	
万用表表笔接法	万用表挡位	正极二极管	负极二极管
红表笔接引线			
黑表笔接外壳			
黑表笔接引线			
红表笔接外壳			

(3)整流电路的测试:

①按图 5-55 分别连接半波整流电路和桥式整流电路。用示波器观察中并记录 U_2 及 U_L 的波形,测量 U_2 及 U_L 的数值,将测量结果按照要求填入表 5-4 中。

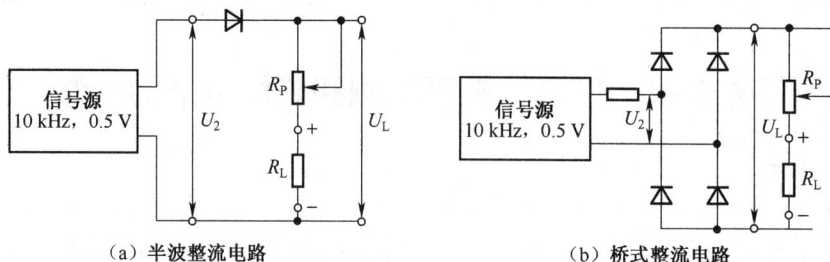

(a)半波整流电路　　　　(b)桥式整流电路

图 5-55　整流电路测试

表 5-4　整流电路测试表

测试项目	U_2		U_L	
	波形	数值	波形	数值
半波整流电路				
桥式整流电路				

②将 U_2 及 U_L 的测量值与计算值比较,是否有误差? 并进行说明。

3. 任务训练过程检查

检查项目	结果与数据	检查项目	结果与数据	检查项目	结果与数据
能否正确区分正极管和负极管		能否正确检测负极二极管		是否单独完成工作	
能否正确检测正极二极管		能否判别整流二极管的好坏		是否严格执行 6S 管理	

4. 评价与反馈

考核项目	评分标准	分数	学生自评(10%)	小组互评(50%)	教师评价(40%)	小计
团队合作	是否协调信任					
活动参与	是否积极主动					
安全训练	有无安全隐患					
现场 6S	是否做到					
任务方案	是否正确、合理					
任务训练过程	是否独立完成					
	工作完成情况					
任务完成情况	是否圆满完成					
工具设备使用	是否规范、标准					
问答	是否能够回答正确					
任务训练设备	是否完好					
总　分		100				
任务训练小组学生:			年　　月　　日		得分	
教师签名:			年　　月　　日		得分	

任务 5-3　集成运放应用电路

(一)任务要求

1. 教学组织

任务分组训练:全班_____人,每_____人一组,分为_____组,使用_____套实训器材,每组小组长一名。

2. 职责分工

教师职责:课堂纪律与安全管理、任务训练器材管理、指导与巡查。

学生职责:班长协助教师对班级全面管理与监控,学习委员负责器材管理和检查,团委书记负责安全、纪律及素质评价,副班长负责收集和反馈学生意见,实训小组长负责指导组内学习和交流。

3. 6S 要求

整理、整顿、清扫、清洁、素养、安全。

(二)任务训练步骤

1. 任务训练器材的认识及检查

认识和检查相关任务训练器材。

2. 集成运放应用电路

(1)调零。按图 5-56 接线,接通电源后,调节调零电位器 R_P,使输出 $U_o = 0$(小于± 10 mV)。集成运放调零后,在后面的步骤均无须再调零。

(2)反相比例运算。反相比例运算电路如图 5-57 所示,根据电路参数计算 $A_u(U_o/U_i)$。按给定的直流电压 U_i 值计算和测量对应的 U_o 值,并把结果记入表 5-5 中。

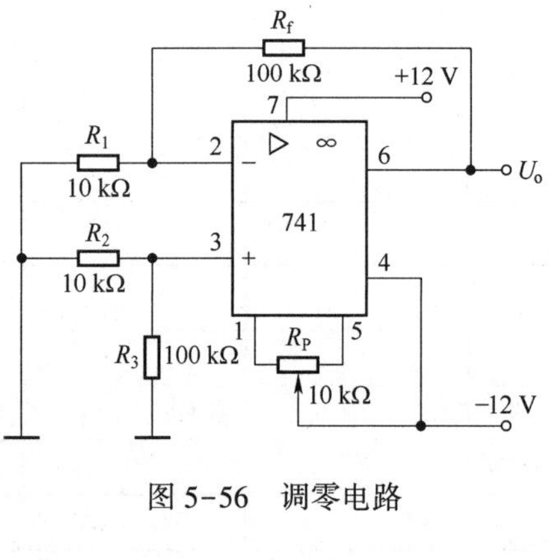

图 5-56　调零电路 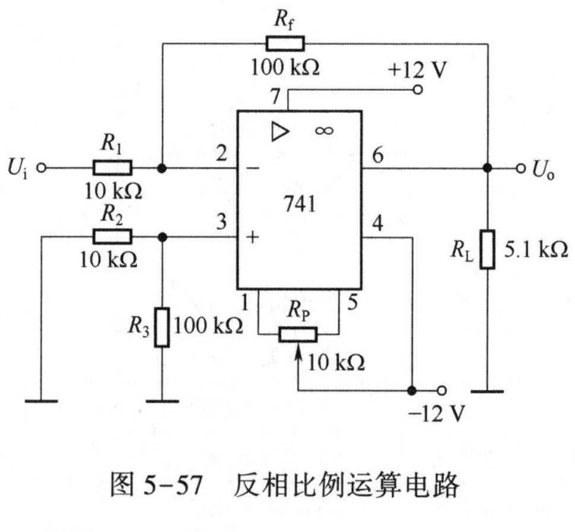　　　　　　图 5-57　反相比例运算电路

表 5-5　反相比例运算

输入直流电压 U_i/V	0.3	0.5	0.7	1.0	1.1	1.2
理论计算值 U_o/V						
实际测量值 U_o/V						
实际电压放大倍数 A_u						

(3)同相比例运算。同相比例运算电路如图 5-58 所示。根据电路参数,按给定的 U_i 值计算

和测量对应的 U_o 值,并把结果记入表5-6中。

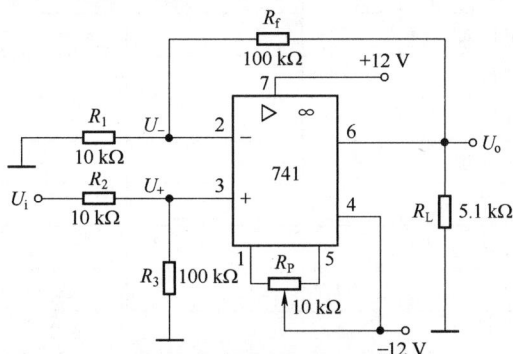

图 5-58 同相比例运算电路

表 5-6 同相比例运算

输入直流电压 U_i/V	0.3	0.5	0.7	1.0	1.1	1.2
理论计算值 U_o/V						
实际测量值 U_o/V						
实际电压放大倍数 A_u						

(4)分析:

①通过实训数据分析各运算关系。

_____。

②试分析 U_i 超过 1.0 V 时,输出电压 U_o 现象。

_____。

3. 任务训练过程检查

检查项目	结果与数据	检查项目	结果与数据	检查项目	结果与数据
能否正确连接运算放大电路		能否正确总结实训结论		是否单独完成工作	
是否出现异常现象		测量数据波形是否准确		是否严格执行 6S 管理	

4. 评价与反馈

考核项目	评分标准	分数	学生自评(10%)	小组互评(50%)	教师评价(40%)	小计
团队合作	是否协调信任					
活动参与	是否积极主动					
安全训练	有无安全隐患					
现场 6S	是否做到					
任务方案	是否正确、合理					

考核项目	评分标准	分数	学生自评(10%)	小组互评(50%)	教师评价(40%)	小计
任务训练过程	是否独立完成					
	工作完成情况					
任务完成情况	是否圆满完成					
工具设备使用	是否规范、标准					
问答	是否能够回答正确					
任务训练设备	是否完好					
总　分		100				
任务训练小组学生:				年　月　日	得分	
教师签名:				年　月　日	得分	

测试与练习

1. 什么是本征半导体? 什么是杂质半导体?

2. 二极管的内部特殊结构是什么? 二极管具有什么特性?

3. 如何判别二极管的好坏?

4. 二极管有哪些应用场合?

5. 二极管在汽车上有哪些应用?

6. 三极管是如何分类的?

7. 三极管有哪些特性参数?

8. 如何区分硅三极管和锗三极管?

9. 画出 PNP 型和 NPN 型两种三极管共发射极放大电路电源连接图,说明三极管处于放大状态的内部条件和外部条件。

10. 放大电路为什么要设置静态工作点?

11. 电路如图 5-59 所示。

(1)写出 U_o 与 U_{i1}、U_{i2} 的函数关系。

(2)若 $U_{i1} = +1.25$ V,$U_{i2} = -0.5$ V,求 U_o。

12. 试求图 5-60 所示电路中输入与输出的关系。

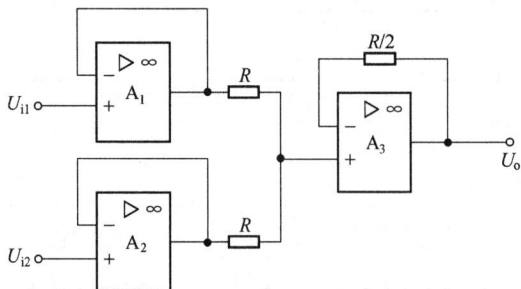

图 5-59　习题 11 图

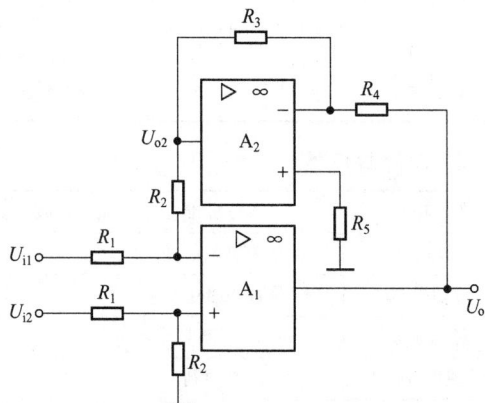

图 5-60　习题 12 图

13. 试证明图 5-61 所示电路满足如下关系式：

$$U_o = \left(1 + \frac{R_1}{R_2}\right)(u_{i2} - u_{i1})$$

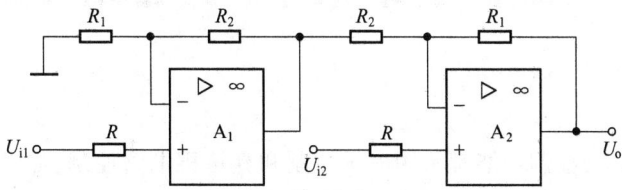

图 5-61 习题 13 图

项目6　数字电路在汽车电路中的应用

项目背景

大部分汽车的操纵与控制功能都采用电子控制和计算机电路控制,如发动机工况控制系统、自动防抱死系统、电子悬架系统、电控动力转换和管理控制系统。

本项目介绍了数字电路的基本概念和触发器的基本性质、功能及电路组成;门电路输出和输入间的逻辑关系的分析方法、译码器的逻辑功能,时序逻辑电路,以及555定时的电路结构及其功能;数字电路在汽车电路中的应用。学会触发器的测试方法;实施汽车顶灯调光器电路、转向灯闪光器电路连接与调试。

知识目标

(1)掌握数制和码制的基本概念及相互转换的方法。

(2)掌握逻辑事件的基本描述方法及各种描述方法的特点与作用。

(3)掌握组合逻辑电路的基本特点以及典型组合逻辑电路、时序逻辑电路的工作原理、分析与设计方法。

(4)了解并掌握汽车上常见的集成电路的工作原理。

技能目标

(1)能绘制数字电路原理图并会读图。

(2)会设计简单的组合逻辑电路;会进行汽车照明顶灯调光器电路的连接与调试。

(3)能连接并分析典型汽车集成电路原理图。

🔧 **相关知识**

一、常用基本门电路

(一)基本逻辑关系和门电路

在汽车电子电路中,传递的信号主要有两种:一种是连续变化的模拟信号;另一种是"高""低"间隔变化的数字信号。数字信号与模拟信号不同,它的大小没有意义,只需要它变化的频率。数字信号传递的数值是"高"和"低",在二进制逻辑中用数值"1"和"0"分别代表这两个状态,对应的三极管的状态为"开"和"关"。数字电路具有精度高、易于集成、成本低廉和抗干扰能力强等特点。在汽车电路中,数字电路被广泛应用,电控单元(ECU)就是一个典型的数字电路系统。

在数字电路中,门电路是最基本的逻辑元件。门是一种开关,若条件满足时,允许信号通过;若条件不满足,则信号不能通过。门电路又称逻辑门电路,输入信号与输出信号之间存在一定的逻辑关系。基本逻辑关系有与逻辑、或逻辑、非逻辑。实现这些逻辑关系的基本逻辑门电路有与门电路、或门电路、非门电路。用这些门电路可以组成各种复合门电路。

在数字逻辑系统中,门电路不是用有触点的开关组成的,而是用二极管和三极管等无触点的开关元件组成的,常用的是各种集成门电路。门电路的输入和输出信息都是用电平的高低来表示的,电位的高低用"1"和"0"来区别。习惯上,规定高电平为"1",低电平为"0",此系统称为正逻辑系统;若规定低电平为"1",高电平为"0",则称为负逻辑系统。在本书中,如果没有特殊说明,采用的都是正逻辑系统。

1. 与逻辑和与门

只有决定某一事件的条件全部具备时,该事件才发生。这样的因果关系称为与逻辑关系。如图 6-1 所示,照明电路具有与逻辑关系,当 S_A 与 S_B 同时闭合时,灯泡 Y 才会亮;只要有一个开关不接通,灯泡 Y 就不会亮。

利用二极管构成与门电路,与门电路如图 6-2(a)所示,它有两个输入端(也可以有多个)。

当输入端 A 与 B 都为高电平"1"时,如 A 与 B 均为 5 V,两只二极管均处于正向导通状态,输出端 Y 为高电平"1",即约为 5 V。

当输入端 A 与 B 都为低电平"0"时,如 A 与 B 均为 0 V,两只二极管均处于正向导通状态,输出端 Y 为低电平"0",即约为 0 V。

当输入端 A 与 B 中的一端为高电平"1",另一端为低电平"0"时,低电平一端优先导通,其正极具有钳位作用,将输出端 Y 钳制在约 0 V,另一端二极管处于反向截止状态。

可见,如果有一个输入端为低电平"0",输出端 Y 就为低电平"0";只有当输入端 A 与 B 都为高电平"1"时,输出端 Y 才为高电平"1"。

与逻辑关系除了用逻辑函数式 $Y = A \cdot B$ 或 $Y = AB$ 表示外,还可以用真值表表示。真值表是一种表明逻辑门电路输入状态和输出状态逻辑对应关系的表,它包括全部可能的输入值组合及其对应的输出值,表 6-1 是与门电路的真值表。与门图形符号如图 6-2(b)所示。

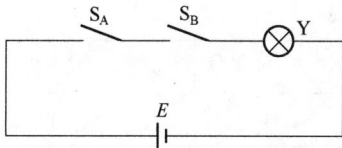

图 6-1 逻辑与照明电路

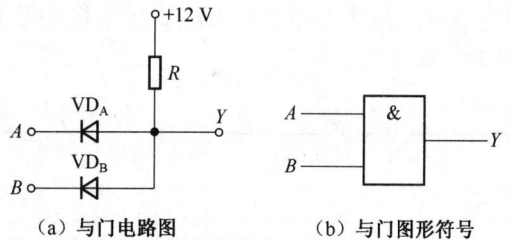

（a）与门电路图 （b）与门图形符号

图 6-2 二极管与门电路图及与门图形符号

表 6-1 与门电路的真值表

输 入		输 出
A	B	Y
0	0	0
0	1	0
1	0	0
1	1	1

从与门的逻辑函数式和真值表可概括出与门的逻辑功能是"有 0 出 0,全 1 出 1"。

2. 或逻辑和或门

在决定某事件的所有条件中,只要一个条件具备,该事件就会发生。这样的因果关系称为或逻辑关系,又称逻辑加。如图 6-3 所示,照明电路具有或逻辑关系,当 S_A 或 S_B 其中任何一个闭合时,灯泡 Y 就会亮;只有当两个开关都不接通时,灯泡 Y 才会熄灭。

利用二极管构成或门电路,或门电路如图 6-4(a)所示。它有两个输入端(也可以有多个)。

当输入端 A 与 B 为高电平"1"时,如 A 与 B 均为 5 V,两只二极管均处于正向导通状态,输出端 Y 为高电平"1",即约为 5 V。

当输入端 A 与 B 都为低电平"0"时,如 A 与 B 均为 0 V,两只二极管处于正向导通状态,输出端 Y 为低电平"0",即约为 0 V。

当输入端 A 与 B 中的一端为高电平"1",另一端为低电平"0"时,高电平一端优先导通,其正极具有钳位作用,将输出端 Y 钳制在高电平,另一端二极管处于反向截止状态。

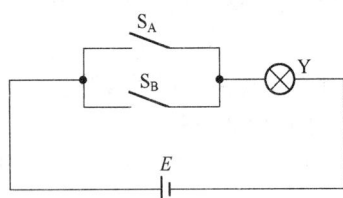

图 6-3　逻辑或照明电路

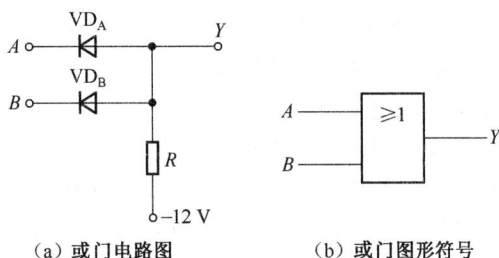

图 6-4　二极管或门电路图及或门图形符号

可见,如果有一个输入端为高电平"1",输出端 Y 就为高电平"1";只有当输入端 A 与 B 同时为低电平"0"时,输出端 Y 才为低电平"0"。显然,Y 和 A、B 间呈或逻辑关系,其逻辑函数式为 $Y = A+B$。读作 Y 等于 A 或 B,也可读作 Y 等于 A 加 B。或门图形符号如图 6-4(b)所示。或门电路的真值表见表 6-2。

表 6-2　或门电路的真值表

输　入		输　出
A	B	Y
0	0	0
0	1	1
1	0	1
1	1	1

从或门的逻辑函数式和真值表可概括出或门的逻辑功能是"有 1 出 1,全 0 出 0"。

3. 非逻辑和非门

这里只介绍三极管的非门电路。非逻辑关系可用图 6-5 所示照明电路表示,当开关 S_A 闭合时,灯泡 Y 熄灭;S_A 断开时,灯泡 Y 点亮。也就是说,只要某一条件具备了,事件便不发生,而当此条件不具备时,事件一定发生,这样的因果关系称为非逻辑关系,又称逻辑反。

图 6-6(a)是由三极管组成的非门电路图,图 6-6(b)是它的图形符号。所谓非,就是否定,即输出信号与输入信号存在着反相关系。也就是说当输入信号为低电平时,输出信号为高电平;而输入信号为高电平时,输出信号为低电平。因此,非门只有一个输入端和有关输出端。

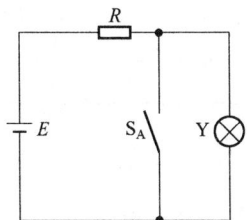

图 6-5　逻辑非照明电路

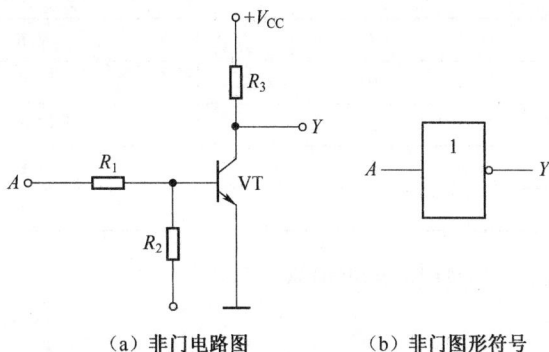

图 6-6　三极管非门电路图及非门图形符号

(a) 非门电路图　　　　　(b) 非门图形符号

非门电路的逻辑函数式为 $Y = \overline{A}$。读作 Y 等于 A 非。非门电路的真值表如表 6-3 所示。由非门的逻辑函数式和真值表可概括出非门的逻辑功能是"有 0 出 1,有 1 出 0"。

表 6-3　非门电路的真值表

输　　入	输　　出
A	Y
0	1
1	0

(二)复合逻辑门电路

与门、或门和非门是基本的门电路,常把它们组合起来,使之成为与非门电路,或非门电路和异或门电路等,统称为复合门电路。

(1) 与非门电路。一个与门和一个非门连接起来,便组成了一个与非门电路,其逻辑结构图和图形符号如图 6-7 所示。

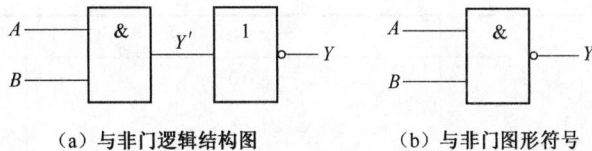

(a) 与非门逻辑结构图　　　　　(b) 与非门图形符号

图 6-7　与非门逻辑结构图及图形符号

若用 0 和 1 分别表示低电平和高电平,则与非门电路的输入和输出关系如表 6-4 所示。

表 6-4　与非门电路的输入和输出关系

与门	非门	与非门
全 1 出 1	入 1 出 0	全 1 出 0
有 0 出 0	入 0 出 1	有 0 出 1

与非门电路的真值表如表 6-5 所示。

表6-5　与非门电路的真值表

A	B	Y
0	0	1
0	1	1
1	0	1
1	1	0

与非门的逻辑函数表达式为

$$Y = \overline{AB}$$

式中，$\overline{AB}$ 读作 AB 非或 AB 反。

（2）或非门电路。一个或门和一个非门连接起来，便组成了一个或非门电路，其逻辑结构图和图形符号如图6-8所示。

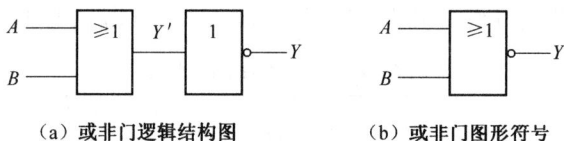

（a）或非门逻辑结构图　　　　（b）或非门图形符号

图6-8　或非门逻辑结构图及图形符号

若用0和1分别表示低电平和高电平，则或非门电路的输入和输出关系如表6-6所示。

表6-6　或非门电路的输入和输出关系

或门	非门	或非门
有1出1	入1出0	有1出0
全0出0	入0出1	全0出1

或非门电路的真值表如表6-7所示。

表6-7　或非门电路的真值表

A	B	Y
0	0	1
0	1	0
1	0	0
1	1	0

或非门的逻辑函数表达式为

$$Y = \overline{A + B}$$

（3）异或门电路。由两个非门、两个与门和一个或门按图6-9（a）所示的结构连接起来，便组成了一个异或门电路，其图形符号如图6-9（b）所示。

由图6-9（a）可得异或门输入、输出关系的逻辑函数表达式为

$$Y = A\overline{B} + \overline{A}B$$

由逻辑函数表达式及与、或、非的基本运算规则，可得异或门电路的真值表，如表6-8所示。

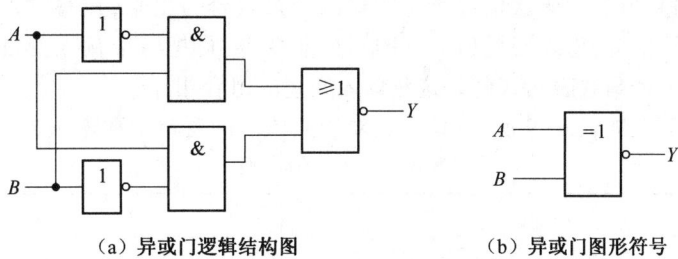

（a）异或门逻辑结构图　　　　　　　　（b）异或门图形符号

图 6-9　异或门逻辑结构图及图形符号

表 6-8　异或门电路的真值表

A	B	Y
0	0	0
0	1	1
1	0	1
1	1	0

由表 6-8 可见,异或门电路的逻辑功能为:当 A、B 两个输入端相异时($A = 1$,$B = 0$ 或 $A = 0$,$B = 1$),输出 Y 为 1;当 A、B 两个输入端相同时($A = B = 0$ 或 $A = B = 1$)输出 Y 为 0,即"入异出 1,入同出 0"。

异或门的逻辑函数表达式可写为

$$Y = A\bar{B} + \bar{A}B = A \oplus B$$

二、组合逻辑电路及其在汽车电路中的应用

逻辑电路根据有无记忆功能可分为组合逻辑电路和时序逻辑电路两大类。组合逻辑电路没有记忆功能,它的输出只与该时刻的输入有关,而与先前的输入状态无关;而在时序逻辑电路中,它的输出状态不仅决定于当时的输入状态,而且还与电路原来的状态有关,也就是时序逻辑电路具有记忆功能。

加法器、编/译码器、代码转换器、比较器等都属于组合逻辑电路。本项目学习虽然涉及许多功能器件,但是这些具体功能器件的学习并不是最终目的,更重要的是学习组合逻辑电路的分析与设计方法,学习分析问题和解决问题的方法,掌握好组合逻辑电路设计的基本方法和技巧,从而对其他新型功能器件,也能很容易地进行分析和设计。

（一）逻辑函数的表示方法及逻辑代数运算规则

1. 逻辑函数的表示方法

在逻辑电路中,输入变量与输出变量之间存在着与、或、非复合运算关系,输入变量取值确定后,输出变量的值就确定了,称输出变量是输入变量的逻辑函数。逻辑函数常用逻辑函数表达式、真值表、逻辑图 3 种方法表示,它们之间可以相互转换。

（1）逻辑函数表达式。逻辑函数表达式是用与、或、非等运算来表示逻辑函数的表达式,如 $Y = \overline{ABC} + \bar{A}D$。

（2）真值表。真值表能直观地反映输入、输出变量取值的关系。逻辑函数表达式与真值表之间可以相互转换,从逻辑函数表达式转换到真值表时,只需要将输入变量的所有取值组合代入逻辑函数表达式,得出相应的函数值,并将输入、输出变量对应的数值列表即可;从真值表转换到逻

辑函数表达式时,将真值表中函数值等于1的输入变量组合写出来,在写输入变量组合时,输入变量值为1的写成原变量,输入变量值为0的写成非变量,再把各个输入变量相与,就得到多个输入变量的组合。逻辑函数表达式就是这些输入变量的组合相加。

【例6-1】 真值表如表6-9所示,请写出对应真值表的逻辑函数表达式。

表6-9 真 值 表

A	B	C	Y
0	0	0	0
1	0	0	1
0	1	0	0
1	1	0	0
0	0	1	1
1	0	1	1
0	1	1	0
1	1	1	0

解 逻辑函数表达式 $Y = A\bar{B}\bar{C} + \bar{A}\bar{B}C + A\bar{B}C$。

(3)逻辑图。逻辑图是用逻辑门的图形符号和连线表示逻辑关系的电路图。

2. 逻辑代数运算规则

逻辑代数又称布尔代数,是分析与设计逻辑电路的数学工具。它和普通代数一样也用字母表示变量,但变量的取值只有0和1两种,即逻辑0和逻辑1,它们代表两种相反的逻辑状态。

在逻辑代数中有与运算、或运算和非运算3种基本运算。根据这3种基本运算可以推导出逻辑运算的基本公式和定律。

(1)基本运算法则:

与逻辑的运算法则为

$$0\times0 = 0, 0\times1 = 0, 1\times1 = 1$$

口诀:有0为0,全1为1。

或逻辑的运算法则为

$$0+0 = 0, 0+1 = 0, 1+1 = 1$$

口诀:有1为1,全0为0。

非逻辑的运算法则为

$$\bar{0} = 1, \bar{1} = 0$$

口诀:0得1,1得0。

(2)基本运算定律:

同一律:$A+0 = A, A\times1 = A$。

零一律:$A+1 = 1, A\times0 = 0$。

互补律:$A + \bar{A} = 1, A \times \bar{A} = 0$。

还原律:$\bar{\bar{A}} = A$。

重叠律:$A+A=A, A\times A=A$。

交换律:$A\times B = B\times A, A+B = B+A$。

结合律:$A + (B + C) = (A + B) + C, A(BC) = (AB)C$。

分配律：$A(B + C) = AB + AC, A + BC = (A + B)(A + C)$

反演律：$\overline{A + B} = \bar{A}\bar{B}, \overline{AB} = \bar{A} + \bar{B}$。

扩展律：$A = A(B + \bar{B}) = A \times B + A \times \bar{B}, A = (A + B) \times (A + \bar{B})$。

吸收律：$A + AB = A, A + \bar{A}B = A + B, AB + \bar{A}C + BC = AB + \bar{A}C$。

以上这些基本定律都可以通过真值表进行证明这里不再详述。根据布尔代数的基本运算法则、基本运算定律可以推导出更多的公式,这些公式在逻辑演算中会经常用到。

（3）常用公式的证明：

① $A + AB = A$。

证明：$A + AB = A(1 + B) = A \times 1 = A$。

② $AB + A\bar{B} = A$。

证明：$AB + A\bar{B} = A(B + \bar{B}) = A \times 1 = A$。

③ $A + \bar{A}B = A + B$。

证明：$A + \bar{A}B = (A + \bar{A})(A + B) = 1 \times (A + B) = A + B$。

④ $AB + \bar{A}C + BC = AB + \bar{A}C$。

证明：$AB + \bar{A}C + BC = AB + \bar{A}C + (A + \bar{A})BC = AB + \bar{A}C + ABC + \bar{A}BC$。

$$= (AB + ABC) + (\bar{A}C + \bar{A}BC) = AB + \bar{A}C$$

（4）逻辑函数的化简。逻辑函数的化简,通常是将逻辑函数化成最简"与或"表达式。最简"与或"表达式是指含有与项个数最少,且与项所含的变量数达到最少。

【例6-2】 化简 $Y = \overline{A}BC + \overline{A}\overline{B}\bar{C}$。

解 $Y = \bar{A}BC + \bar{A}\bar{B}\bar{C} = \bar{A}B(C + \bar{C}) = \bar{A}\bar{B}$

即,$Y = \bar{A}\bar{B}$ 就是最简"与或"表达式。

（二）组合逻辑电路的分析与设计

组合逻辑电路在某一时刻的输出状态仅取决于该时刻的输入状态。

1. 组合逻辑电路的分析

组合逻辑电路的分析是根据已知逻辑电路,通过分析电路找出输入与输出之间的逻辑函数关系,写出它们之间的逻辑函数表达式,再分析组合逻辑电路的逻辑功能。具体步骤如下。

（1）根据已知的逻辑图写出逻辑函数表达式。

（2）对写出的逻辑函数表达式进行化简或变化。

（3）根据最简表达式列出真值表。

（4）根据真值表,进行逻辑功能分析。

以上组合逻辑电路分析的基本步骤可用框图表示,如图6-10所示。

图6-10　组合逻辑电路分析的基本步骤方框图

【例6-3】 分析图6-11所示组合逻辑电路的逻辑功能

解 写出组合逻辑电路的逻辑表达式

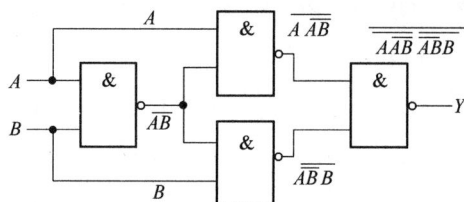

图 6-11　组合逻辑电路

$$Y = \overline{\overline{\overline{A\,\overline{AB}}\cdot\overline{B\,\overline{AB}}}} = A\,\overline{AB} + B\,\overline{AB} = A(\overline{A} + \overline{B}) + B(\overline{A} + \overline{B}) = A\overline{B} + \overline{A}B$$

列出真值表(见表 6-10)。

表 6-10　例 6-3 的真值表

A	B	Y
0	0	0
0	1	1
1	0	1
1	1	0

　　根据化简后的表达式写出的真值表可知,A、B 取值不同时,输出为 1,电路具有异或逻辑功能。

2. 组合逻辑电路的设计

　　组合逻辑电路的设计就是根据逻辑功能的要求来设计能实现逻辑功能的电路。具体设计步骤如下:

　　(1)首先对命题要求的逻辑功能进行分析,确定输入变量和输出变量,确定它们之间的逻辑关系。

　　(2)根据逻辑关系列出真值表。

　　(3)由真值表写出相应的逻辑函数表达式,进行化简或变化,将其转换成命题所要求的逻辑函数表达式形式。

　　(4)根据最简逻辑表达式,画出相应的逻辑电路图。

　　【例 6-4】　试设计一逻辑电路供 3 人(A、B、C)表决使用。每人有一电键,如果赞成,就按电键,表示"1";如果不赞成,不按电键,表示"0"。表决结果用指示灯来表示,如果多数赞成,则指示灯亮,$Y=1$;反之则不亮,$Y=0$。请用与非门实现上述功能。

　　解　根据题意列出真值表,见表 6-11。

表 6-11　例 6-4 的真值表

A	B	C	Y
0	0	0	0
1	0	0	0
0	1	0	0
1	1	0	1
0	0	1	0
1	0	1	1
0	1	1	1
1	1	1	1

写出逻辑函数表达式：

$$Y = AB\overline{C} + A\overline{B}C + \overline{A}BC + ABC = BC + AC + AB$$

将上式转换成与非表达式。

$$Y = \overline{\overline{AB + BC + AC}} = \overline{\overline{AB} \cdot \overline{BC} \cdot \overline{AC}}$$

画出逻辑图,如图 6-12 所示。

(三)译码器

译码器是组合逻辑电路的一个重要的器件,分为变量译码器和显示译码器两类。变量译码器一般是较少输入变为较多输出的器件。

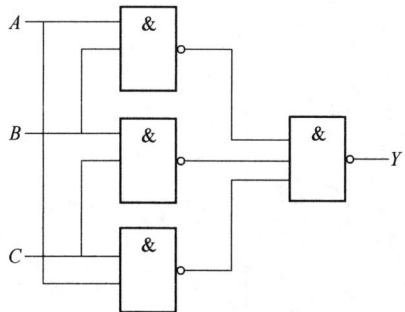

图 6-12　逻辑电路

1. 变量译码器

变量译码器的输入、输出端子数的特点是有 n 个输入端,就有 2^n 个输出端。常见的变量译码器有 74LS138 (3 线-8 线译码器)、74LS131(带锁存的 3 线-8 线译码器)和 74LS154(4 线-16 线译码器)等。下面以 74LS138 (3 线-8 线译码器)为例介绍变量译码器的功能。

74LS138 有 16 个引脚,如图 6-13 所示。其中,有电源、接地 2 个端子,还有 3 个输入端 A_0、A_1、A_2,8 个输出端 $\overline{Y_0} \sim \overline{Y_7}$,还有 3 个使能端 S_1、$\overline{S_2}$、$\overline{S_3}$。当一个输入使能端 S_1 为低电平时,无论其他输入端为何值,输出端全部为高电平;当输入使能端 $\overline{S_2}$ 和 $\overline{S_3}$ 中任何一个或两个同时为高电平时,无论其他输入端为何值,输出端全部为高电平;当 S_1 为高电平、$\overline{S_2}$ 和 $\overline{S_3}$ 同时为低电平时,由输入端 A_0、A_1、A_2,的二进制编码在一个对应的输出端 $\overline{Y_0} \sim \overline{Y_7}$ 以低电平译出。

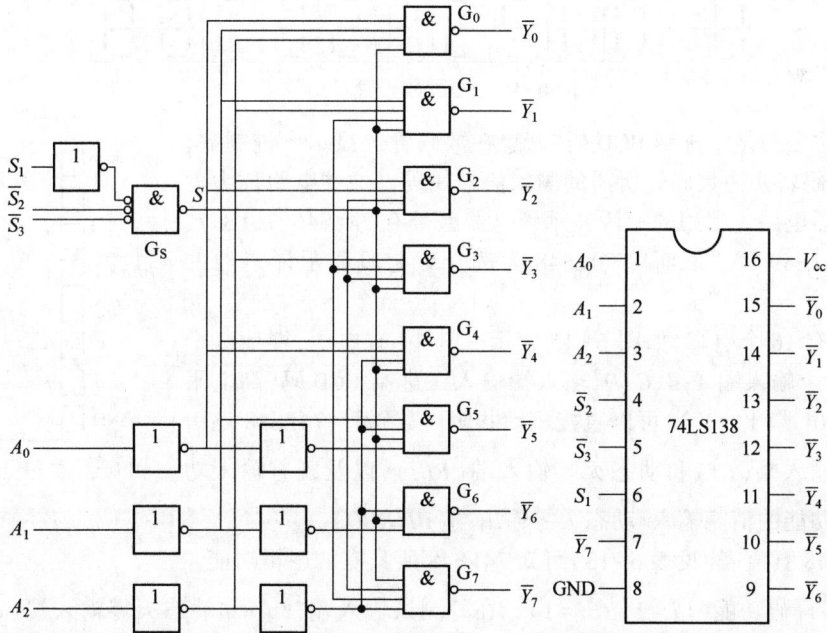

(a) 逻辑电路图　　　　　　(b) 引脚图

图 6-13　74LS138 译码器的逻辑电路图和引脚图

74LS138 的真值表如表 6-12 所示。

表 6-12　74LS138 的真值表

输　　入					输　　出							
S_1	$\bar{S_2}+\bar{S_3}$	A_2	A_1	A_0	$\bar{Y_0}$	$\bar{Y_1}$	$\bar{Y_2}$	$\bar{Y_3}$	$\bar{Y_4}$	$\bar{Y_5}$	$\bar{Y_6}$	$\bar{Y_7}$
0	×	×	×	×	1	1	1	1	1	1	1	1
×	1	×	×	×	1	1	1	1	1	1	1	1
1	0	0	0	0	0	1	1	1	1	1	1	1
1	0	0	0	1	1	0	1	1	1	1	1	1
1	0	0	1	0	1	1	0	1	1	1	1	1
1	0	0	1	1	1	1	1	0	1	1	1	1
1	0	1	0	0	1	1	1	1	0	1	1	1
1	0	1	0	1	1	1	1	1	1	0	1	1
1	0	1	1	0	1	1	1	1	1	1	0	1
1	0	1	1	1	1	1	1	1	1	1	1	0

2. 显示译码器

显示译码器是将二进制代码变换成显示器件所需特定状态的逻辑电路。数码管显示器是常用的显示器件之一。

数码管是用 7 段（或 8 段，含小数点）显示单元做成"日"字形，用来显示 0~9 十个数字。结构上分为共阳极和共阴极两种，共阳极结构的数码管显示器需要低电平驱动才能显示；共阴极结构的数码管显示器需要高电平驱动才显示。七段数码管显示效果如图 6-14 所示。

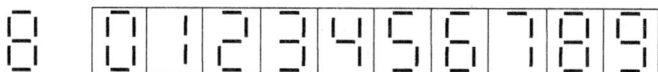

图 6-14　七段数码管显示效果

计算机输出的是二进制 BCD 码，若想在数码管上显示十进制数，就要把 BCD 码转换为数码管所需的输入信号代码。这种电路称为七段显示译码器电路。常用的七段显示译码器型号有 74LS46、74LS47、74LS48 及 74LS49 等。下面以 74LS48 为例介绍七段显示译码器的功能。

74LS48 有 16 个引脚，如图 6-15 所示。其中，有电源、接地 2 个端子，还有 4 个输入端 A、B、C、D，输入端输入二进制 BCD 码，高电平有效；7 个输出端（Y_a ~ Y_g），可以直接驱动共阴极数码管；74LS48 还引入了灯测试输入端（$\overline{LT}$）和动态灭零输入端（$\overline{RBI}$），以及既有输入功能又有输出功能的消隐输入/动态灭零输出端（$\overline{BI/RBO}$）。

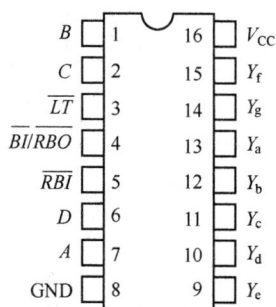

图 6-15　74LS48 管脚图

由 74LS48 真值表（见表 6-13）可知 74LS48 所具有的逻辑功能：

（1）七段译码功能（$\overline{LT}=1$，$\overline{RBI}=1$）。在灯测试输入端（$\overline{LT}$）和动态灭零输入端（$\overline{RBI}$）都接无效电平时，输入 DCBA 经 74LS48 译码，输出高电平有效的七段显示译码器的驱动信号，显示相应字符。除 DCBA = 0000 外，$\overline{RBI}$ 也可以接低电平，见表 6-13 中 1~16 行。

（2）消隐功能（$\overline{BI}=0$）。此时$\overline{BI}/\overline{RBO}$端作为输入端，该端输入低电平信号时，表6-13倒数第3行，无论$\overline{LT}$和$\overline{RBI}$输入什么电平信号，不管输入 $DCBA$ 为什么状态，输出全为"0"，七段显示译码器熄灭。该功能主要用于多显示器的动态显示。

（3）灯测试功能（$\overline{LT}=0$）。此时$\overline{BI}/\overline{RBO}$端作为输出端，当该端输入低电平信号时，表6-13最后一行，与其及 $DCBA$ 输入无关，输出全为"1"，显示器七个字段都点亮。该功能用于七段显示器测试，判别是否有损坏的字段。

（4）动态灭零功能（$\overline{LT}=1,\overline{RBI}=1$）。此时$\overline{BI}/\overline{RBO}$端也作为输出端，$\overline{LT}$端输入高电平信号，$\overline{RBI}$端输入低电平信号，若此时 $DCBA=0000$，表6-13倒数第2行，输出全为"0"，七段显示译码器熄灭，不显示这个零。$DCBA\neq0000$，则对显示无影响。该功能主要用于多个七段显示译码器同时显示时熄灭高位的零。

表6-13　74LS48 的真值表

$\overline{LT}$	$\overline{RBI}$	$\overline{BI}/\overline{RBO}$	D	C	B	A	Y_a	Y_b	Y_c	Y_d	Y_e	Y_f	Y_g	显示
0	×	1	×	×	×	×	1	1	1	1	1	1	1	试灯
×	×	0	×	×	×	×	0	0	0	0	0	0	0	熄灭
1	0	0	0	0	0	0	0	0	0	0	0	0	0	灭0
1	1	1	0	0	0	0	1	1	1	1	1	1	0	0
1	×	1	0	0	0	1	0	1	1	0	0	0	0	1
1	×	1	0	0	1	0	1	1	0	1	1	0	1	2
1	×	1	0	0	1	1	1	1	1	1	0	0	1	3
1	×	1	0	1	0	0	0	1	1	0	0	1	1	4
1	×	1	0	1	0	1	1	0	1	1	0	1	1	5
1	×	1	0	1	1	0	1	0	1	1	1	1	1	6
1	×	1	0	1	1	1	1	1	1	0	0	0	0	7
1	×	1	1	0	0	0	1	1	1	1	1	1	1	8
1	×	1	1	0	0	1	1	1	1	0	0	1	1	9

（四）组合逻辑电路在汽车电路中的应用

1. 门锁控制系统

门锁控制系统是为了开关车门以及发生异常情况时提醒驾驶人注意而专门设计的。该系统由控制电路和执行机构组成。图6-16所示电路是门锁控制系统的控制电路部分。在开关的控制下，该电路产生门锁控制信号以驱动执行机构动作，完成门锁的开关动作。

（1）正常开关车门。当钥匙插入门锁开关并旋向锁止位置时，非门 h 输入低电平，输出高电平；或门 m 输出高电平，发出锁止信号，驱动门锁电动机将车门锁死；反之，当钥匙旋向解锁位置时，非门 i 输入低电平，输出高电平；或门 l 输出高电平，发出解锁信号，驱动电动机打开车门。

正常开关车门也可通过车门锁开关完成。当车内门锁控制开关扳向锁止或解锁位置时，或门 m 和 l 也会发出相应的控制信号，并驱动电动机开关车门。

（2）异常情况发生时提醒驾驶人注意。当驾驶人将点火钥匙遗忘在点火开关内，准备锁车时，点火钥匙检测开关闭合，非门 a 输入低电平，输出高电平，在其他开关均正常时，与门 c、g 均输出高电平，或门 l 输出高电平，发出解锁信号，车门无法关闭，提醒驾驶人取出点火钥匙。

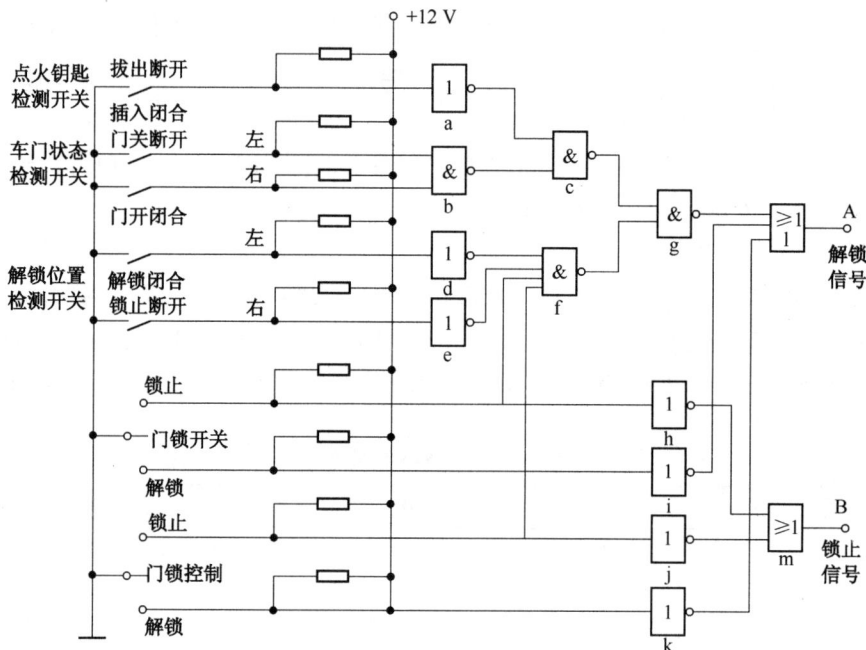

图 6-16　门锁控制系统的控制电路

2. 汽车仪表专用显示集成电路 LM3914

LM3914 电路图如图 6-17 所示。它由高输入阻抗的缓冲放大器、比较器、1.25 V 基准电压源以及模式选择放大器等部分组成。

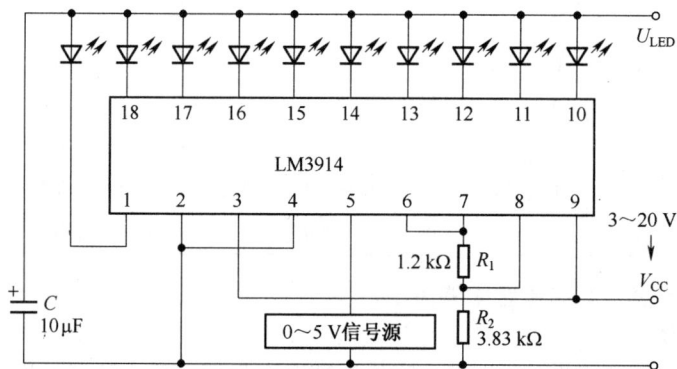

图 6-17　LM3914 电路图

(1)主要性能参数如下：

电源电压：3~20 V。

基准电压可调范围：1.2~12 V。

输出电流可调范围：2~30 mA。

分压器电阻典型值：10 kΩ。

分压器精度典型值：0.5%。

静态电流(当 U_o = 20 V)典型值：6 mA。

(2)LM3914 各引脚功能：引脚 1、引脚 10~18 为输出端；引脚 2 为 V_{DD}，即地；引脚 3 为 V_{CC}，即电源；引脚 4 为分压器 RLO；引脚 5 为信号输入 IN；引脚 6 为分压器 RHI，即发光二极管亮度调整;引脚 7 为基准电压输出;引脚 8 为基准电压的调整;引脚 9 为模式选择,即条状或点状选择端。当引脚 9 悬空时为点状显示,如需改成条状,可连接 3、9 两引脚,但 U_{LED} 必须小于 7 V 或串联电阻,以限制集成电路中电阻的功耗。

汽车电子化是今后汽车发展的方向,在应用以上电路时要注意一个问题,即过电压保护问题,以防止由于过电压而损坏显示仪表中的电子元件。

三、时序逻辑电路

时序逻辑电路的特点是具有记忆性,即任一时刻的输出不仅与当时的输入状态有关,而且还与电路原先的状态有关。触发器是构成时序逻辑电路的基础,它起到信息的接收、储存、输出的功能。按其功能可分为 RS 触发器、JK 触发器和 D 触发器。

1. RS 触发器

RS 触发器具有置 0、置 1 和状态保持功能。

(1)基本 RS 触发器。基本 RS 触发器是由两个与非门的输入端和输出端交叉连接构成的,基本 RS 触发器电路结构和图形符号如图 6-18 所示。

Q、$\overline{Q}$ 是两个状态相反的输出端,即一端为 1,则另一端就为 0。$\overline{R}$、$\overline{S}$ 是两个输入端,$\overline{R}$ 称为复位端,$\overline{S}$ 称为置位端,低电平输入有效。能反映触发器输出和输入之间关系的表称为基本 RS 触发器的逻辑功能表,通过对基本 RS 触发器的电路分析,可以得出基本 RS 触发器的逻辑功能表,如表 6-14 所示。

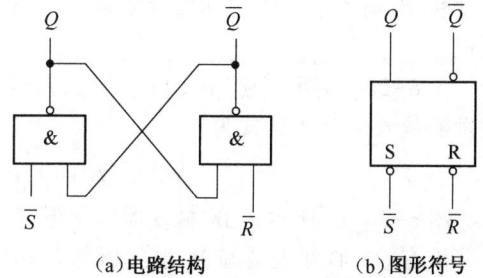

图 6-18 基本 RS 触发器电路结构和图形符号

表 6-14 基本 RS 触发器的逻辑功能表

$\overline{R}$	$\overline{S}$	Q^{n+1}	$\overline{Q}^{n+1}$	逻辑功能说明
1	1	不变	不变	保持原来状态
0	1	0	1	置0
1	0	1	0	置1
0	0	状态不定		$\overline{R}$、$\overline{S}$ 不能同时为0

(2)同步 RS 触发器。基本 RS 触发器是输入端直接控制输出端的状态,只要 $\overline{R}$、$\overline{S}$ 状态变化就会改变输出的状态,导致电路的抗干扰能力低。为了提高电路的抗干扰能力,设计出了同步 RS 触发器。输出端的状态不仅由 $\overline{R}$、$\overline{S}$ 决定,而且还受时钟脉冲的控制,这样也便于多个相关触发器同步工作。同步 RS 触发器电路结构和图形符号如图 6-19 所示。

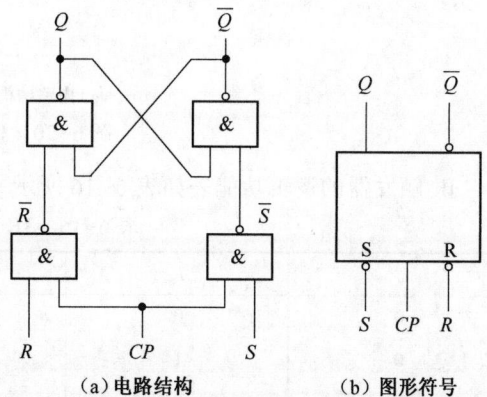

图 6-19 同步 RS 触发器电路结构和图形符号

CP 为时钟脉冲的控制信号,当 CP 为高电平时,同步 RS 触发器开始工作,接收信号;当 CP 为低电平时,同步 RS 触发器停止工作。通过对同步

RS 触发器电路分析,可以得出同步 RS 触发器的逻辑功能表,如表 6-15 所示。

表 6-15　同步 RS 触发器的逻辑功能表

R	S	CP	Q^{n+1}	$\overline{Q^{n+1}}$	逻辑功能说明
×	×	0	×	×	不工作
0	0	1	保持	保持	保持原来状态
0	1	1	1	0	置1
1	0	1	0	1	置0
1	1	1	状态不定		$\overline{R}$、$\overline{S}$ 不能同时为0

2. JK 触发器

JK 触发器的结构有多种,大致可分为主从型和边沿型。其中,主从型 JK 触发器的工作速度相对较慢,易受噪声干扰,所以目前使用最多的是边沿型 JK 触发器。它具有抗干扰能力强、工作速度快、对输入信号的实际配合要求不严等优点。下面以 74HC112 为例介绍 JK 触发器的工作原理。

图 6-20(a)所示为 74HC112 的电路结构。该图在 D 触发器的基础上增加了 3 个逻辑门。D 触发器输入端 D 表达式为

$$Q^{n+1} = D = J\overline{Q^n} + \overline{K}Q^n（\text{CP 下降沿有效}）$$

图 6-20(b)所示为 JK 触发器的图形符号,其中,在 CP 的上端有一个小圆圈,表示 CP 脉冲的下降沿有效。D 触发器和 JK 触发器都有 CP 上升沿和下降沿有效的类型,只不过大部分 D 触发器都是上升沿有效,而大部分 JK 触发器都是下降沿有效。

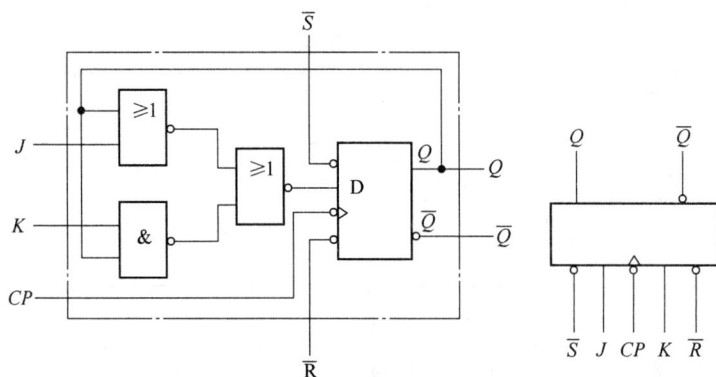

（a）电路结构　　　　　　　（b）图形符号

图 6-20　JK 触发器 74HC112

JK 触发器的逻辑功能表如表 6-16 所示。

表 6-16　JK 触发器的逻辑功能表

J	K	Q^{n+1}	$\overline{Q^{n+1}}$	逻辑功能说明
0	0	不变	不变	保持原来的状态
0	1	0	1	置0
1	0	1	0	置1
1	1	$\overline{Q^n}$	Q^n	翻转

同步 RS 触发器虽然有控制端,但是它仍然存在一个不定的工作状态,而且在同一个 CP 脉冲作用期间(即 $CP=1$ 期间),若输入端 R、S 的状态发生变化,会引起 Q、$\overline{Q}$ 的状态也发生变化,产生空翻现象,即在一个 CP 脉冲作用期间,可能会引起触发器发生多次翻转,所以同步 RS 触发器在实际应用中很少用到。由于同步 RS 触发器在使用上存在约束条件,并且存在空翻问题,这就限制了它的使用范围,为了避免这些问题,可采用 D 触发器,目前使用最多的是维持阻塞 D 触发器。

3. D 触发器

图 6-21 所示为维持阻塞 D 触发器的电路结构和图形符号。D 触发器具有置 0、置 1 功能,是只有一个输入端的边沿触发器。D 触发器分为上升沿触发和下降沿触发两种,D 触发器的状态取决于时钟脉冲触发边沿到来前控制信号 D 端的状态。D 触发器在汽车电控系统中应用很广。D 触发器的逻辑功能表如表 6-17 所示。

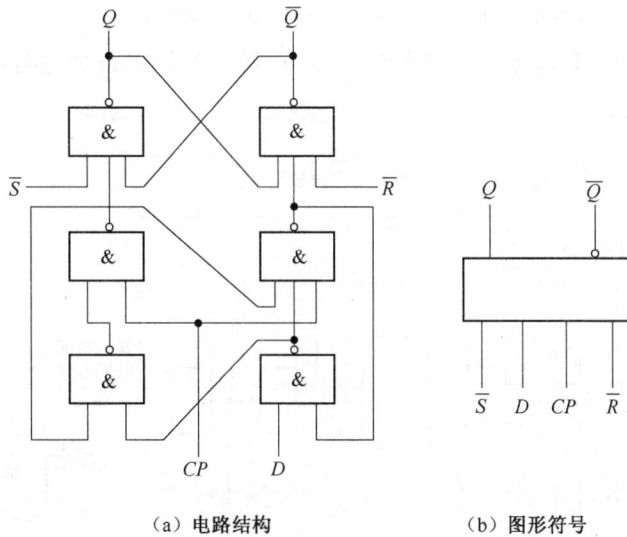

（a）电路结构 　　　　（b）图形符号

图 6-21 维持阻塞 D 触发器

表 6-17 D 触发器的逻辑功能表

D	Q^{n+1}	$\overline{Q^{n+1}}$	逻辑功能说明
0	0	1	置 0
1	1	0	置 1

4. 寄存器

寄存器是数字系统中的高速存储部件,用来存放暂存数据、指令和位址数据。触发器具有两个稳定状态,每个触发器都能寄存 1 位二进制信息。触发器结构简单、工作可靠,被广泛运用。寄存器分为移位寄存器和数码寄存器,区别在于有无移位的功能。下面以移位寄存器为例讲解触发器应用实例。移位寄存器可将二进制数进行左移和右移。用 D 触发器构成的右移移位寄存器如图 6-22 所示。

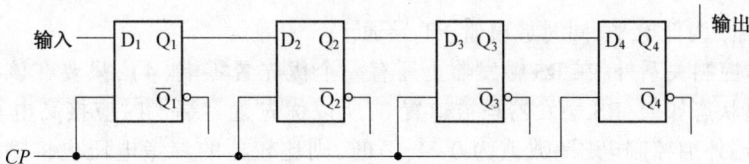

图 6-22 右移移位寄存器

将 D 触发器的输出与下一个 D 触发器的输入相连,依次连接,各触发器的时钟采用同步控制。在时钟的作用下,从输入端输入的二进制数从左向右一位接一位移动,从输出端就可以接收一串信号。

四、555 定时器在汽车电路中的应用

(一)555 定时器

555 定时器是目前应用很广泛的一种电路,是一种模拟电路和数字电路相结合的集成电路。基本应用有多谐振荡器、施密特触发器和单稳态触发器等多种电路,实现定时,整形,脉冲信号的产生、检测和控制等功能。在汽车电路中,主要应用于转向闪光器、刮水器间歇控制器、防盗报警器、发动机转速表、自动变光器电路中。

1. 555 定时器的电路

555 定时器内部电路结构和引脚图如图 6-23 所示。它由分压器,两个电压比较器 C_1、C_2,基本 RS 触发器,放电管 VT 和输出缓冲门等组成。分压器由 3 个 5 kΩ 的电阻器组成,555 定时器也因此而得名。

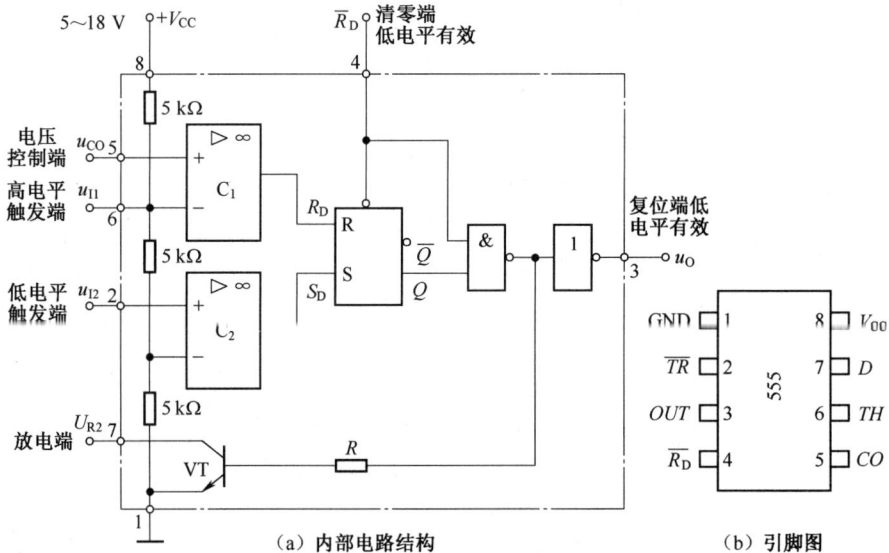

图 6-23 555 定时器内部电路结构及引脚图

555 定时器的功能主要取决于电压比较器的工作情况。电源电压 V_{cc} 经过 3 个 5 kΩ 电阻器分压后,以 $V_{cc}/3$ 作为比较器 C_2 同相输入端的参考电压,以 $V_{cc}/3$ 作为比较器 C_1 反相输入端的参考电压。

当 C_2 同相输入端的触发电压 $u_{I2} < V_{cc}/3$ 时,C_2 输出为 1,给 RS 触发器一个置 1 信号,使 $Q = 0$,$\overline{Q} = 1$,输出端 3 为高电平,同时放电管 VT 截止。

当 C_1 反相输入端的触发电压 $u_{I1} > 2V_{cc}/3$ 时,C_1 输出为 1,给 RS 触发器一个置 0 信号,使 $Q = 1$,$\overline{Q} = 0$,输出端 3 为低电平,同时放电管 VT 导通。

除上述基本控制关系外,在 RS 触发器上还有一个优先置零端(4),只要在该端加低电平,则不管比较器输出状态如何,RS 触发器均被迫置 0,所以优先置零端平时应接高电平。5 端为控制电压输入端,此端外加控制电压(数值为 0~V_{cc} 时),则比较器的参考电压也将随之而变化。555

定时器真值表如表 6-18 所示。

表 6-18　555 定时器真值表

高电平触发端6	低电平触发端2	复位端4	输出端3	放电端7
⑥		0	0	导通
$>2V_{CC}/3$	$>V_{CC}/3$	1	0	导通
$<2V_{CC}/3$	$>V_{CC}/3$	1	保持	
$<2V_{CC}/3$	$<V_{CC}/3$	1	1	截止

2. 555 定时器的应用

用 555 定时器可以组成产生脉冲和对信号整形的各种单元电路,如施密特触发器、多谐振荡器等。

(1)555 定时器构成的施密特触发器。施密特触发器能够把变化非常缓慢的输入脉冲波形,整形成适合于数字电路需要的矩形脉冲,而且施密特触发器还具有迟滞特性,抗干扰能力强,应用很广。555 定时器构成的施密特触发器电路如图 6-24(a)所示。

将 555 定时器的高电平触发端 TH 和低电平触发端 $\overline{TR}$ 相连作为信号输入端后,即可构成施密特触发器。当输入电压逐渐上升时,若输入电压 $u_I < V_{CC}/3$ 时,输出电压为高电平;输入电压不断增加,当 $V_{CC}/3 < u_I < 2V_{CC}/3$ 时,电路保持状态不变;当输入电压 $u_I \geq 2V_{CC}/3$ 时,输出电压由高电平突变为低电平;随后输入电压继续增加,输出保持不变。输入电压增加到某一数值后开始下降,直到下降至 $V_{CC}/3$ 以下,输出电压由低电平突变到高电平。施密特触发器输出波形如图 6-24(b)所示。

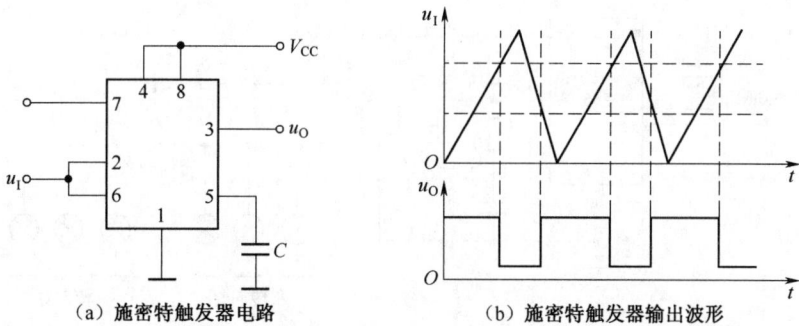

(a)施密特触发器电路　　　　　　　(b)施密特触发器输出波形

图 6-24　施密特触发器电路及输出波形

可见,施密特触发器的上门限触发转换电平为 $2V_{CC}/3$,下门限触发转换电平为 $V_{CC}/3$。

(2)555 定时器构成的多谐振荡器。多谐振荡器是一种无稳态触发器,接通电源后,不需要外加触发信号,就可以产生矩形波。由于矩形波中含有大量的谐波,所以称为多谐振荡器。多谐振荡器常用作脉冲波形发生器。555 定时器构成的多谐振荡器电路如图 6-25(a)所示。

接通电源前,电容器上无电荷;接通电源瞬间,电容器两端的电压为 0,此时输出为高电平;接通电源后,随着时间的增长,电容器两端的电压不断升高,当电容器两端的电压高于 $2V_{CC}/3$ 时,触发器翻转,输出变为低电平。电容器通过 R_2 开始放电;随着电容器放电,电容器两端的电压不断下降,当电容器两端电压低于 $V_{CC}/3$ 时,触发器再次翻转,输出又变为高电平。随后电容器又开始充电,周而复始地循环。多谐振荡器工作波形如图 6-25(b)所示。

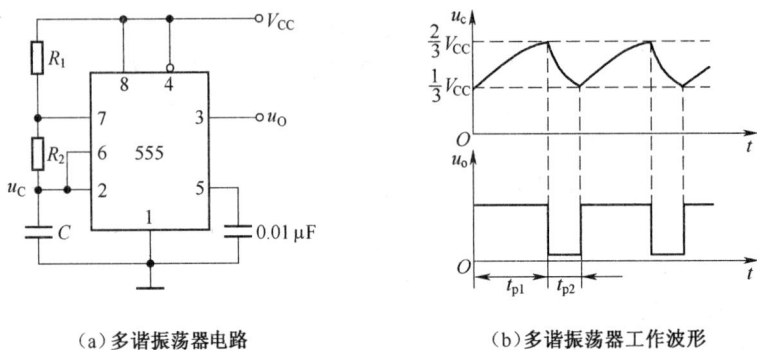

（a）多谐振荡器电路

（b）多谐振荡器工作波形

图 6-25　多谐振荡器电路及工作波形

（二）多谐振荡器在汽车电路中的应用

1. 汽车转向灯闪光控制器

（1）电路特点：

①汽车转向灯闪光控制器电路如图 6-26 所示，继电器线圈 K 接在多谐振荡器的输出端，由多谐振荡器输出脉冲控制其状态，有脉冲时，线圈得电；无脉冲时，线圈失电。

②继电器触点 K_1 接到转向灯的电源回路中，控制转向灯通断。

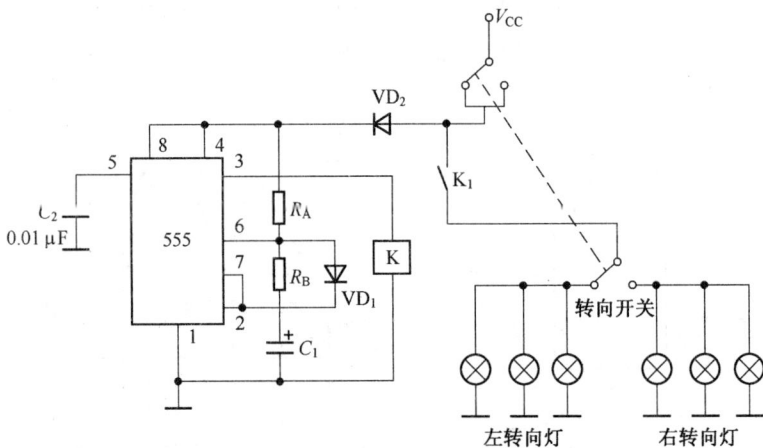

图 6-26　汽车转向灯闪光控制器电路

（2）工作原理。设汽车左转向，由驾驶人将转向开关扳到左转向位置，多谐振荡器通电开始工作，产生连续的矩形脉冲。当脉冲到来时，继电器线圈 K 得电，触点 K_1 闭合，左转向灯得电点亮；脉冲消失后，线圈 K 失电，触点 K_1 断开，左转向灯失电熄灭。因此，在连续脉冲的控制下，左转向灯不停地闪烁。闪烁频率由充放电元件决定，选择不同的 R_A、R_B、C_1 值，可得到不同的频率。

2. 汽车防盗报警器

汽车防盗报警器是为了防止车辆被盗而设计的报警装置，其电路如图 6-27 所示。一般要求有如下基本功能：

（1）驾驶人用车门遥控或车门钥匙锁好车门后，报警器处于警戒状态。

（2）如果以非正常方式打开车门，则报警器报警。

（3）小偷打开车门即使重新关闭车门，报警声仍持续一段时间。

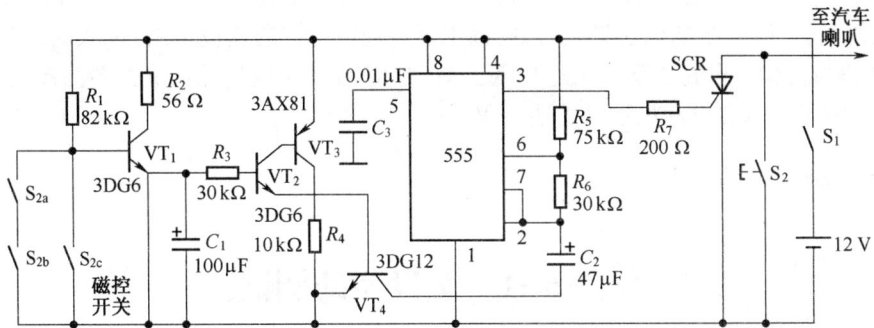

图 6-27　汽车防盗报警器电路图

汽车防盗报警器工作原理简述如下：

（1）车门锁上之前，电源开关 S_1 处于闭合状态。锁门之后，磁控开关 S_{2c} 闭合，使开关管 VT_1 截止，后续电路不工作，报警器进入警戒状态。

（2）当车门被非正常打开时，S_{2c} 断开使 VT_1 导通，复合管也导通，从而触发开关管 VT_4 使其导通，多谐振荡器对地接通而工作，3 引脚输出频率为 1 kHz 的脉冲电流，触发晶闸管 SCR 导通，喇叭电路接通，电喇叭发出清脆的报警声。

（3）即使重新关上车门，报警声仍会继续。因为在 VT_1 导通时 C_1 充电，车门关后 VT_1 虽截止，但 C_1 通过 R_3 放电，继续维持复合管、开关管 VT_4 的导通，直到放电结束。

说明：

（1）如想控制双门，可按图 6-27 将 S_{2a}、S_{2b} 磁控开关串联，工作原理与上述单门控制相似，这里不再详述。

（2）报警持续时间、报警声的长短和间歇时间可调。报警持续时间由 R_3、C_1 的参数决定；报警声的长短和间歇时间由振荡器 R_5、R_6、C_2 控制。

3. 汽车刮水器控制器

图 6-28 所示是用 NS555 集成电路构成的多谐振荡器控制的刮水器电路。该电路主要由 3 部分构成，即 555 定时器构成的多谐振荡器、控制刮水器电动机电枢电路的继电器 K、控制刮水器电动机旋转速度的变速开关（设置 II、I、0 三挡）。

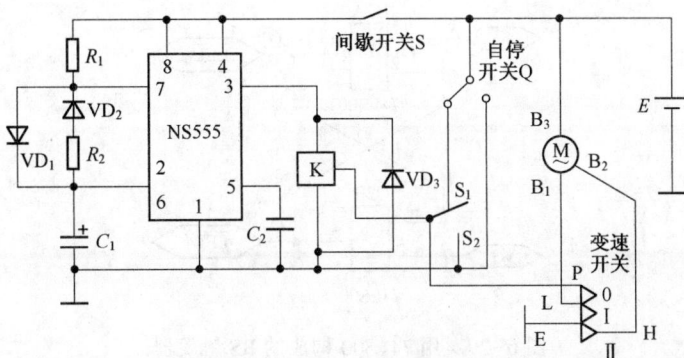

图 6-28　用 NS555 集成电路构成的多谐振荡器控制的刮水器电路

如图 6-28 所示，将间歇开关 S 闭合，此时 555 定时器短路起振，3 端口为高电平并使继电器

K 动合触点闭合,使刮水器电动机工作,开始刮水,当 C_1 充电电压上升到 $2V_{CC}/3$ 时,555 定时器短路,输出电压翻转,继电器 K 动合触点打开,刮水器电动机电流通道被切断,进入间歇状态。接下来电容器 C_1 开始放电,当放电至 C_1 上电压低于 $V_{CC}/3$ 时,555 定时器输出又翻转为高电平,继电器 K 动合触点闭合,刮水器电动机重复上述过程。

项目实施

任务 6-1　触发器的测试

(一)任务要求

1. 教学组织

任务分组训练:全班_____人,每_____人一组,分为_____组,使用_____套实训器材,每组小组长一名。

2. 职责分工

教师职责:课堂纪律与安全管理、任务训练器材管理、指导与巡查。

学生职责:班长协助教师对班级全面管理与监控,学习委员负责器材管理和检查,团委书记负责安全、纪律及素质评价,副班长负责收集和反馈学生意见,实训小组长负责指导组内学习和交流。

3. 6S 要求

整理、整顿、清扫、清洁、素养、安全。

(二)任务训练步骤

1. 任务训练器材的认识及检查

认识和检查相关任务训练器材。

2. 触发器的测试

(1)RS 触发器。按照图 6-29 用 74LS00 构成一个 RS 触发器,图中,K_1、K_2 是逻辑开关输出,LED_0、LED_1 是逻辑状态指示灯,$\overline{R}$、$\overline{S}$ 端接逻辑开关输出,输出端 Q 接逻辑状态指示灯。改变 $\overline{R}$、$\overline{S}$ 的电平,观察现象并记录 Q 值,将观察结果计入表 6-19 中。

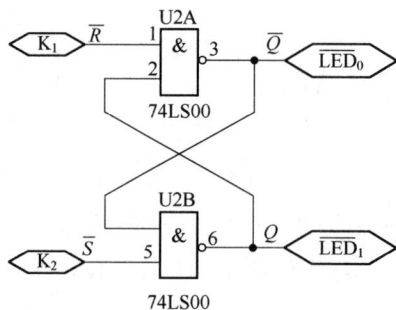

图 6-29　用 74LS00 构成的 RS 触发器

(2)D 触发器。按照图 6-30 所示连接测试 D 触发器的接线图。图中,K_1、K_2、K_3 是逻辑开关输出,LED_1、LED_2 是逻辑状态指示灯,AK_1 是单脉冲按钮,10 kHz 是时钟脉冲源。

表6-19 RS触发器状态表

输	入	输	出
$\overline{R}$	$\overline{S}$	$\overline{Q}$	Q
0	0		
0	1		
1	0		
1	1		

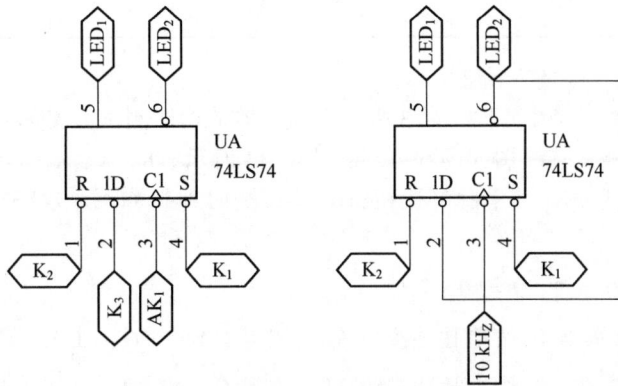

图6-30 74LS74构成D触发器

测试步骤及结果参考如下：

①$CLR = 0, PR = 1$，测得$\overline{Q} = 1, Q = 0$。

②$CLR = 1, PR = 1$，测得$\overline{Q} = 1, Q = 0$。

③$CLR = 1, PR = 0$，测得$\overline{Q} = 0, Q = 1$。

④$CLR = 1, PR = 1$，测得$\overline{Q} = 0, Q = 1$。

⑤$CLR = 0, PR = 0$，测得$\overline{Q} = 1, Q = 1$。

⑥$CLR = 1, PR = 1, D = 1$，CK接单脉冲，按单脉冲按钮，测得$\overline{Q} = 0, Q = 1$。

⑦$CLR = 1, PR = 1, D = 0$，CK接单脉冲，按单脉冲按钮，测得$\overline{Q} = 1, Q = 0$。

⑧$CLR = 1, PR = 1, D$接$\overline{Q}$，CK接10 kHz，测得Q端波形如图6-31所示。

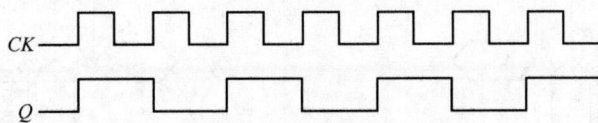

图6-31 D触发器CK端与Q端波形图

⑨在示波器上同时观察Q、CK的波形，观察到的Q波形只在CK的上升沿才发生变化。

⑩根据上述测试，得出D触发器的功能表，见表6-20。

表 6-20   D 触发器的功能表

输　　入				输　　出	
PR	CLR	CLK	D	Q	$\overline{Q}$
L	H	×	×	H	L
H	L	×	×	L	H
L	L	×	×	H	H
H	H	↑	H	H	L
H	H	↑	L	L	H
H	H	L	×	Q_0	$\overline{Q}_0$

列出 D 触发器 74LS74 的真值表。

（3）JK 触发器。双 JK 触发器 74LS73 中一个触发器的功能测试方案如下：

①74LS73 的功能测试接线图如图 6-32 和图 6-33 所示。K_1、K_2、K_3 是逻辑开关输出，LED_0、LED_1 是逻辑状态指示灯，AK_1 是单脉冲按钮，100 kHz 是时钟脉冲源。74LS73 引脚 4 接 +5 V，引脚 11 接地。

②$CLR = 0$，测得 $\overline{Q} = 1$，$Q = 0$。

③$CLR = 1$，$J = 0$，$K = 0$，按单脉冲按钮 AK_1，测得 $\overline{Q} = 1$，$Q = 0$。

④$CLR = 1$，$J = 1$，$K = 0$，按单脉冲按钮 AK_1，测得 $\overline{Q} = 0$，$Q = 1$。

⑤$CLR = 0$，$J = 0$，$K = 0$，按单脉冲按钮 AK_1，测得 $\overline{Q} = 0$，$Q = 1$。

⑥$CLR = 1$，$J = 0$，$K = 1$，按单脉冲按钮 AK_1，测得 $\overline{Q} = 1$，$Q = 0$。

⑦$CLR = 1$，$J = 0$，$K = 0$，按单脉冲按钮 AK_1，测得 $\overline{Q} = 1$，$Q = 0$。

⑧$CLR = 1$，$J = 1$，$K = 1$，按单脉冲按钮 AK_1，测得 $\overline{Q} = 0$，$Q = 1$；再按单脉冲按钮 AK_1，测得 $\overline{Q} = 1$，$Q = 0$。

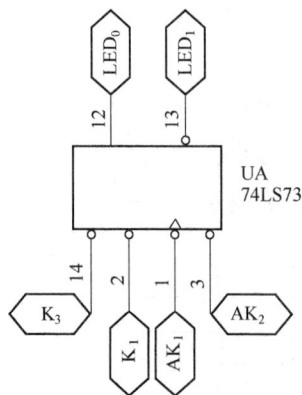

图 6-32　74LS73 测试图 1

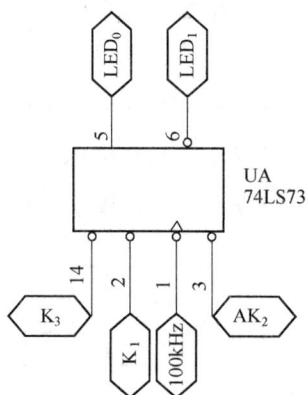

图 6-33　74LS73 测试图 2

⑨$CLR = 1$，$J = 1$，$K = 1$，CK 接 100 kHz 脉冲源，示波器显示出波形如图 6-34 所示。

⑩根据上述测试，得出 74LS73 的功能表，见表 6-21。

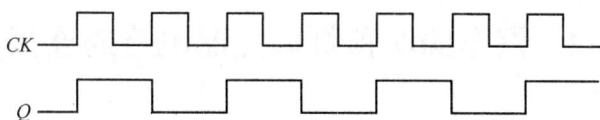

图 6-34　74LS73($J=1,K=1$)的波形图

表 6-21　74LS73 的功能表

输　入				输　出	
清零	时钟	J	K	Q	$\overline{Q}$
0	×	×	×	0	1
1	↓	0	0	Q_0	$\overline{Q}_0$
1	↓	1	0	1	0
1	↓	0	1	0	1
1	↓	1	1	翻转	
1	↓	×	×	Q_0	$\overline{Q}_0$

列出 JK 触发器 74LS73 的真值表。

3. 任务训练过程检查

检查项目	结果与数据	检查项目	结果与数据	检查项目	结果与数据
能否正确连接触发器测试电路		能否正确总结实训结论		是否单独完成工作	
能否正确使用触发器		能否正确掌握触发器的检测方法		是否严格执行 6S 管理	

4. 评价与反馈

考核项目	评分标准	分　数	学生自评(10%)	小组互评(50%)	教师评价(40%)	小计
团队合作	是否协调信任					
活动参与	是否积极主动					
安全训练	有无安全隐患					
现场 6S	是否做到					
任务方案	是否正确、合理					
任务训练过程	是否独立完成					
	工作完成情况					
任务完成情况	是否圆满完成					
工具设备使用	是否规范、标准					
问答	是否能够回答正确					
任务训练设备	是否完好					
总　分		100				
任务训练小组学生：				年　月　日	得分	
教师签名：				年　月　日	得分	

任务 6-2　汽车照明顶灯调光器电路的连接与调试

(一)任务要求

1. 教学组织

任务分组训练:全班_____人,每_____人一组,分为_____组,使用_____套实训器材,每组小组长一名。

2. 职责分工

教师职责:课堂纪律与安全管理、任务训练器材管理、指导与巡查。

学生职责:班长协助教师对班级全面管理与监控,学习委员负责器材管理和检查,团委书记负责安全、纪律及素质评价,副班长负责收集和反馈学生意见,实训小组长负责指导组内学习和交流。

3. 6S 要求

整理、整顿、清扫、清洁、素养、安全。

(二)任务训练步骤

1. 任务训练器材的认识及检查

认识和检查相关任务训练器材。

2. 汽车照明顶灯调光器电路的连接与调试

(1)基本原理。图 6-35 所示为汽车照明顶灯调光器电路。其工作原理为:当车门开着时,汽车蓄电池(12 V)通过车门开关 SB(车门打开时闭合,反之则断开)对 C_1 快速充电。运算放大器 IC(F007)的输出端 6 引脚电压随 C_1 两端电压变化。当 C_1 充电结束时,IC 的输出端电压也近似为 12 V。此时,三极管 VT 饱和导通,车内照明顶灯最亮。

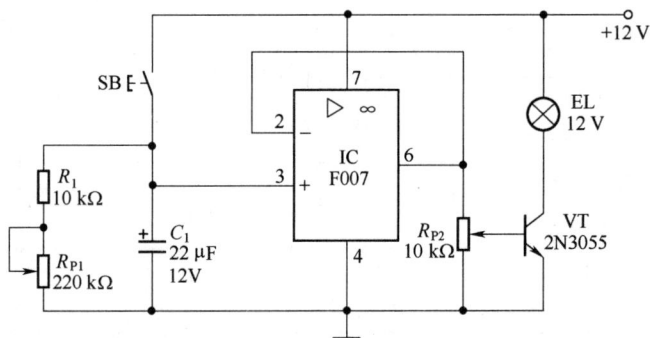

图 6-35　汽车照明顶灯调光器电路

当车门关闭时,SB 断开,此时 C_1 上电压通过 R_1 和 R_{P1} 开始放电,C_1 两端电压开始下降,IC 的输出端电压也随之变化,因此,车内顶灯的亮度逐渐变暗,直至全部熄灭。

(2)按图 6-35 连接汽车照明顶灯调光器电路。

(3)连接完成后,检查电路无误后,即可进行调试。打开车门,调节 R_{P2} 使车内照明顶灯最亮;然后关闭车门,调节 R_{P1},可控制由亮到暗的时间。

注意:三极管 VT (2N3055)需要加散热片。

3. 任务训练过程检查

检查项目	结果与数据	检查项目	结果与数据	检查项目	结果与数据
IC(F007)的识别是否规范		IC的6个脚的电压变化是否规范		是否单独完成工作	
2N3055三极管识别是否规范		R_{P1}、R_{P2}电位器的识别是否规范		是否严格执行6S管理	

4. 评价与反馈

考核项目	评分标准	分数	学生自评(10%)	小组互评(50%)	教师评价(40%)	小计
团队合作	是否协调信任					
活动参与	是否积极主动					
安全实训	有无安全隐患					
现场6S	是否做到					
任务方案	是否正确、合理					
任务训练过程	是否独立完成					
	工作完成情况					
任务完成情况	是否圆满完成					
工具设备使用	是否规范、标准					
问答	是否能够回答正确					
任务实训设备	是否完好					
总　分		100				
任务训练小组学生:				年　　月　　日		得分
教师签名:				年　　月　　日		得分

任务6-3　汽车转向灯闪光器电路的连接与调试

(一)任务要求

1. 教学组织

任务分组训练:全班_____人,每_____人一组,分为_____组,使用_____套实训器材,每组小组长一名。

2. 职责分工

教师职责:课堂纪律与安全管理、任务训练器材管理、指导与巡查。

学生职责:班长协助教师对班级全面管理与监控,学习委员负责器材管理和检查,团委书记负责安全、纪律及素质评价,副班长负责收集和反馈学生意见,实训小组长负责指导组内学习和交流。

3. 6S要求

整理、整顿、清扫、清洁、素养、安全。

(二)任务训练步骤

1. 任务训练器材的认识及检查

认识和检查相关任务训练器材。

2. 汽车转向灯闪光器电路的连接与调试

（1）基本原理。汽车转向灯闪光器可以在行车转弯时，使转向灯伴随着音乐的节奏而闪光。汽车闪光讯响器电路如图 6-36 所示。它主要由音乐集成电路、音频功率放大电路及电子开关电路三大部分组成。

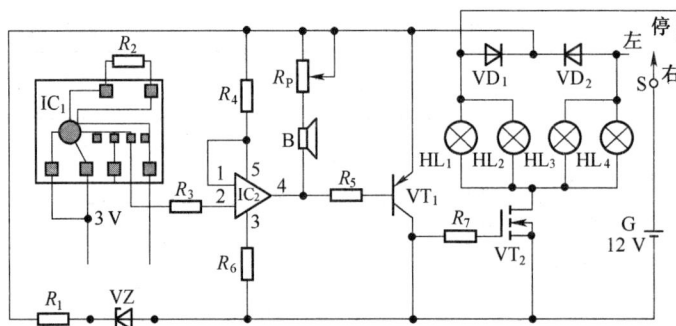

图 6-36　汽车转向灯闪光器电路

车辆右转时，将开关 S 打向"右"，蓄电池 G 的正极经隔离二极管 VD_1 为电路提供工作电压。音乐集成电路 IC_1 得电工作，所产生的音乐信号经 R_3 加到音频功率放大器 IC_2 的选通端（2 引脚），进行放大。被放大后的音乐信号从 IC_2 的 4 引脚输出，去推动扬声器 B 工作，发出音乐声。与此同时，从 IC_2 的输出端有一部分音乐信号电压经电阻 R_5 加到 VT_1 的基极，放大后经 R_7 加到 VMOS 场效应晶体管 VT_2 的栅极上，以控制 VT_2 的导通与截止，从而使右转向灯 HL_1（前灯）和 HL_2（后灯）随着音乐的节奏而闪光。

车辆左转时，将开关 S 打向"左"，G 经 VD_2 为电路提供工作电压，以后过程与前述相同，左转向灯 HL_3（前灯）和 HL_4（后灯）随着音乐的节奏而闪光。

图 6-24 中，因音乐集成电路的正常工作电压为 3 V，而汽车上的电源通常为 12 V，为了不使 IC_1 损坏，用稳压二极管 VZ 与 R_1 组成 3 V 的稳压电路，输出稳定的 3 V 电压供 IC_1 使用。VD_1、VD_2 起电源隔离作用，以防右转弯或左转弯时所有灯都点亮。此外，由于采用了功率开关集成电路 TWH8751 作为音频放大，故扬声器 B 发音洪亮。电位器 R_P 可衰减音频电流，以便在某些场合降低音量。

（2）元器件选择。元器件的选择见表 6-22。

表 6-22　汽车闪光讯响器电路元器件选择

编号	名　称	型　号	数　量	编号	名　称	型　号	数　量
R_1	金属膜电阻器	220 Ω	1 只	R_P	电位器	50 Ω/3 W	1 只
R_2	金属膜电阻器	68 kΩ	1 只	VT_1	三极管	3CG21	1 只
R_3	金属膜电阻器	1 kΩ	1 只	VT_2	三极管	VN0301	1 只
R_4	金属膜电阻器	300 Ω	1 只	IC_1	音乐集成电路	KD9300	1 块
R_5	金属膜电阻器	12 kΩ	1 只	IC_2	音频放大电路	TWH8751	1 块
R_6	金属膜电阻器	51 kΩ	1 只	VD_1、VD_2	二极管	2CP23	2 只
R_7	金属膜电阻器	1 kΩ	1 只	VS	稳压管	2CW7	1 只

（3）按图 6-36 连接电路。在集成电路 IC_2 和 VMOS 场效应晶体管 VT_2 上，必须加装散热板。焊装 VT_2 时所用电烙铁必须采用 20 W 电烙铁位控断电架，否则就要把电烙铁的电源断开，利用

其余热来焊接,以免被电烙铁的感应电动势击穿。S 和 R_P 都要安装在驾驶座前的显要位置,并在开关面板上标好"左灯""右灯"字样。受 VT_2 额定功率限制,每盏转向灯功率不得超过 20 W。电子元器件装在铁盒内,要做好密封处理。

(4)调试。

3. 任务训练过程检查

检查项目	结果与数据	检查项目	结果与数据	检查项目	结果与数据
能否正确连接闪光器电路		能否正确总结实训结论		是否单独完成工作	
能否正确使用左、右闪光器		能否正确掌握闪光器检测方法		是否严格执行 6S 管理	

4. 评价与反馈

考核项目	评分标准	分数	学生自评(10%)	小组互评(50%)	教师评价(40%)	小计
团队合作	是否协调信任					
活动参与	是否积极主动					
安全训练	有无安全隐患					
现场 6S	是否做到					
任务方案	是否正确、合理					
任务训练过程	是否独立完成					
	工作完成情况					
任务完成情况	是否圆满完成					
工具设备使用	是否规范、标准					
问答	是否能够回答正确					
任务训练设备	是否完好					
总　分		100				
任务训练小组学生:			年　　月　　日		得分	
教师签名:			年　　月　　日		得分	

测试与练习

1. 简要说明组合逻辑电路的分析方法与步骤。

2. 简要说明组合逻辑电路的设计方法与步骤。

3. 按要求设计一个具有 3 个输入端和 1 个输出端的判偶电路。其逻辑功能是:3 个输入信号中有偶数个高电平时,输出就是"1",否则输出为"0"。

4. 设计一个故障显示电路,要求如下:

(1)两台电动机同时工作,灯 F_1 亮;

(2)两台电动机都有故障时,灯 F_2 亮;

(3)其中一台电动机有故障时,灯 F_3 亮。

5. 将下列式子化为最简与或形式。

(1) $Y = \overline{ABCD} + ABD + \overline{ACD}$;

(2) $Y = A + (A + \overline{B} + C)\overline{(B + \overline{C})}(A + B + C)$;

(3) $Y = \overline{\overline{AB}} + B + B\overline{A}$ 。

6. 用与非门和反相器实现下面逻辑关系。

(1) $Y = \overline{\overline{AB} + BC} + \overline{CA}$;

(2) $Y = \overline{ABC} + ABC + A\overline{BC}$ 。

7. 用与非门设计四变量多数表决器。

8. 用与非门设计四变量抢答器。

项目 7　汽车电子控制基础的认知与应用

项目背景

　　20 世纪 90 年代以后,汽车电子技术进入广泛应用阶段,几乎渗透到了汽车的各个领域。汽车电子技术的发展使得汽车电子控制系统的功能更加完善,大大改善了汽车的使用性能。特别是在安全性、舒适性等方面,使得汽车向自动化、智能化方向发展。

　　本项目重点介绍了汽车电子控制系统的类型、应用、组成、结构原理以及故障诊断仪的使用等。学会用 X-431 解码器读取故障码;能够进行电喷发动机电控单元的检测。

知识目标

　　(1)了解并掌握汽车电子控制系统的类型及应用。

　　(2)了解汽车电子控制技术的发展趋势。

　　(3)掌握汽车电子控制系统各组成部分的结构及原理。

　　(4)了解汽车故障诊断仪器的不同类型。

　　(5)掌握 X-431 解码器的结构、基本配置及工作原理。

技能目标

　　(1)能够正确使用 X-431 解码器检测汽车电子控制系统。

　　(2)能对汽车电子控制系统各传感器、执行器、ECU 进行检测。

相关知识

一、汽车电子控制系统概述

(一)汽车电子控制系统的类型

汽车电子控制系统有两种基本类型:开环控制系统和闭环控制系统。

开环控制系统的控制方式比较简单,ECU 只根据各传感器信号对执行元件进行控制,而控制的结果是否达到预期目标对其控制过程没有影响。

闭环控制系统除具有开环控制系统的功能外,还能对其控制结果进行检测,并将检测结果(即反馈信号)输入 ECU。ECU 则根据反馈信号对其控制误差进行修正,所以闭环控制系统的控制精度比开环控制系统高。

(二)汽车电子控制系统的应用

电子控制系统与汽车上的机械系统配合使用(通常与动力系统、底盘系统和车身系统中的子系统融合),并利用电缆或无线电波互相传输信息,即所谓的"机电整合"。其应用大体可分为以下 4 部分:发动机电子控制系统、底盘电子控制系统、车身电子安全系统和信息通信系统。其中,前两种系统与汽车的行驶性能有直接关系。

1. 发动机电子控制系统

发动机电子控制系统是通过对发动机点火、喷油、空气与燃油的比率、排放废气等进行电子控制,使发动机在最佳工况状态下工作,以达到提高其整车性能、节约能源、降低废气排放的目的。主要包括如下系统:电控燃油喷射系统(EFI)、电控点火系统(ESA)、废气再循环控制系统

（EGR）、怠速控制系统（ISC）。

（1）电控燃油喷射系统（EFI）。电控燃油喷射系统因其性能优越而逐渐取代了机械式或机电混合式燃油喷射系统。当发动机工作时,该装置根据各传感器测得的空气流量、进气温度、发动机转速及工作温度等参数,按预先编制的程序进行运算后与内存中预先存储的最佳工况时的供油控制参数进行比较和判断,适时调整供油量,保证发动机始终在最佳状态下工作,使其在输出一定功率的条件下,发动机的综合性能得到提高。

（2）电控点火系统（ESA）。电控点火系统由微处理机、传感器及其接口、执行器等构成。该系统根据传感器测得的发动机参数进行运算、判断,然后进行点火时刻的调节,可使发动机在不同转速和进气量等条件下,保证在最佳点火提前角下工作,使发动机输出最大的功率和转矩,降低油耗和排放,节约燃料,减少空气污染。

（3）废气再循环控制系统（EGR）。废气再循环控制系统是目前用于降低废气中氧化氮排放的一种有效措施。其主要执行元件是数控式 EGR 阀,作用是独立地对再循环到发动机的废气量进行准确控制。ECU 根据发动机的工况适时地调节参与再循环废气的循环率,发动机在负荷下运转时,EGR 阀开启,将一部分排气引入进气管与新混合气混合后进入气缸燃烧,从而实现再循环,并对送入进气系统的排气量进行最佳的控制,从而抑制有害气体氧化氮的生成,降低其在废气中的排出量。但过度的废气参与再循环,将会影响混合气的点火性能,从而影响发动机的动力性,特别是在发动机怠速、低速、小负荷及冷机时,再循环的废气会明显地影响发动机性能。

（4）怠速控制系统（ISC）。怠速控制系统是通过调节空气通道面积以控制进气流量的。主要执行元件是怠速控制阀。ECU 根据从各传感器的输入信号所决定的目标转速与发动机的实际转速进行比较,根据比较得出的差值,确定相当于目标转速的控制量,去驱动控制空气量的执行机构,使怠速转速保持在最佳状态附近。

除以上控制系统以外,发动机部分利用电子控制技术的还有:节气门正时、二次空气喷射、发动机增压、油气蒸发、燃烧室容积、压缩比等方面,并已在部分车型上得到了应用。

2. 底盘电子控制系统

底盘电子控制系统主要包括电控自动变速器（ECAT）、防抱死制动系统（ABS）及驱动防滑系统（ASR）、电子转向助力系统（EPS）、电控悬架系统（ECSS）、巡航控制系统（CCS）等。

（1）电控自动变速器（ECAT）。一般来说,汽车驱动轮所需的转速和转矩,与发动机所能提供的转速和转矩有较大差别,因而需要传动系统来改变从发动机到驱动轮之间的传动比,将发动机的动力传至驱动轮,以便能够适应外界负载与道路条件变化的需要。此外,停车、倒车等也靠传动系统来实现,适时地协调发动机与传动系统的工作状况,充分地发挥动力传动系统的潜力,使其达到最佳的匹配,这是变速控制系统的根本任务。

电控自动变速器可以根据发动机的载荷、转速、车速、制动器工作状态及驾驶人所控制的各种参数,经计算、判断后自动地改变变速杆的位置,按照换挡特性精确地控制变速比,从而实现变速器换挡的最佳控制,得到最佳挡位和最佳换挡时间。该装置具有传动效率高、低油耗、换挡舒适性好、行驶平稳性好以及变速器使用寿命长等优点。

（2）防抱死制动系统（ABS）及驱动防滑系统（ASR）:

①汽车防抱死制动系统可以感知制动轮每一瞬时的运动状态,通过控制防止汽车制动时车轮的抱死来保证车轮与地面达到最佳滑动率,从而使汽车在各种路面上制动时,车轮与地面都能达到纵向的峰值附着系数和较大的侧向附着系数,以保证车辆制动时不发生抱死拖滑、失去转向能力等不安全的因素,可使汽车在制动时维持方向稳定性和缩短制动距离,有效地提高了行车的

安全性。它是在汽车安全上最有价值的一项应用。

②驱动防滑系统则是汽车防抱死制动系统的功能完善和扩展,两系统有许多共同组件。该系统利用驱动轮上的转速传感器感受驱动轮是否打滑,当打滑时,控制元件便通过制动或通过节气门降低转速,使之不再打滑。它实质上是一种速度调节器,可以在起步和弯道中速度发生急剧变化时,改善车轮与路面间的纵向附着力,提供最大的驱动力,提高其安全性,维持汽车行驶的方向稳定性。

(3)电子转向助力系统(EPS)。电子转向助力系统是采用电动机与电子控制技术对转向进行控制的。利用电动机产生的动力协助驾驶人进行动力转向,系统不直接消耗发动机的动力。电子转向助力系统一般是由转矩(转向)传感器、电子控制单元、电动机、减速器、机械转向器以及蓄电池电源等构成。汽车在转向时,转矩(转向)传感器会感知转向盘的力矩和拟转动的方向,这些信号会通过数据总线发给电控单元,电控单元会根据传动力矩、拟转的方向等数据信号,向电动机控制器发出动作指令,电动机就会根据具体的需要输出相应大小的转动力矩,从而产生了助力转向。如果不转向,则本系统不工作,处于待调用状态。电子转向助力系统提高了汽车的转向能力和转向响应特性,增加了汽车低速时的机动性以及调整行驶时的稳定性。目前国内中高档轿车应用此系统较多。

(4)电控悬架系统(ECSS)。电控悬架系统能根据悬架装置的瞬时负荷,自动、适时地调整悬架的阻尼特性及悬架弹簧的刚度,以适应瞬时负荷,保持悬架的既定高度,极大地提高了车辆行驶的稳定性、操纵性和乘坐舒适性。

(5)巡航控制系统(CCS)。巡航控制系统又称恒速行驶系统。此系统是让驾驶人无须操作加速踏板就能保证汽车以某一固定的预选车速行驶的控制系统。在长途行驶时,可采用巡航控制系统,驾驶人不必经常踏加速踏板,系统将根据行车阻力自动调整节气门开度以调整车速在恒速状态附近。若遇爬坡,车速有下降趋势,系统则自动加大节气门开度;在下坡时,又自动关小节气门开度,以调节发动机功率达到一定的转速。当驾驶人换低速挡或制动时,系统则会自动断开。该系统可以减轻驾驶人长途驾驶之疲劳,给驾驶带来了很大的方便,同时也可以得到较好的燃油经济性。

除以上控制系统以外,底盘部分利用电子控制技术的还有:牵引力控制系统、电子稳定程序系统、四轮转向系统,并已在部分车型上得到了应用。

3. 车身电子安全系统

车身电子安全系统包括车身系统内的各种电子设备,主要有自适应前照灯系统(AFS)、汽车夜视系统(NVS)、安全气囊系统(SRS)、碰撞警示与预防系统(CWAS)、轮胎压力监测系统(TPMS)等,提高了驾驶人和乘客乘坐的舒适性和安全性。

(1)自适应前照灯系统(AFS)。自适应前照灯系统可在前照灯照明范围内,根据车身的动态变化、转向机构的动作特性等综合因素进行计算和判断,从而判定汽车当前的行驶状态,对前照灯近光进行相应的调整,并能在会车时自动启闭和防眩。它能够有效地降低驾驶人在夜晚弯路上行车的疲劳程度,使驾驶人能够看清转弯处的实际路况,使驾驶人能够拥有充分的时间进行转向操纵和应付紧急情况,从而明显提高夜晚弯路上行车的安全性。

(2)汽车夜视系统(NVS)。汽车夜视系统是全天候的电子眼,它延伸了驾驶人的视力范围,使其视力范围达到近光灯照射距离的3~5倍,且能帮助驾驶人看到远处来车的灯光,在雨雪、浓雾天气公路上的物体也能尽收眼底,大大提高了汽车行驶的安全性。汽车夜视系统是根据红外成像原理工作的,属被动式红外成像技术。该系统本身不发出任何信号,而是通过一个起摄影作用的传感器来探测前方物体热量,热能被集中到一个可以通过各种红外线波长的探测器中,被探测器的红外线敏感元件吸收,而后将辐射依次变换为电信号和数字信号,再通过眼前显示(HUD)或车内显示屏将图像显示给驾驶人。目前,越来越多的汽车厂家开始开发和使用车载夜视系统,但由于价格原因,国外各大汽车生产厂家只是在其顶级豪华车型中使用了该系统,如宝马七系轿车、奔驰全新 S 级轿车、凯迪拉克帝威等。随着科技的发展和夜视系统生产成本的降低,车载夜视系统将会得到全面普及。

(3)安全气囊系统(SRS)。安全气囊系统是国内外汽车上一种常见的被动安全装置。在车辆相撞时,由电控元件用电流引爆安置在方向盘中央、仪表板间等处气囊中的渗氮物,迅速燃烧产生氮气,瞬间充满气囊。气囊的作用是在驾驶人与方向盘之间、前座乘客与仪表板间形成一个缓冲软垫,避免硬性撞击而受伤。此装置一定要与安全带配合使用,否则效果大为降低。

(4)碰撞警示和预防系统(CWAS)。碰撞警示和预防系统有多种形式,有的在汽车行驶中,当两车的距离小到安全距离时,即自动报警,若继续行驶,则会在即将相撞的瞬间,自动控制汽车制动器将汽车停住;有的是在汽车倒车时,显示车后障碍物的距离,有效地防止倒车事故发生。

(5)轮胎压力监测系统(TPMS)。汽车轮胎内充气压力的高低,直接影响到整车行驶的舒适性和安全性。如果保持适宜的轮压,则可以减小轮胎的磨损、降低油耗、防止因轮压不足而引起的轮胎损坏,并能保证汽车的行驶稳定和安全性。轮胎压力监测系统通过连续地监测轮胎的压力、温度和车轮转速,能够自动地为驾驶人发出警告。

除以上控制系统外,安全带控制系统、疲劳监视系统、自动刮水器系统等在一些车型上也已得到应用。

4. 信息通信系统

信息通信系统主要包括汽车导航与定位系统(NTIS)、信息系统(IS)、通信系统(CS)等。

(1)汽车导航与定位系统(NTIS)。汽车导航与定位系统可在城市或公路网范围内,定向选择最佳行驶路线,并能在屏幕上显示地图,表示汽车行驶中的位置,以及到达目的地的方向和距离。这实质是汽车行驶向智能化发展的方向,再进一步就可成为无人驾驶汽车。

(2)信息系统(IS)。信息系统(IS)可将发动机的工况和其他信息参数,通过微处理机处理后,输出对驾驶人有用的信息。显示的信息除冷却液温度、油压、车速、发动机转速等常见的项目外,还有瞬时耗油量、平均耗油量、平均车速、行驶里程、车外温度等,根据驾驶人的需要,可随时显示这些信息。

(3)通信系统(CS)。通信系统(CS)中真正使用且采用最多的是汽车电话,在美国、日本、欧洲等发达国家较普及,目前的应用水平还在不断地提高。除了车与车之间等交通工具之间的通话外,还可通过卫星与国际电话网相联,实现行驶过程中的国际电话通信,实现网络信息交换、图像传输等。现代汽车由于有了支持无线电话网络、宽带数字信号、互联网络以及其他新兴的无线通信技术,使人们能够随时随地获取信息和服务。

(三)汽车电子控制技术的发展趋势

当前计算机技术在不断变革,汽车电子控制技术也在发生着日新月异的变化。未来汽车电子控制技术的发展方向主要是集中综合控制、总线技术和智能汽车方面。总之,随着时代的发展,汽车电子控制技术必将成为汽车技术革新的重要内容,也必然进一步提升汽车产业的科技化程度。

1. 集中综合控制

将发动机管理系统和自动变速器控制系统集成为动力传动系统的综合控制(PCM);将防抱

死制动控制系统(ABS)、牵引力控制系统(TCS)和驱动防滑控制系统(ASR)综合在一起进行制动控制;通过中央底盘控制器,将制动、悬架、转向、动力传动等控制系统通过总线进行连接。中央底盘控制器通过复杂的控制运算,对各子系统进行协调,将车辆行驶性能控制到最佳水平,形成一体化底盘控制系统(UCC)。

2. 总线技术

由于汽车上电子装置数量的急剧增多,为了减少连接导线的数量和质量,网络、总线技术在此期间有了很大的发展。如使用了网络,简化了布线,减少了电气节点的数量和导线的用量,同时也增加了信息传送的可靠性。

利用总线技术将汽车中各种电控单元、智能传感器、智能仪表等连接起来,从而构成汽车内部局域网,实现各系统间的信息资源共享。其优点主要有:

(1)大大减少了线束数量、连接点及体积,提高了系统的可靠性和可维护性;

(2)采用通用传感器,达到数据信息共享的目的;

(3)改善系统的灵活性,即通过系统的软件可实现系统功能的变化。

3. 智能汽车

汽车智能化相关的技术问题已受到汽车制造商们的高度重视。智能汽车装备有多种传感器,能够充分感知驾车人和乘客的状况、交通设施和周边环境的信息,判断乘客是否处于最佳状态,车辆和人是否会发生危险,并及时采取对应措施。智能汽车进一步可发展为无人驾驶汽车。

当今社会已经步入信息网络时代,汽车已不仅仅是一种代步工具,更是生活及工作范围的一种延伸,在汽车上就像待在自己的办公室和家里一样,可以收听广播,打电话,上互联网,处理工作。随着数字技术的进步,汽车也将步入多媒体时代。利用 Windows 操作系统开发的车载计算机多媒体系统,具有信息处理、通信、导航、防盗、语言识别、图像显示和娱乐等功能。

智能交通系统(ITS)的开发,将与电子、卫星定位等多个交叉学科相结合,它能根据驾驶人提供的目标资料,向驾驶人提供距离最短,而且能绕开车辆密度相对集中处的最佳行驶路线。它装有电子地图,可以显示出前方道路,并采用卫星导航,从全球定位卫星获得沿途天气、车流量、交通事故、交通堵塞等各种情况,自动筛选出最佳行车路线。

二、汽车电子控制系统的组成及原理

电子控制系统是指采用计算机等电子设备作为控制装置的自动控制系统。任何一种电子控制系统,其主要组成都可分为信号输入装置(传感器)、电控单元(ECU)和执行器等3部分。汽车上常见的电子控制系统的组成如图 7-1 所示。

(一)传感器

1. 发动机转速与曲轴位置传感器(CKP/TDC)

作用:检测发动机上止点、曲轴转角、发动机转速信号送给 ECU,以确认曲轴位置,用来控制喷油正时和点火正时。

类型:磁电式、电磁式、霍尔式、光电式。

位置:经常安装在发动机的曲轴端、凸轮轴端、飞轮上或分电器内。

(1)磁电式曲轴位置传感器的结构与原理。利用转子旋转使磁通量变化,从而在感应线圈里产生交变的感应电动势信号,将此信号放大后,送入 ECU。磁电式曲轴位置传感器结构如图 7-2 所示。

(2)电磁式曲轴位置传感器的检修:

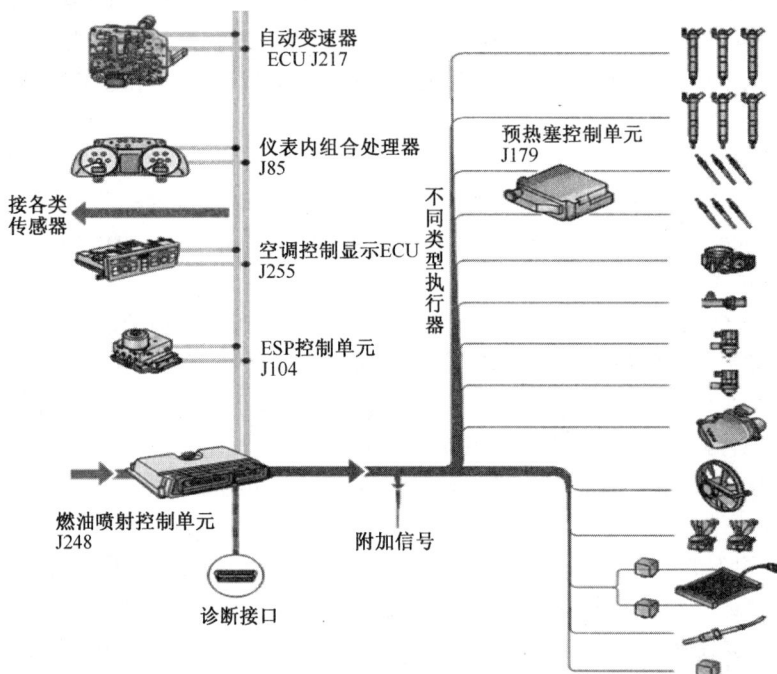

图 7-1　汽车上常见的电子控制系统的组成

①电磁式曲轴位置传感器电阻的检查:用万用表的电阻挡测量传感器上各端子间的电阻。

②电磁式曲轴位置传感器输出信号的检查:拔下电磁式曲轴位置传感器的导线连接器,当发动机转动时用示波器检查曲轴位置传感器,应有脉冲信号输出。

③电磁式曲轴位置传感器的线圈与信号转子的间隙检查:用塞尺测量信号转子与传感器线圈凸出部分的空气隙。若间隙不符合要求,则须更换分电器壳体总成。

(3)霍尔式曲轴位置传感器:

①组成:由转子、永久磁铁、霍尔晶体管和放大器组成,如图 7-3 所示。

②原理:ECU 通过电源使电流通过霍尔晶体管,旋转转子的凸齿经过磁场时使磁场强度改变,霍尔晶体管产生

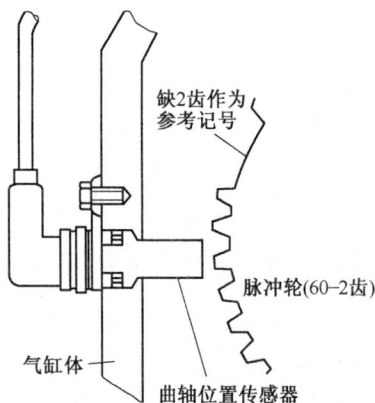

图 7-2　磁电式曲轴位置传感器结构

的霍尔电压放大后输送给 ECU,ECU 根据霍尔电压产生的次数确定曲轴转角和发动机转速。

霍尔效应原理:叶片对永久磁铁和霍尔元件隔磁,不产生霍尔电压;叶片离开空气隙,产生霍尔电压。

(4)光电式曲轴位置传感器:

①组成:由转子、发光二极管、光敏二极管和放大器组成,如图 7-4 所示。

②原理:利用发光二极管作为信号源。随转子转动,当透光孔与发光二极管对正时,光线照射到光敏二极管上产生电压信号,经放大电路放大后输送给 ECU。

③光电式曲轴位置传感器的检修:

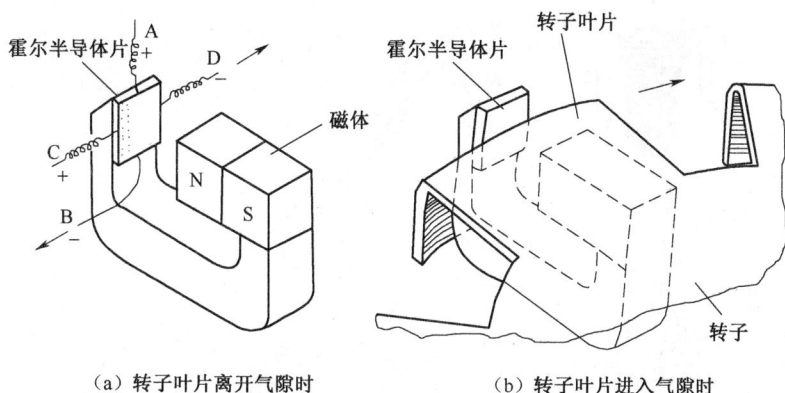

（a）转子叶片离开气隙时　　　　　（b）转子叶片进入气隙时

图 7-3　霍尔式曲轴位置传感器

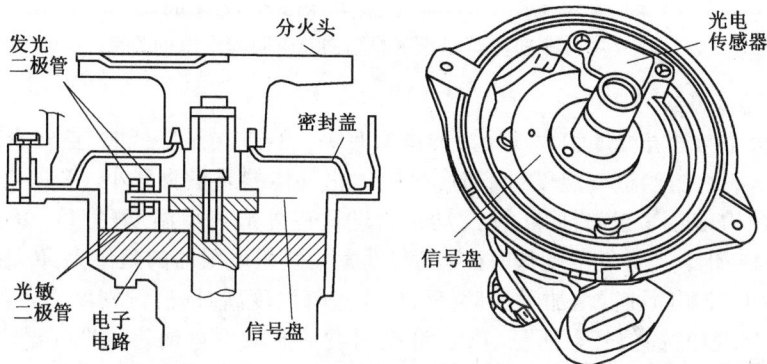

图 7-4　光电式曲轴位置传感器

a. 拔下传感器插头，打开点火开关，检查插头上电源端子与搭铁端子之间的电压，应为 5 V 或 12 V（视车型而定）。若无电压，则应检查传感器至 ECU 之间的电路及 ECU 上相应端子的电压。

b. 插回传感器插头，启动发动机，转速保持在 2 500 r/min 左右，测量传感器输出端子的电压，应为 2~3 V，否则传感器损坏。

c. 用示波器检测其信号波形。

2. 冷却液温度传感器（THW）

（1）冷却液温度传感器结构与工作原理。在电控系统中装有冷却液温度传感器，用于喷油量修正信号。冷却液温度传感器安装在发动机缸体或缸盖的水套上，与冷却液直接接触，用于测量发动机的冷却液温度。其内部装有负温度特性的热敏电阻器（NTC），利用半导体的电阻随温度变化而变化的特性，温度愈低，电阻愈大；温度愈高，电阻愈小，ECU 根据这一变化便可测得发动机冷却液的温度，进行喷油量修正，当冷车启动和暖机阶段供给较浓的混合气，冷却液温度升高后供给稍稀的混合气，如图 7-5 所示。

（2）冷却液温度传感器的检测。启动发动机暖机至正常工作温度，拔下传感器插头测量插脚之间的电阻，也可拔下传感器进行检测。有些发动机当传感器出现故障时，ECU 会启动失效保护功能，用固定的冷却液温度代替失效的传感器信号来维持发动机的基本运转。

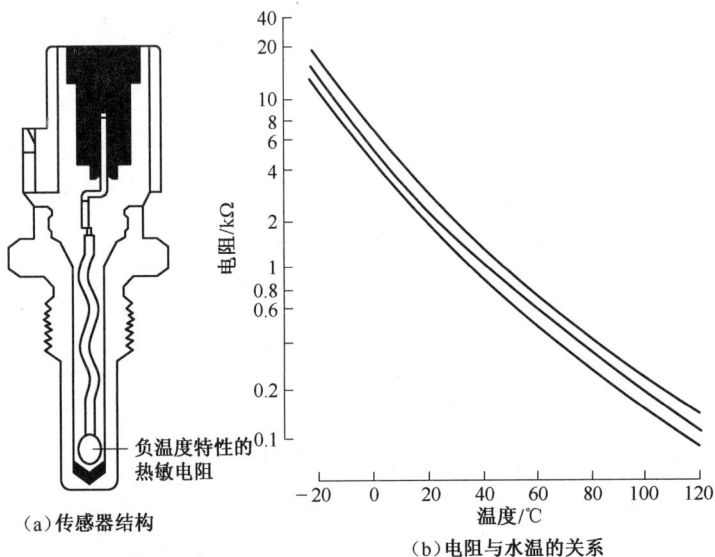

图 7-5　冷却液温度传感器结构及电阻与水温的关系

3. 进气温度传感器（THA）

空气质量大小与进气温度和大气压力的高低有关。当进气温度低时,空气密度大,相同体积气体的质量增大;反之,当进气温度升高时,相同体积气体的质量将减小。ECU 根据发动机的进气温度和大气压力信号修正喷油量,使发动机自动适应外部环境温度(寒冷、高温)和大气压力(高原、平原)的变化。当进气温度低时(空气密度大),热敏电阻器的阻值大,传感器输入 ECU 的信号电压高,ECU 控制喷油器增加喷油量;反之,当进气温度高时(空气密度小),热敏电阻器的阻值小,传感器输入 ECU 的信号电压低,ECU 将控制喷油器减少喷油量。进气温度传感器安装在空气流量计内或空气滤清器之后的进气管上,其结构和工作原理与冷却液温度传感器相同;进气温度传感器的电阻与温度的关系也与冷却液温度传感器一样。

4. 爆燃传感器（KS）

发动机电子控制系统应用点火时刻闭环控制的方法,有效地抑制了发动机爆燃现象的发生。爆燃传感器是这一控制系统中必不可少的重要部件,它的作用是检测发动机有无爆燃现象,并将信号送入发动机微机控制装置。常用的爆燃传感器是共振型压电式的,此种类型的爆燃传感器是利用产生爆燃时的发动机振动频率,与传感器本身的固有频率相符,而产生共振现象,用以检测爆燃是否发生。爆燃传感器结构如图 7-6 所示。

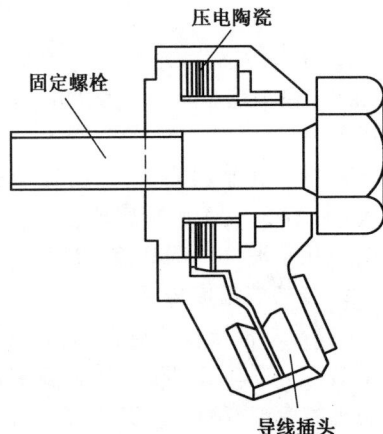

图 7-6　爆燃传感器结构

5. 氧传感器（O2S）

(1)氧传感器的结构与类型。汽车上安装了三元催化转换器,空燃比一旦偏离理论空燃比,三元催化剂对 CO、HC 和 NO_x 的净化能力将急剧下降。故在排气管中插入氧传感器,根据排气中的氧浓度测定空燃比,向微机控制装置发出反馈信号,控制空燃比接近于理论值。目前已实际应用的氧传感器有氧化锆式和氧化钛式两种氧传感器,前者的六方为 22 mm,后者的六方为 17 mm,

因二者的材料不同,特性不同,不能互换使用。正常情况下,氧传感器输出电压应在 0.1~0.9 V 之间变化,通常每 10 s 内变化 8 次。一般来说,当输出电压为 0.5~0.9 V 时,说明混合气浓;当输出电压为 0.1~0.5 V 时,说明混合气稀。

另外,近几年还有一种宽量程空燃比的氧传感器,使用在一些车型上。随着空燃比 12~20 变化,它的电压值变化范围是 2.4~4.8 V。

(2)氧化锆式氧传感器。氧化锆式氧传感器的基本元件是专用陶瓷体,即氧化锆(ZrO_2)固体电解质。陶瓷体制成试管式的管状,又称锆管。锆管固定在带有安装螺钉的固定套中,其内表面与大气相通,外表面与废气相通。锆管内外表面都覆盖着一层多孔性的铂膜作为电极。氧传感器安装于排气管上,为了防止废气中的杂质腐蚀铂膜,在锆管外表的铂膜上覆盖有一层多孔的陶瓷层,并且还加装一个防护套管,套管上开有槽口。氧传感器的接线端有一个金属护套,其上开有一孔,用于锆管内表面与大气相通,电线将锆管内表面铂电极经绝缘套从传感器引出,如图 7-7 所示。

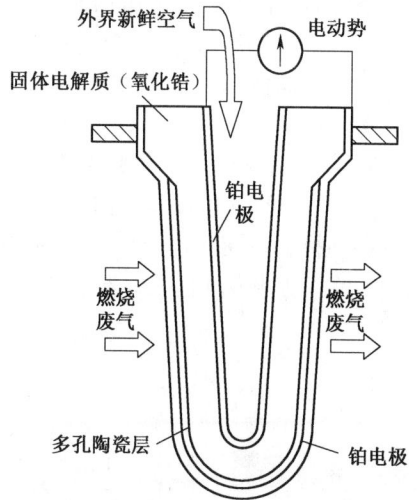

图 7-7　氧化锆式氧传感器

(3)氧化钛式氧传感器。氧化钛式氧传感器的优点是结构简单,造价便宜,抗腐蚀、抗污染能力强,经久耐用,可靠性高。

氧化钛式氧传感器是利用二氧化钛(TiO_2)材料的阻值随排气中氧含量的变化而变化的特性构成的,故又称电阻型氧传感器。二氧化钛是在室温下具有很高电阻的半导体。但当排气中氧含量少(混合气浓)时,氧分子将脱离,使其晶体出现缺陷,便有更多的电子可用来传送电流,材料的电阻亦随之降低。此种现象与温度和氧含量有关,因此,欲将二氧化钛在 300~900℃ 的排气温度中连续使用,必须做温度补偿。

(二)电子控制单元(ECU)

1. 功能

发动机电子控制单元(ECU)又称电子控制器,俗称电脑。它是发动机的一种电子综合控制装置。发动机电子控制器的具体名称并不统一,不同的汽车生产厂家采用不同的名称,即使是一个生产厂家,由于汽车的生产年代不同,控制的内容不同,其名称也可能不一样。

发动机电子控制器(硬件)的作用是根据电子控制器内存储的程序和数据,对发动机传感器输入的各种信息进行运算、处理、判断,然后输出指令,控制有关执行器动作,达到快速、准确、自动地控制发动机工作的目的。

2. 基本构成

发动机电子控制单元主要部件是微型计算机,简称微机,又称微处理机,俗称电脑。

电子控制单元由输入回路、A/D 转换器、微机、输出回路 4 部分构成(见图 4-38)。

(1)输入回路。从传感器输入的信号首先进入输入回路,在输入回路中,对输入信号进行处理,除去杂波并把正弦波转变成矩形波;然后将输入信号转换成输入电平。

(2)A/D 转换器。传感器输出的信号一种是模拟信号,如叶片式空气流量计和冷却液温度传感器输出的信号等;另一种是数字信号,如节气门位置传感器和转速传感器输出的信号等。

信号的种类不同,输入 ECU 内的处理方法也不一样。数字信号可以直接输入微机,模拟信号则需要由 A/D 转换器转换成数字信号后再输入微机。

（3）微机。微机是 ECU 的核心部件,它内存程序和数据对各种传感器输入的信号进行处理,并把处理结果如喷油信号、点火信号等送入输出回路。

微机主要由中央处理器(CPU)、存储器和输入/输出(I/O)等部分组成。

（4）输出回路。输出回路是联系微机与执行器的装置。微机输出的数字信号的电流很小,它不能直接驱动执行器工作,而需要通过输出回路把数字信号转换成可以驱动执行器工作的输出信号。

3. 电子控制单元的电源电路

电子控制单元的电源电路主要由继电器、点火开关等组成。电子控制单元的电源电路有装步进电动机和不装步进电动机两种,分别如图 7-8、图 7-9 所示。

不装步进电动机(用于发动机怠速控制)的电源电路,是由点火开关直接控制主继电器工作的。

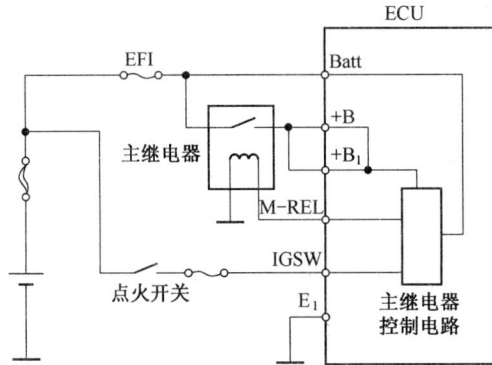

图 7-8　装步进电动机的电源电路

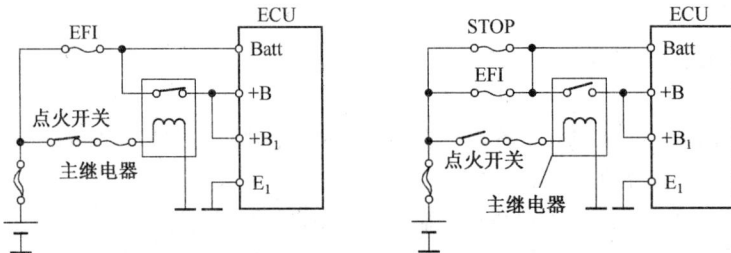

图 7-9　不装步进电动机的电源电路

4. 电子控制单元各端子的排列

要检测电子控制单元工作是否正常,就一定要熟悉其插座上各端子的含义。帕萨特 B5 发动机电子控制单元 J220 的线束插座上有 80 个接线端子,如图 7-10 所示,采用两个插接器(52 针插接器、28 针插接器),分别与电源、传感器、执行器相连。帕萨特 B5 有效端子为 43 个,其余为备用端子,各端子的连接如图 7-10、图 7-11 所示。

(三)执行器

1. 线性电磁阀

线性电磁阀是一种由电磁铁控制的液压阀,根据电磁阀的工作特性可以将其分为通断型和连续型两类。其中,连续型电磁阀又分为脉宽调制式、电压调制式。

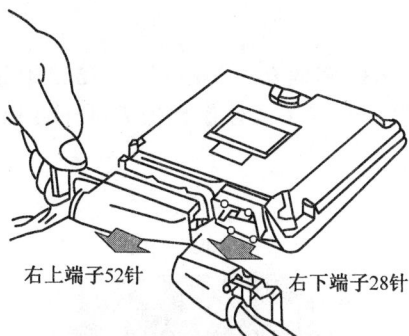

图 7-10 帕萨特 B5 发动机电子
控制单元 J220

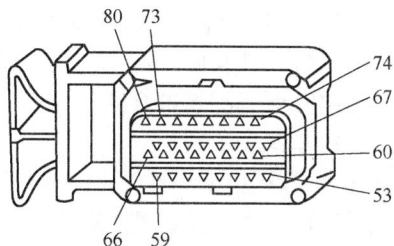

图 7-11 帕萨特 B5 发动机电子控制
单元 J220 28 针插座

53—起动保护继电器连接线端;59—空气流量传感器连接线端;
60—气门位置调节器连接线端;66—爆燃传感器连接线端;
67—曲轴位置传感器连接线端;73—液压泵继电器连接线端;
74—15a 相线正极连接线端;80—接地连接线端

2. 回转电磁铁

回转电磁铁可以产生回转运动,转矩电磁铁有两个电磁线圈,两个电磁线圈交替通电时,转子受到方向交替变化的电磁力作用,使转子能够在一定角度范围内进行回转运动。由于转子存在惯性,其实际转过的角度与加在两个线圈上的电压相对应,这种电磁铁既具有转矩大的特点,又具有响应速度快的特点,非常适合作为汽车微机控制系统的执行器使用。

3. 电磁真空执行器

电磁真空执行器是一种真空膜片动作装置,其驱动力是大气压力或发动机进气管的真空度。电磁铁的作用是控制阀门对真空执行器中膜片两侧的压力差进行调节,使膜片在两侧压力差的作用下带动阀杆产生直线运动。

4. 继电器

继电器是许多汽车微机控制系统的重要组成部分。继电器是不进行直接操纵的开关,所以,继电器是非常适合于进行远程控制和以小电流的控制信号对大电流进行控制的装置。继电器实际上是一种铁芯固定的电磁铁,当线圈得电时,电磁作用力将衔铁吸向铁芯,通过杠杆将触点闭合;当线圈失电后,在杠杆弹力的作用下又将触点打开。有些继电器的触点是动断的,当电磁线圈得电时才将触点打开。

5. 电动机

像电磁铁一样,电动机也是利用电磁作用原理进行工作的,所不同的是:在电磁铁中,衔铁进行的是直线运动;而电动机中的电枢进行的是旋转运动。在汽车微机控制系统中,直流电动机和步进电动机是使用最为普遍的执行器,功率为 $100 \sim 150$ W。

直流电动机具有调速特性良好、启动转矩较大、响应速度快等显著优点。直流电动机主要由定子、转子和换向器 3 部分组成。

步进电动机是一种将电脉冲信号转换成相应的角位移或线位移的执行器。它可以直接实现数字控制,并且不需要反馈就能对位置或速度进行控制,因此,在汽车微机控制系统中被广泛地作为执行器使用。

三、汽车 ECU 故障诊断仪

汽车 ECU 故障诊断仪有很多种类,常见的主要有 X-431 解码器、大众 V. A. G1552 测试仪、TECH 手持汽车故障诊断仪、KT-600 汽车故障诊断仪等。下面以 X-431 解码器为例介绍 ECU 故障诊断仪的结构原理及使用。

(一)X-431 解码器基本介绍

1. X-431 解码器的结构

X-431 解码器主要由主机、SMARTBOX 和微型打印机三大部分组成,整机结构如图 7-12 所示。这三大部分可以分开,各自具有独立的功能和作用,也可根据需要和配置情况进行工作。这三大部分通过插接可组成一个整体,外面加上真皮护套,以达到防止松动和损坏的目的。除此之外,X-431 解码器还配有用于汽车诊断所需的配件,如测试主线、电源线、开关电源、CF 卡、CF 卡读写器和各种测试接头等。

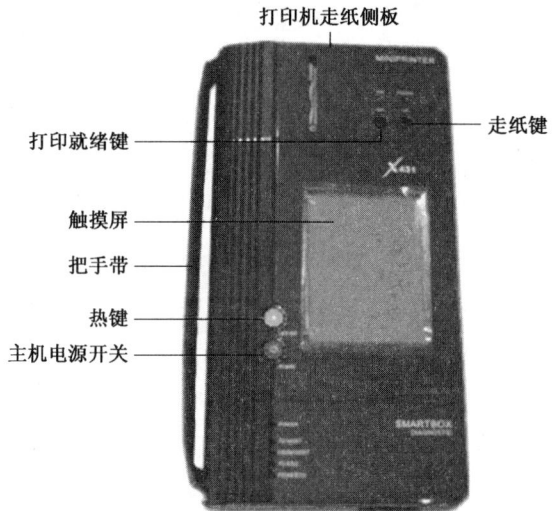

图 7-12　X-431 解码器整机结构

(1)主机。主机可单独使用。在单独使用时,主机是一台标准的手持式计算机,具备如个人数据管理、游戏等所有标准掌上计算机的功能。

(2)诊断盒(SMARTBOX)。诊断盒担负着汽车诊断的主要功能,是进行汽车诊断的必要组成部分。由于诊断盒进行了详细的功能设计,为以后的升级服务(网上下载升级)奠定了基础,因而在升级时不需要更换接头。

(3)微型打印机。微型打印机与主机相接的是标准并口,用于打印测试结果,使用的是内孔直径为 7 mm 的热敏打印纸。

2. X-431 解码器的系统配件

(1)操作系统:LINUX 操作平台。

(2)内存:16 MB。

(3)CF 卡:64 MB。

(4)主机 I/O:标准串口/并口。

(5)主机电源:DC 12 V。

(6)主机功率:约 9 W。

(7)打印机:微型高速热敏打印机。

(8)打印机接口:标准并口。

(9)显示屏幕:240×320 带触摸屏 LCD,带背光。

3. X-431 解码器的基本配置

为了使 X-431 解码器主体与汽车的诊断插座连接,有效地发挥 X-431 解码器的诊断作用,必须采用如接头、电缆等一些附件,才能进行汽车故障的诊断。X-431 解码器的基本配置如图 7-13 所示,各基本配置的名称及功能见表 7-1。

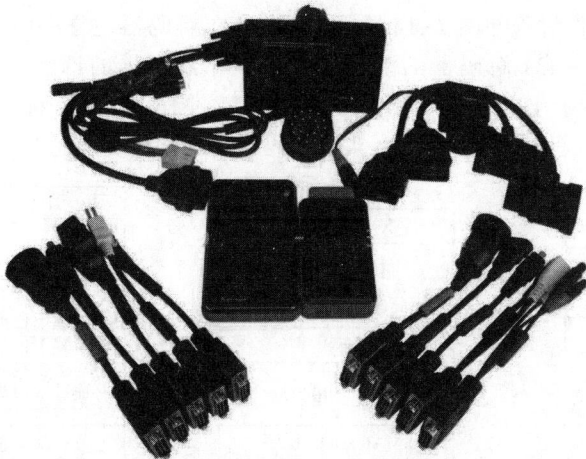

图 7-13 X-431 解码器的基本配置

表 7-1 X-431 解码器基本配置的名称及功能

序号	名　称	说　明	序号	名　称	说　明
1	X-431 主机	主机屏可显示操作按钮、测试结果和帮助信息	7	电源转接线	连接 100～240 V 交流电源插座和开关电源
2	微型打印机	打印测试结果	8	点烟器线	从点烟器获取电源
3	CF 卡	存储诊断程序和数据	9	双钳电源线	从蓄电池获取电源
4	USB 电缆	连接 CF 卡读写器和 ECU	10	开关电源	将 100～240 V 交流电源转换为 12 V 直流电源
5	CF 卡读写器	在 CF 卡上读取和存储数据	11	测试主线	连接测试接头和 SMART-BOX
6	测试接头	包含用于不同车系的多个测试接头	12	SMARTBOX	诊断测试盒

(二)X-431 解码器的工作原理、硬件及工作过程

1. X-431 解码器的工作原理

X-431 解码器是用计算机技术对汽车各电控系统进行自动检测,并且把检测结果以文字、数据和波形的形式显示在屏幕上及用打印机进行打印。操作者可根据显示的信息了解故障的类型、故障产生的原因及部位,以便着手排除故障。除此之外,X-431 解码器还可用作清除各系统控制单元所存储的故障码。

X-431 解码器是在 LINUX 平台基础上使用 SMARTBOX 的汽车诊断技术,可对多个汽车生产厂家的多种车型进行检测,完成多人难以完成的检测工作,从而使汽车的检测与维修工作计算机化和自动化。

2. X-431 解码器的硬件

X-431 解码器的硬件框图如图 7-14 所示。由图示可以看出,上位机是一个运行 LINUX 操作系统的计算机或掌上计算机运行诊断程序;下位机是 SMARTBOX,匹配计算机与汽车电子控制单元(ECU)的电平、波特率信号逻辑等。上、下位机间通过串行接口进行连接,并通过电缆把 SMARTBOX 与汽车 ECU 连接起来。

3. X-431 解码器的工作过程

X-431 解码器的工作过程如图 7-15 所示,在 X-431 解码器主程序中,操作者在选择诊断车系和诊断软件版本后,X-431 解码器的主程序便将该车系版本的诊断程序下载到 SMARTBOX 中,并使 SMART-BOT 执行该程序,然后便是创造诊断进程、调用诊断软件,并由诊断软件与 SMARTBOX 中的程序完成诊断全过程。X-431 解码器主程序负责显示结果与操作者交换。

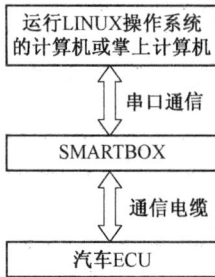

图 7-14 X-431 解码器的硬件框图

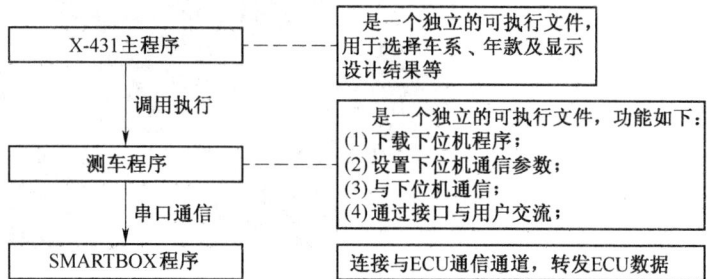

图 7-15 X-431 工作过程

(三)X-431 解码器的使用

1. 主要界面按钮介绍

X-431 解码器屏幕显示的主要界面按钮及其功能见表 7-2。

表 7-2 X-431 解码器屏幕显示的主要界面按钮及其功能

按钮	功 能	按钮	功 能
[后退]	返回上一界面	[下翻页]	显示同级菜单的下一页
[开始]	继续执行下一步操作	[诊断首页]	回到当前汽车诊断程序的主菜单
[退出]	退出诊断程序	[打印]	打印测试结果,当字体显暗的才可用
[确定]	确认并执行	[BOX 信息]	显示 SMARTBOX 版本信息
[取消]	取消当前操作,并返回上一界面	[帮助]	帮助信息内容与当前界面内容相关
[上翻页]	显示同级菜单的上一页	[重试]	将未执行成功的操作再重新执行一次

2. 诊断准备与接线

(1)测试条件:

①接通汽车电源开关。

②检查并确保蓄电池电压为 11~14 V(X-431 解码器的工作电压为 12 V)。

③节气门应处于怠速状态。

④检查并确保点火正时和怠速均在标准范围内,发动机冷却液温度达到 90~110 ℃,变速器的油温达到 50~80 ℃。

⑤检测的环境温度为 0~50 ℃。

(2)选择测试接头。根据所检测车辆的车上诊断插座的类型选择相应的测试接头。

(3)测试接线。将 CF 卡插入 X-431 解码器的 CF 卡插孔中,并注意使印有"UPSIDE"字样的一面朝上,检查并确保 CF 卡插接到位,然后按图 7-16 和图 7-17 所示进行以下操作:

①将 X-431 解码器测试主线的一端插入 SMARTBOX 的数据接口内。

②将 X-431 解码器测试主线的另一端与选择的测试接头相接。

③将测试接头的另一端与所测车辆的车上诊断插座相接。

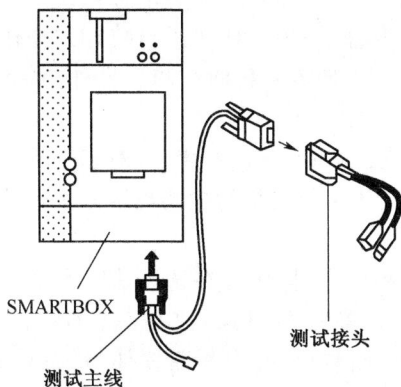

图 7-16 测试接线（1）

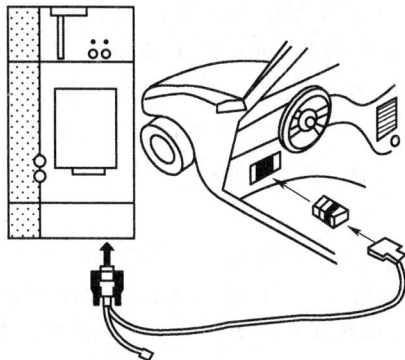

图 7-17 测试接线（2）

注意:若所测车辆诊断插座电源不足或其电源端子损坏,则可以通过以下任一方式获取电源:

（1）通过点烟器线。取出点烟器,将点烟器线的一端插入车上点烟器孔,另一端与 X-431 解码器测试主线的电源插头相接。注意:只有在关闭 X-431 解码器后才能断开点火开关,以防止非法关机。

（2）通过双钳电源线。将双钳电源线的电源钳夹在蓄电池的正、负极上,另一端插入 X-431 解码器测试主线的电源插头。

（3）通过电源转接线。将电源转接线一端插入 100~240 V 交流电源插座内,另一端插入开关电源插孔内,并将开关电源的电源插头与电源键测试主线的电源插头相接。

📖 项目实施

任务 7-1 用 X-431 解码器读取故障码

（一）任务要求

1. 教学组织

任务分组训练:全班_____人,每_____人一组,分为_____组,使用_____套实训器材,每组小组长一名。

2. 职责分工

教师职责:课堂纪律与安全管理、任务训练器材管理、指导与巡查。

学生职责:班长协助教师对班级全面管理与监控,学习委员负责器材管理和检查,团委书记负责安全、纪律及素质评价,副班长负责收集和反馈学生意见,实训小组长负责指导组内学习和交流。

3. 6S 要求

整理、整顿、清扫、清洁、素养、安全。

（二）任务训练步骤

1. 任务训练器材的认识及检查

认识和检查相关实训器材。

（1）X-431 解码器的基本原理。X-431 解码器是用计算机技术对汽车各电控系统进行自动检测，并且把检测结果以文字、数据和波形的形式显示在屏幕上，用打印机进行打印。操作者可根据显示的信息了解故障的类型、故障产生的原因及部位，以便着手排除故障。另外，X-431 解码器还可用作清除各系统控制单元所存储的故障码。

X-431 解码器是在 LINUX 平台基础上使用 SMARTBOX 的汽车诊断技术，可对多个汽车生产厂家的多种车型进行检测，完成多人难以完成的检测工作，从而使汽车的检测与维修工作计算机化和自动化。

（2）X-431 解码器的工作过程。在 X-431 解码器主程序中，操作者在选择诊断车系和诊断软件版本后，X-431 解码器的主程序便将该车系版本的诊断程序下载到 SMARTBOX 中，并使 SMART-BOT 执行该程序，然后便是创造诊断进程、调用诊断软件，并由诊断软件与 SMARTBOX 中的程序完成诊断全过程。X-431 解码器主程序负责显示结果与操作者交换。

2. 读取故障码前的准备工作

（1）检查故障指示灯。接通点火开关，故障指示灯应点亮，否则应检查其线路。

（2）做好安全工作。实施动态模式测试时，应确认汽车制动状态良好，变速杆置于驻车挡或空挡，必要时用三角木块将汽车车轮塞住。

（3）检查机械件的连接是否良好。

（4）检查蓄电池电压（电压值不应低于 11 V）。

（5）关闭所有辅助电器。

（6）适时关闭节气门。在暖机完成后，开始检测之前，应使节气门处于完全关闭状态。

3. 解码器的连接及启动

（1）确定车型和诊断座形式。

（2）选择合适的测试接头。

（3）连接设备和汽车诊断座。

（4）启动设备。

（5）根据界面提示操作。

先选择车系、车型（年代）、发动机系统，然后选择功能，即读码、清码、数据流、基本设定、元件测试等（大众车系专用解码器要先输入地址码，然后输入功能码，根据测试目的选取，按确定键进入）。

4. 读取故障码

（1）正确清除故障码。

（2）控制合适的水温（水温在 85~95 ℃时读码最为可靠）。

（3）正确的读码顺序：先静态读码，再动态读码。

（4）注意读码后的记忆修正。在汽车车况正常情况下，连续重复启动、行驶、熄火一定次数，使得汽车的相关性能逐渐得到恢复。

5. 仪器使用注意事项

（1）一定要按照诊断仪制造厂的使用说明书进行操作。

（2）在点火开关 ON 的情况下，不要连接或断开任何插接器和部件，包括诊断仪电源线，诊断仪与 DLC（传送连接器）的连接等。

（3）不要将电气系统的端子短接或搭铁，除非制造厂允许这样做。

（4）如果计算机插接器要拆下，必须先拆下诊断仪插接器。

6. 任务训练过程检查

检查项目	结果与数据	检查项目	结果与数据	检查项目	结果与数据
能否正确连接 X-431 解码器		能否正确 总结实训结论		是否单独 完成工作	
能否正确使用 X-431 解码器		能否正确 读取故障码		是否严格 执行 6S 管理	

7. 评价与反馈

考核项目	评分标准	分数	学生自评(10%)	小组互评(50%)	教师评价(40%)	小计
团队合作	是否协调信任					
活动参与	是否积极主动					
安全训练	有无安全隐患					
现场 6S	是否做到					
任务方案	是否正确、合理					
任务训练过程	是否独立完成					
	工作完成情况					
任务完成情况	是否圆满完成					
工具设备使用	是否规范、标准					
问答	是否能够回答正确					
任务训练设备	是否完好					
总分		100				
任务训练小组学生:				年 月 日	得分	
教师签名:				年 月 日	得分	

任务 7-2   电喷发动机电控单元的检测

(一)任务要求

1. 教学组织

任务分组训练:全班_____人,每_____人一组,分为_____组,使用_____套实训器材,每组小组长一名。

2. 职责分工

教师职责:课堂纪律与安全管理、任务训练器材管理、指导与巡查。

学生职责:班长协助教师对班级全面管理与监控,学习委员负责器材管理和检查,团委书记负责安全、纪律及素质评价,副班长负责收集和反馈学生意见,实训小组长负责指导组内学习和交流。

3.6S 要求

整理、整顿、清扫、清洁、素养、安全。

(二)任务训练步骤

1. 任务训练器材的认识及检查

认识和检查相关任务训练器材。

2. 基本原理

汽车的电控单元(ECU)出现故障时,通常采用测量其线束连接器相关引脚间电压和电阻的方法来进行检查。但在测量之前,应首先检查电控单元外观有无明显的损坏,外围元件是否脱焊或变质。若一切完好,再对电控单元进行测量。

3. 电控单元各端子间电压的测量方法

(1)蓄电池电压应在 11 V 以上,否则应进行充电,然后再测量。

(2)拆下 ECU,但应保持线束连接器与电控单元在连接的状态下进行电压检查。

(3)应使点火开关处于 ON 位置。

(4)应使万用表表笔从线束连接器侧向插入,或用大头针插,测量 ECU 各端子与搭铁间的电压。

(5)比较测量结果与标准值。若测得的电压与标准值基本相符,则表明电控单元工作正常;若某一端子或某几端子数值偏差较大,相对误差大于 20%,则应怀疑 ECU 可能损坏;若电压有误差但差别不是太大,此时不妨再配合测电阻或电流来做进一步判定,若与标准值差别很大,则说明 ECU 或控制电路有故障。

4. 电控单元各端子间电阻的测量

若 ECU 内部某些元件断路或击穿,可通过测量 ECU 线束上各端子对地间的电阻来判定。

(1)从车上拆下 ECU 并拆下导线连接器。

(2)用万用表测量导线连接器各端子间的阻值。注意,不要触碰 ECU 的接线端子,应将测笔从导线侧插入导线连接器中进行测量。

在测电阻时,还应注意所用万用表的型号及电阻的挡位。因为不同的万用表,精度不同,测同一电阻时所得数值亦存在误差,同一块表用不同的电阻挡,测得数值也不相同。因此,实测出的各端子对地电阻都要指明用什么型号的万用表、置于哪个电阻挡,红表笔接地还是黑表笔接地,是在路还是开路。

5. 电控单元部分端子电流的检测方法

集成电路工作时,各端子均流入或流出一定的电流,通过测量一些关键端子上的电流就可以大致判断 ECU 的工作情况。例如,电源端子一般处理弱信号电路,使用电流不大,驱动输出电路的供电电流就较大。检测时,将电源端子断开,通电后测电流。若电流为零,则表明 ECU 内部断路;若电流明显偏大,则表明内部有击穿、短路情况。

用上述 3 种方法检测 ECU 时,如无正常数据可供参考,也可采用对比测量法,即找一台同型车同部位进行测量、对比,以此来寻找故障部位。利用万用表测试,可直接用高阻抗的万用表对 ECU 线束端子进行测试,并将测得的 ECU 端子电位参数及传感器、执行器的电阻参数与相应的维修说明书上提供的标准数据进行比较,从而确诊故障。这种方法速度较慢,而且要求测试人员对 ECU 各端子的位置及名称都比较熟悉。

采用专用的故障检测盒与万用表配套测量。使用时,拆开 ECU 连接器先将故障检测盒分别与 ECU 插接器插座(ECU 侧)和插接器线束侧插头相连。这样,故障检测盒的检测插孔就与 ECU 各个端子相连接,其插孔号与 ECU 端子号相对应。通过万用表对故障检测盒相应插孔的检测,就可得到 ECU 端子及其连接部件的检测数据,无须直接测有关端子,使检测变得方便、快捷。

若通过上述检查确认电控单元有故障,也不可轻易废弃电控单元,应通过总成互换的方法来确认电控单元是否真的损坏,多数情况下电控单元是能够维修的。因为多数的损坏是因检测或使用不当引起的二极管、三极管、电容器、电阻器的损坏,而这些元件是通用标准件,只要熟悉电子电路维修技术就可以更换。但电控单元中的专用集成电路或 PROM 等损坏是无法修理的,只能更换集成电路。

6. 具体步骤

(1)检测前准备工作。

(2)检测电控单元各端子间的电压。

(3)检测电控单元各端子间的电阻。

(4)检测电控单元部分端子的电流。

7. 检测注意事项

(1)在检测之前,应先检查电子控制系统及其他电气系统各熔丝及有关的线束插头(连接器)是否良好。

(2)在点火开关处于接通(ON)位置时,蓄电池电压应不低于 11 V。

(3)必须使用高阻抗的万用表(阻抗应大于 10 MΩ/V),最好使用汽车专用数字万用表。

(4)必须在电控单元和线束连接器(插头)处于连接的状态下测量 ECU 各端子的电压,且万用表的测笔应从线束插头导线的一侧插入,测量各端子的电压,如图 7-29 所示。

8. 任务训练过程检查

检查项目	结果与数据	检查项目	结果与数据	检查项目	结果与数据
检测前准备工作 是否到位		电阻检测 是否正确		是否单独 完成工作	
电压检测 是否正确		电流检测 是否正确		是否严格 执行 6S 管理	

9. 评价与反馈

考核项目	评分标准	分数	学生自评(10%)	小组互评(50%)	教师评价(40%)	小计
团队合作	是否协调信任					
活动参与	是否积极主动					
安全实训	有无安全隐患					
现场 6S	是否做到					
任务方案	是否正确、合理					
任务训练过程	是否独立完成					
	工作完成情况					
任务完成情况	是否圆满完成					
工具设备使用	是否规范、标准					
问答	是否能够回答正确					
任务训练设备	是否完好					
总　分		100				
任务训练小组学生:				年　　月　　日	得分	
教师签名:				年　　月　　日	得分	

测试与练习

1. 电控点火系统由哪几个部分组成？
2. 汽车底盘电子控制系统主要包括几个部分？
3. 信息通信系统主要包括几个部分？
4. 发动机转速传感器与曲轴位置传感器的作用是什么？
5. 电子控制单元的功能作用是什么？
6. 请写出 X-431 解码器的工作过程。

参 考 文 献

[1] 秦曾煌. 电工学[M].7 版.北京:高等教育出版社,2009.

[2] 李春明. 汽车电工电子基础[M]. 北京:高等教育出版社,2011.

[3] 刘浩宇. 汽车电工电子技术[M]. 北京:高等教育出版社,2007.

[4] 曹红玉,王美,孙宁.汽车电工电子技术[M]. 上海:上海交通大学出版社,2014.

[5] 翟秀军. 汽车电工电子技术[M]. 北京:北京邮电大学出版社,2014.

[6] 藏雪岩. 汽车电工电子基础[M]. 北京:机械工业出版社,2013.

[7] 张申科. 数字电子技术基础[M]. 北京:电子工业出版社,2005.